담금질

안희정의 새로운 시작

나남
nanam

나남신서 1264

담금질
안희정의 새로운 시작

2008년 1월 4일 발행
2008년 1월 7일 2쇄
2011년 4월 25일 3쇄
2015년 11월 10일 4쇄
2016년 12월 1일 5쇄
2017년 2월 15일 6쇄

저자_ 安熙正
발행자_ 趙相浩
발행처_ (주) 나남
주소__10881 경기도 파주시 회동길 193
전화__(031)955-4601(代)
FAX__(031)955-4555
등록_ 제 1-71호(1979.5.12)
홈페이지_ http://www.nanam.net
전자우편_ post@nanam.net

ISBN 978-89-300-8264-8
ISBN 978-89-300-8001-9 (세트)
책값은 뒤표지에 있습니다.

담금질

안희정의 새로운 시작

나남
nanam

측근이 아니라 독립된 정치인이 되라고 말씀들 하십니다.

제가 정치를 한다고 하니 많은 분들이 하신 충고입니다. 다음 세대를 이어가야 할 후배 젊은 정치인으로서 앞선 선배세대의 시대적 한계를 극복하라는 좋은 말씀으로 들으려 합니다. 그러나 이 말씀이 인기 없는 민주성부와 결별하라는 말씀이라면 저는 수용하기가 어렵습니다. 많은 분들이 혁신, 새것을 말씀하시면서도 정작 새것이 딛고 출발해야 하는 역사의 정통성에 대해서는 간과하고 있다고 생각하기 때문입니다.

5 · 16 쿠데타로 집권한 박정희 정권과 5 · 18 쿠데타로 정권을 찬탈한 전두환 정권에 대항해 온 야당 30년의 역사가 있습니다. 그리고 마침내 이룩한 1997년의 정권교체와 불가능하게만 느껴졌던 2002년의 정권재창출의 역사가 있습니다. 이 역사를 온전히 나의 역사로 수용하고 그 속에서 나의 역사적 정체성을 확립하지 못할 때 나는 어디에도 없을 것입니다.

저는 시골 출신입니다. 충남 논산의 작은 리단위 마을인 연무읍 마산리가 제 고향입니다. 그 어린 시절, 들판에서 풀을 뜯던 소들을 기억합니다. 어린 송아지들은 아무 영양가도 없을 것 같은 마른 풀들을 뜯어먹으며 집채만 한 황소로 자랍니다.

되새기고 또 되새기며 소는 마른 건초더미 속에서 영양가를 찾아냅니다. 그래서 지구상에 존재하는 어떤 생물개체보다도 훌륭한 성품과 당당한 체격을 만들어 냅니다. 그런데 소를 어떻게든 더 쉽고 빠르게 키워볼 욕심으로 사람들은 소에게 잡식을 시키고 육식사료를 먹이기 시작했습니다. 그 결과 우리는 수많은 살아있는 소들을 생매장처분해야 했습니다. 광우병 파동이 일어난 것입니다. 이는 우리가 보았던 위풍당당한 훌륭한 소의 성장비밀이 마른 건초를 위장이 미어터져라 삼켜놓고 하루종일 묵묵히 반복하는 되새김질 속에 있다는 것을 간과한 탓에 빚어진 비극입니다.

저는 그런 점에서 모든 혁신은 계승 속에서 가능하다고 믿습니다. 처음에는 빡빡하고 텁텁하고 그래서 힘들지만 자꾸만 씹다보면 침이 고이고 영양이 추출되는 소의 되새김질처럼 말입니다.

민주화운동의 역사, 민주정부의 역사를 내 것이라고 자랑스레 당당히 밝히는 일이 시쳇말로 인기 없는 일이 되고 있습니다. 지난 1990년대 동서냉전이 무너지고 '민주 대 반민주'의 전선이 무너지자 수많은 지식인들이 민주화운동의 전력을 부끄럽게 여기면서 개종을 선언했습니다. 지금 한나라당에 있는 많은 민주화운동 선배들은 민주화운동과 학생운동이 좌파 빨갱이운동이라는 보수세력들의 주장에 스스로 동조하며 개종선언을 했습니다. 1990년 3당 야합이 남긴 우리 역사훼손의 핵심내용 중 하나는 바로 이런 식의 훼절이었습니다.

이런 일은 우리 역사에서 자주 보는 일입니다. 계승 없는 혁신이 계속되다 보면 당장은 그 시대의 유행에 따라가는 것 같지만 결국엔 한 개인을 얼치기 인간으로 만들고 국가와 민족을 자존감 없는 후진국으로 만들게 된다고 저는 생각합니다.

대표적인 사례가 근대화론이라는 것입니다. 김용옥 선생님께서 적절하게 지적하셨습니다만, 우리 역사의 흐름 속에서 민주주의 발전을 이해하지 못하고 서양의 역사 속에서 수혈받아서 억지로 우리의 역사를 이해해 보려는 시도는 옳지 않습니다. 물론 이 반대로 조선후기의 실학론을 강조하는 분들처럼 서양의 근대화라는 발전시각에 기초해서 우리 역사 속에서도 그런 근대화의 맹아가 있었다고 주장하는 것도 자연스럽지 못합니다.

민주주의는 서양의 역사, 고대 그리스의 폴리스에서 기원하는 것이 아니라 동서양을 막론하고 모든 역사에서 고루 찾을 수 있는 인류사의 보편적 지향이라고 이해하는 것이 더 현실적이고 올바른 태도일 것입니다. 그것은 육식을 하는 호랑이나 풀을 뜯어먹는 소나 모두 훌륭한 생물개체이지만 그들이 자연 속에서 영양을 찾아 먹는 방법과 절차가 다른 것처럼 그런 정도의 차이와 다름이 있을 뿐입니다. 동양은 뒤떨어지고 서양은 무조건 앞섰다는 정도의 역사인식으로는 안된다고 생각합니다.

지금의 헌법 서문에 해당하는 조선경국전(朝鮮經國典) 정보위(正寶位)는 국가통치이념으로서 민본주의를 천명한 손색없는 민주주의 선언문입니다. 다만 왕권과 신권 그리고 민권이 어떻게 국가제도화의 영역에서 작동되게 할 것이냐에 대해 정도전과 조선의 정치는 실패했을 뿐입니다.

결국 제가 드리고 싶은 말씀은 '계승 없이 혁신 없다'는 말씀입니다. 고려, 조선, 대한민국으로 이어지는 우리의 역사를 온전히 계승하지 못한 채 현재와 미래는 없습니다. 더욱이 지난 민주정부 10년의 역사 속에서 나를 찾지 못하고 종교인이 신을 바꾸듯이 개종해서는 어떤 혁신도, 어떤 성장도 기대할 수 없다고 믿습니다.

지난 2002년, 많은 사람들이 '부패한 호남정권'이라고 비난하는 가운데 노무현 대통령만이 김대중 대통령의 '국민의 정부'가 갖고 있었던 역사적 긍지와 자부심을 강조하며 정권 재창출의 동력을 길러냈습니다. '준비 안 된 의약분업, 대북 퍼주기, 언론사 세무조사는 언론탄압, 호남 편중인사, 각종 부패사건들…'을 근거로 수구보수 진영의 비난이 우박처럼 떨어질 때도 '국민의 정부'가 갖고 있었던 수많은 역사적 긍정성에 주목하자고 주장했습니다. 그리고 그 역사를 계승해서 또 다른 역사를 만들어 냈습니다.

속지 않고 똑똑하고 현명하게 사는 길이 무엇입니까.

시류와 유행에 편승해서, 머릿속 지식으로 말을 엮어 한마디씩 거드는 것이 비판적 지성은 아니라고 생각합니다. 세상의 진실은 오로지 하나라는 믿음이 비판적 지성의 출발이라고도 생각하지 않습니다. 비판적 지성의 핵심적 요소는 세상 모든 것을 관계 속에서 파악하고, 그 관계와 흐름 속에서 답을 얻는 행위라고 생각합니다.

김용옥 선생님의 '몸 철학'이나 신영복 선생님의 '관계론'은 근대적 지성의 출발점이었던 '절대진리관'을 극복하자는 것이었습니다. 진리는 절대적으로 독립하여 존재하는 것이기에 우리는 절대진리를 찾기 위해 평가대상을 분석하고, 쪼개보고, 분해해서 그 어떤 요소를 찾아야 한다고 생각했습니다.

그러나 어릴 적 신기하게 여겼던 라디오 소리를 기억합니다. 라디오 안에 사람이 들어가서 말할 것이라는 믿음으로 라디오를 분해하고 뜯어보았지만 그곳에는 유리 진공관과 수북한 먼지만 있었을 뿐 사람은 앉아있지 않았습니다. 절대진리는 오로지 우리가 끊임없이 교섭하는 이 세상의 관계 속에서만 존재할 뿐입니다. 그리고 그 관계 속의 진리는 결국 도리(道理)이고 균형(均衡)이고 타협(妥協)이고 선택(選擇)일 수밖에 없는 것입니다.

지난 정부 시절 많은 분들이 김대중 정부의 IMF 처방책을 신자유주의라며 비난했습니다. 부도가 난 국가의 대통령이 돈 꿔주는 국제전주(錢主)들과 어떤 관계이겠습니까? 이 관계에 대한 이해 없이, 비판적 지성이란 이름으로 실천 불가능한 처신과 처방을 주문합니다.

지난 정부 시절, 많은 분들이 호남 편중인사, 호남의 특정고 중심의 파벌운영에 대해 비판했습니다. '지역주의의 가장 큰 피해자였던 호남의 대통령이 탕평책을 써야지 호남 편중인사를 한다는 게 말이 되느냐'고 목소리를 높였습니다. 영남정권 30여 년의 폐해와 관료사회에 뿌리 깊게 퍼져있는 반 김대중 대통령 세력들 속에서 집권자가 어떻게 국정을 운영해야 하는지에 대한 고려는 없었습니다.

목수들이 사용하는 수평자가 있습니다. 가느다란 유리관에 액체를 채우고 한 방울 모양의 공기알이 이리저리 굴러다니게 만든 수평자 말입니다. 목수는 수평자를 벽돌이나 토대 위에 올려놓고 자기가 쌓고 있는 벽과 건물의 수평상태를 체크합니다. 지구의 중력 위에 파동을 잠재우고 평형점을 찾아가는 공기방울의 모양이 재미있어서 어릴 적 아버지의 공구함에서 보았던 그 수평자를 늘 가지고 놀았습니다.

그런데 세상을 살아가면 갈수록 간명한 수평자의 눈금을 보기가 참으로 어려운 일이라는 걸 깨닫게 됩니다. 어릴 적 갖고 놀던, 수평자를 세워놓곤 했던 굳건한 대지를 찾기 힘든 세상이었기 때문입니다. 그 수평자는 늘 흔들리는 뱃전 위에 세워져 있는 듯 보였습니다. 물결이 일 때마다 출렁거리는 뱃전 위에 수평자를 세워 놓고 수평을 맞추려 한다는 게 얼마나 어려운 일이겠습니까.

더구나 건물이 토담집 단층건물도 아니고 수십, 수백 층씩 올라가는 건축공사 현장에서는 어릴 적 갖고 놀던 수평자는 사실 무용지물이 되어버립니다. 단층 토담건물에서는 무시될 수 있었던 지각의 움직임과 바람 그리고 온도차이가 큰 건물의 신축에 이르면 출렁거리는 배 위에 수평자를 세워 놓은 것처럼 물방울을 온통 흔들어 놓기 때문입니다.

비판적 지성은 그래서 균형 잡힌 사고라고 생각합니다. 도리와 균형과 타협 속에서 선택하는 행위가 비판적 지성의 핵심인 것입니다.

지난 20세기 혁명의 시절, 절대진리를 찾고자 하는 관념적(?) 학자들의 비판적 지성에 못 이겨 혁명가들은 '진리는 당파적'이라고 주장했습니다. 혁명주도 세력의 이익에 부합하느냐 못하느냐가 실천적 진리관이라는 주장이었습니다.

그러나 우리는 20세기의 계급대립, 민족대립, 국가대립의 적대적 싸움판을 걷어내고 새로운 시대로 나아가고 있습니다. 물론 대립과 갈등은 물결치는 바다 위에 떠있는 배의 흔들림처럼 언제나 존재하는 상수입니다. 그리고 우리는 그 뱃전 위에서 수평자를 노려보며 균형 속의 타협을 선택해야 합니다. 그것이 진리이기 때문입니다.

지난 10년의 민주정부에 대해 사람들은 말합니다.

'신자유주의에 물들어 서민과 노동자 그리고 민주개혁세력의 역사를 배신한 정부'라고 극언을 하시는 분들이 있습니다. 보수진영의 분들은 '무능한 아마추어'라고 비난합니다. 새겨듣고 발전의 밑거름으로 삼으려 합니다. 그러나 이런 비판 역시 흐름과 관계 속에서 파악할 때라야만 제대로 이해하고 발전의 밑거름으로 삼을 수 있다고 생각합니다.

'신자유주의에 물들어 서민과 노동자 그리고 민주개혁세력의 역사를 배신했다'는 비판은 독재권력으로부터 자유와 인권, 국민의 기본 생존권을 되찾은 민주정부의 성과 위에서 제기되는 문제제기입니다. 그 비판은 시장과 국가경영에서 공정한 게임 룰도, 규칙도 존재하지 않았던 지난 시대를 이제 과거의 것으로 정리한 참여정부의 성과 위에서 제기되는 문제들입니다.

자유와 인권, 기본 생존권적 권리가 박탈되던 시대를 극복했습니다. 국가와 시장의 공정한 규칙도 없이 특권과 반칙으로 운영되는 시대를 극복했습니다. 그러나 국민은 더 좋은 사회, 더 좋은 민주주의로 나아가자고 합니다.

그런 점에서 '물에 빠진 사람 살려놓으니 보따리 찾아내라고 한다'던 세상의 속담은 보따리 찾아달라는 사람의 몰상식한 태도로 나무랄 일만은 아닌 듯합니다. 서면 앉고 싶고 앉으면 눕고 싶다고 합니다. 물이 흐르듯 세상은 계속해서 더 좋은 세상을 향해 나아가려 합니다. 그래서 그런 비판은 역사의 진보를 향한 자연스런 요구들이라고 생각합니다.

'무능한 아마추어'라는 보수진영의 비판은 독재자의 채찍으로 일사불란하게 움직여야 했던 과거시대의 효율성(?)을 그리워하는 주장입니다. 개인의 다양성, 집단과 지역과 부문의 다양성이 존중되고, 그러면서도 법과 규칙에 따른 절차의 정당성이 독재자의 채찍질보다 더 효율적이고 좋은 제도임을 입증해야 합니다. 이것이 입증되지 못할 때 동서양을 막론하고 반동의 역사가 찾아왔습니다.

시민에 의해 귀족정치가 무너졌던 프랑스 제2차 7월 혁명도 그 결과는 시민들의 손에 의해 독재자의 자손 나폴레옹 가문의 아들을 황제로 선출하는 것이었습니다. 시민혁명을 성공시켰지만 그것을 현실의 작동원리로 완성시키지는 못했기 때문입니다. 이처럼 역사는 물이 차고 넘칠 때까지 계속하여 부침을 반복하는 일이라고 생각합니다. 차고 넘쳐서 지나온 그 길의 흔적조차도 잊어버리게 만드는 일 – 아마도 이것이 역사의 진보인 듯합니다.

독재자를 물리치고 국민의 인권과 자유를 되찾는 일을 위해 우리는 싸워왔습니다. 그래서 단군 이래 최초로 정권 교체의 역사를 만들었습니다. 국민의 인권은 드높아졌고 국가라는 이름으로 개인의 인권과 사상과 자유와 기본권을 유린하는 시대는 이제 과거가 되었습니다. 민족의 분단을 대결과 대립의식으로 발전시켜 독재정치에 이용해 왔던 것이 지난 군사정권들의 역사였습니다. 그러나 동서냉전의 마지막 전선, 이 한반도에 평화와 교류의 새 시대가 열렸습니다. '국민의 정부'가 행한 업적입니다.

참여정부가 들어서면서 많은 분들이 특권과 반칙의 역사를 물리칠 서민 대통령을 원했습니다. 권력이든 시장이든 이제 특권과 반칙의 논리는 사라졌습니다. 사소한 교통위반 하나에서도 권력과 빽을 찾던 사회문화는 이제 사라졌습니다. 창업을 위한 금융대출도 빽이 있어야 한다고 믿어왔습니다만, 권력의 빽을 찾기보다는 기업의 발전전망, 금융거래의 신뢰도를 통해 투자와 대출이 이루어지고 있습니다. 정부관료와 권력자의 정책이라고 여겨졌던 금융분야가 이제는 가장 중요한 산업분야가 되었습니다. 그래서 투자도 대출도 공정해졌고, 투명한 기업분석평가서가 권력의 빽을 대신하고 있습니다. 돈으로 무엇이든 다 막을 수 있다고 믿었던 대기업집단의 반시장적, 반민주적 로비활동도 특검의 칼날을 피하기 어려워졌습니다.

참여정부는 특권과 반칙이 없는 공정하고 투명한 민주주의를 확립하라는 명령을 받았습니다. 노동자든 기업인이든 권력자든 모두가 이 공정과 투명의 원칙 위에 서야 했습니다. 민주주의 국가건설의 토대공사였던 것입니다.

다소 부당하더라도, 다소 무리를 해서라도 참여정부를 지지했던 어느 한 편의 이익을 위해 노력해달라고 주문할 수도 있었을 것입니다. 그러나 대의제 정당정치와 국회를 통한 법제가 아니고서는 아무리 우리 편이라도 더 봐줄 수 있는 방법이 없습니다. 아무리 대통령 모시고 고생했다 할지라도 불법이 있으면 수사를 받아야 하는 것입니다. 과거에 비해 깨끗한 선거였고, 과거에 비해 적은 비용이었다고 항변하고 싶었지만 국민은 그걸 용납하지 않았습니다.

공정성과 투명성 속에서 모든 사회적 관계가 신뢰받을 수 있을 때 민주주의는 출발 가능합니다. 바로 이 출발선을 만들라고 2002년, 국민은 노무현 대통령을 선택했다고 생각합니다. 국민의 선택은 단순한 진보와 보수 중 어느 것 하나를 선택한 것이 아닙니다. 공정하고 투명한 사회, 원칙과 상식이 통하는 사회, 특권과 반칙이 통하지 않는 민주국가를 세우라는 명령이었습니다. 이 일은 기업의 논리, 시장의 논리, 권력과 정치의 논리를 뛰어넘는 민주주의 토대공사였습니다. 반칙도 특권도 통하지 않는 반듯한 국가건설 – 바로 민주주의국가 건설의 출발점입니다. 국민의 이

요구에 충실하게 부응한 시간이 바로 참여정부 5년의 성과였다고 생각합니다.

이제 우리 역사와 우리 국민들은 새로운 요구를 하고 있습니다.

이제 우리 역사는 더 이상 '민주냐 반민주냐'의 논쟁 수준에 빠져 있지 않습니다. 독재도 특권도 반칙도 없습니다. 국가권력과 이념으로 개인의 인권과 기본권이 유보되는 일도 없습니다. 동성애자의 권리, 양심적 병역거부의 권리, 외국인 노동자의 권리 등 인간의 기본권에 속하는 사회적 소수자의 권리까지 우리 사회의 주요 이슈가 되는 시대로 돌입하고 있습니다.

'나라의 최고 책임자니까, 한국을 대표하는 세계의 기업이니까 대충 봐줘야 하고 특수한 권리를 보장해야 한다'는 생각도 사라졌습니다. 누구나가 민주주의 국가의 기본 룰에 따라야 하고, 인간의 기본권 위에 평등해져야 합니다. 한미동맹이란 이름 아래 부여된 미국의 특수한 지위도 재조명돼야 한다고 사람들은 믿고 있고, 앞으로 그렇게 될 것입니다. 자주국가, 민주국가가 된 것입니다.

동북아시아 변방의 작은 나라. 중국대륙의 권력부침에 따라 물 위에 떠 있는 작은 낙엽처럼 흔들렸던 역사. 그 역사 속에서 오로지 출세주의와 기회주의라는 생존본능만이 원칙이었던 굴욕과 한(恨)의 역사가 본질적으로 개혁된 것입니다.

그러나 이제 사람들은 묻고 요구합니다. 더 잘 살게 해 달라. 더 인간답게, 안정되고 행복하고 건강하게 살게 해 달라. 내가 갖고 있는 개성과 양심의 자유가 사회질서와 국가질서란 이름으로 유보되지 않게 해 달라. 끊임없이 우리의 역사는 새로운 역사의 언덕을 차고 넘으려 아우성치고 있습니다.

그래서 우리는 스스로에게 묻고 답을 내려 노력합니다. 어떤 민주주의이냐, 어떤 나라로 갈 것인가라고 묻고 또 묻습니다. 아마도 이것은 독재와 대항해 싸워 온 김대중 대통령, 특권과 반칙의 시대와 싸워 온 노무현 대통령의 업적을 뒤이어 우리 세대가 해야 할 과제라고 생각합니다.

제가 속한 연령대의 사람들을 국민들은 386 세대라고 부릅니다. 우리 세대는 보릿고개를 넘기며 자식만큼은 가르쳐야 한다고 생각하신 부모님 세대가 대한민국의 미래를 향해 쏘아올린 작은 공이었습니다. 더 좋은 민주주의, 더 좋은 사회를 만들어야 할 과제가 우리의 어깨 위에 걸려 있습니다.

더 좋은 민주주의, 더 좋은 사회란 어떤 사회를 말합니까. 그것은 아마도 평화와 복지와 성장일 것입니다. 결국 평화의 가치입니다만 복지와 성장이 지난 20세기처럼 대립하고 흑백으로 갈리는 것이 아니라 동시발전이 가능한 그런 사회비전을 만들어야 합니다.

김대중 대통령은 민주주의 시장경제라고 말씀하셨습니다. 노무현 대통령은 동반성장이라고 말씀하셨고, 구체적으로 지역균형발전론, 비전 2030의 국가발전전략을 제시하셨습니다.

역사는 축적되고 계승되고 그리고 혁신되는 일이라고 생각합니다. 그리고 이 축적과 계승은 정권과 상관없이 계속하여 이어진다고 믿습니다.

박정희 정권 시절에 고교평준화 정책이 시작되었습니다. 중학교, 고등학교에 시험치고 가는 제도는 결국 어린 학생들을 골병들게 하고 명문 중고등학교라는 사회특권계층만 양산하기 때문입니다. 박정희 정권의 교육정책이 시발점이 되어 1995년 김영삼 정부의 공교육 혁신방안이 만들어졌고, 그 정책이 현재까지 발전되어 오고 있습니다. 김대중 정부 시절에 교육개혁안의 시행자였던 이해찬 전 교육부장관이 엄청난 고생을 했습니다만 그 교육개혁안의 출발점은 김영삼 정부 시절의 1995년 '5 · 31 교육개혁안'이었습니다. 이런 교육개혁 역사의 핵심적 과제 중의 하나는 공교육체계의 강화, 교육의 공적 부담 확대였습니다. 그러나 지금 한나라당은 그 교육을 시장기능에 맡기자고 하고 있습니다. 이는 역사의 반동으로 역사의 흐름 위에서 볼 때 오래가지 못할 것이라고 저는 확신합니다.

좁은 국토에서 땅투기로 이익을 보려는 사람들에 대한 정부의 부동산 정책 역시 한결같았습니다. 그러나 토지 공개념을 헌법에 명시하지 않는 한 부동산투기에 대한 대책은 늘 그만큼의 제약성을 갖게 마련입니다. 노태우 정부시절에 부동산과 관련한 세 가지 혁명적 법안을 통과시켰지만 3개월에서 반년도 지나지 않아 위헌결정 판결을 받아 좌초되었습니다. 택지소유상한제나 개발이익환수제 등이 그것이었습니다. 헌법과 법률적 요건을 고려하지 못한 미숙한 아마추어적 접근이었습니다. 그러나 이런 부동산정책의 역사를 토대로 참여정부의 부동산정책이 만들어졌습니다.

역사는 이렇듯 국민의 요구가 있기에 정권을 뛰어넘어 계승되고 발전됩니다. 수비수냐 공격수냐의 차이일 뿐, 부처님 손바닥 안의 손오공처럼 국민의 요구와 이해 위에 서 있게 된다는 것입니다. 반동은 반동일 뿐입니다. 다시 정위치로, 국민의 요구대로 돌아서게 됩니다.

저는 그런 점에서 지난 민주정부 10년의 역사가 우리가 가야 할 미래의 중요한 잣대라고 생각합니다. 그 위에 우리세대를 키웠던 산업화세대, 보릿고개 전투를 승리로 이끈 우리 부모님세대의 염원대로 대한민국을 선진민주국가로 발전시켜야 한다고 생각합니다.

그것은 더 좋은 민주주의, 더 좋은 사회를 만들어가는 일입니다. 민주주의는 인류사가 도달한 가장 좋은, 가장 효율적이며, 가장 생산적인 사회운영 원리입니다. 그러나 어떤 민주주의냐는 선진제국마다 약간의 차이가 있습니다.

고려 금속활자가 세계 최초의 것이었듯이, 지금 조선, 반도체, 전자통신, 자동차 등이 세계 최고의 자리를 차지하고 있듯이 정치와 민주주의에서 세계 최고의 나라를 만들고 싶습니다. 이 일이 386 세대라 불리는 '고교평준화 세대, 보릿고개 후손세대'의 의무이고 몫이라고 생각합니다.

감옥과 집에서 보낸 참여정부 5년

이런 자각과 반성을 위해 보낸 시간이었습니다.

보릿고개를 넘은 부모세대로부터 배워온 세상의 진실이 유년기와 청소년기를 차지합니다. 그 뒤 '생존의 법칙, 무엇이 이익인가'라는 질문을 뛰어넘어 '무엇이 옳은가'를 묻던 청년기를 거쳤습니다. 그리고 다시 '경쟁과 대립의 질서'와 '우애와 연대의 질서'를 어떻게 함께 결합시켜 내야 할 것인지를 묻고 고민한 시간을 보냈습니다.

모든 사람의 마음속에는 '미움'과 '사랑'의 마음이 공존합니다. 한 사람의 마음속에 있는 이 두 개의 모순된 마음은 결국 세상에도 존재합니다. '경쟁'과 '협력'이라는 상호 모순된 질서가 바로 그것입니다. 저는 바로 이 두 개의 모순된 가치와 질서를 하나로 통합시켜내는 일이 바로 좋은 민주주의의 핵심이라고 생각합니다.

이 '경쟁'을 '미움과 대결'의 파국으로 가지 않게 하는 길, '우애와 연대'를 '유착과 획일'로 흐르지 않게 하는 길－그것이 바로 좋은 민주주의라고 생각합니다.

보잘것없는 작은 생각을 책으로 만들 용기를 내었습니다. 제 생각의 원천을 주셨던 신영복 선생님께서 제호와 추천글까지 써주셨습니다. 감사합니다. 또한 나남출판의 조상호 사장님, 방순영 부장님 그리고 참평포럼의 이병완 대표님, 정메리 팀장, 이송평 팀장 그리고 나의 가족… 모든 분들께 감사드립니다.

2007년 겨울

안 희 정

나남신서 1264

담금질

안희정의 새로운 시작

차례

2부 생각하기 2004년의 옥중일기

1부

살아온 이야기

힐끗 보아놓은 지향과 방향
그 길에 대한 믿음을 잃지 않고 열심히, 무심히 노를 젓는 것.
얼마나 왔는지 얼른 성과를 보려 하지 말고
계속해서 문지르고 또 문지르다 보면
어느 사이 빛나는 보석을 손안에 잡을 수 있다.

자존심 강한 '한주먹'

··· 유년시절의 추억 ···

논산시 연무읍 마산리

아침마다 세면대에서 물끄러미 거울을 본다. 세수하기 전 내 모습을 찬찬히 바라보는 건, 시작을 기억하지 못하는 내 오랜 습성이다. 거울에는 한 여자의 남편, 두 아이의 아빠인 40대 중반으로 가고 있는 남자가 비쳐진다. 때론 '대통령의 측근', '386 공작정치의 배후', '운동권 출신의 좌파 정치인'이라 불린다는 남자의 모습도 어른거린다. 찬물을 움켜 얼굴에 비비며 자문해본다. 나는 누구인가.

많은 이들이 나를 이러저러하다고 쑥덕이고, 이러저러하리라 예단하고, 이러저러해야 한다고 주장한다. 요 몇 달간 그런 이야기들을 묵묵히 듣기만 하면서 자문했다. 나는 누구인가. 어떤 소설 제목처럼, 내가 누구인지 말할 수 있는 자, 누구인가?

2007년 4월 27일
참여정부평가포럼 창립대회에서.

정신적으로 건강한 사람은 자기가 가면을 쓴 채 연기하고 있다는 사실을 잘 알고 있지만, 정신적으로 건강하지 못한 사람은 자기가 연기하고 있는 사람이 곧 자기 자신이라고 생각한다. … 정신적으로 건강한 사람은 타인만 속이는데, 정신적으로 건강하지 못한 사람은 자기 자신마저 속인다. ― 칼 융(C. G. Jung, 1875~1961)

프로이트와 함께 정신분석학의 양대 산맥이라는 칼 융은 사람은 누구나 세상을 살면서 여러 개의 가면을 쓰고 산다고 했다. 그에 따르면 내 얼굴에는 '남자', '아들', '남편', '아버지'란 개인적 가면도 있을 것이고, '운동권 출신', '신진 정치인', '386세대' 같은 사회적 가면도 덧씌워져 있을 것이다.

불가(佛家)에서는 보고, 듣고, 경험한 모든 '업'(業)이 현재의 나를 설명하고, 미래의 나를 규정한다고 한다. 가면을 벗는다는 것은 곧 나의 '업'을 스스로 고백하는 것이리라. 무엇이 지금의 나를 만든 것일까? 이런 자기고백으로 이 글을 시작하는 것은 무척이나 부끄러운 일이다. 어느 누구도 개인사의 나신(裸身)을 보여주기란 쉽지 않은 일이다. 미모의 여배우가 분장하지 않고 맨얼굴로 사람들 앞에 선뜻 나서기 힘든 것처럼.

이미지로 먹고 사는 정치인은 "과거는 묻지 마세요"라고 웃음으로 넘기는 것이 현명한 처세라고 한다. 하지만 나는 먼저 벗은 맨얼굴의 안희정의 모습을 책이란 거울에 비춰 보고자 한다. 우선 나 스스로를 속이고 싶지 않다는 자존심 때문이다. 그리고 그런 솔직함으로, 세상을 바라보는 내 마음의 신실함을 담보하고 싶기 때문이다. 진실은 결국 통하기 마련이라는 믿음이 세상물정 모르는 순진함이라 할지라도.

나는 1964년 10월 28일 충남 논산시 연무읍 마산리에서 2남 3녀 중 셋째로 태어났다. 어머니의 말씀에 따르면, 방안 가득히 광채를 발하는 놋 세숫대야를 닦는 태몽(胎夢)을 꾸셨다 한다. 나를 낳기 전 아버지는 마산리 근처 양지리에서 얼마 되지 않는 땅에 농사를 지으셨다고 한다. 조부 때에는 강경 포구에서 객주점으로 상당한 재산을 모아 양지리 벌판을 모두 샀다는 말을 들을 정도로 부자였다는데, 가세가 점점 기울자 농사짓던 땅을 처분하고 마산리로 옮겨오셨다는 것이다.

내가 태어나기 바로 전 해, 5·16 쿠데타로 정권을 잡은 박정희(朴正熙) 소장이 민주공화당 후보로 나서 민정당 윤보선(尹潽善) 후보를 불과 16만 표 차이로 누르고 민정 대통령에 당선되었다. 그리고 내가

어릴 적 살던 집의 앞마당에서 5남매와 사촌동생, 뒷줄 가운데가 나.

태어날 무렵은 한일수교회담 반대시위가 격해져 박정희 정권이 계엄령까지 선포해가며 학생시위를 진압하던 험악한 시절이었다. 하지만 아버지는 박정희 대통령의 등장에서 새로운 시대를 예감하셨던지 박정희의 '정' 자와 '희' 자를 바꾸어 '희정'(熙正)이라는 내 이름을 지으셨다 한다.

양지리의 땅을 처분한 아버지는 마산리에서 철물점을 여셨다. 간판은 철물점이었지만 450호 정도 모여 사는 조그마한 마을의 유일한 만물상이었다. 박정희 대통령이 주도한 개발정책은 시골구석의 가게살림에도 큰 도움이 됐던 듯하다. 1971년부터 새마을운동이 벌어졌고, 1970년 경부고속도로에 이어 호남고속도로가 뚫렸고, 인근 논산에 연무대훈련소(논산 제 2훈련소)가 증축되는 등 개발특수가 시골까지 불어 닥쳤다. 당시 아버지는 농촌 구옥(舊屋) 개조에 쓰인 시멘트와 슬레이트 등 건축자재를 판매하면서 돈을 꽤 버셨다 한다.

소작농이 대부분인지라 현금이 귀했던 시골에서 유통업으로 적지 않은 현금이 들락거리니 우리 집은 금세 지역유지가 되었다. 내가 초등학교에 다니던 1972년에는 마을에서 몇 번째로 흑백텔레비전을 들여놓았다. '박치기' 김일 선수의 시합이 있는 날이면 우리 집 안방은 마을사람들로 북새통을 이루었다. 하마 주둥이 같은 나발이 달린 집채만 한 일제 야마하 전축은 우리 집밖에 없었다.

하지만 소박한 농군 출신이셨던 부모님은 지금의 못난 졸부들처럼 가졌다고 유세를 부린 적은 없으셨다. 어머니는 집에 찾아오는 이웃들에겐 꼭 따뜻한 밥 한 끼라도 해 먹여 돌려보내셨다. 저녁밥 때가 되면 동네 아줌마들이 자주 마실을 온 것도, 지금 생각해보면 그냥 심심해서 놀러온 것이 아니라 그렇게 한 끼 식사라도 해결하고 싶어서였던 것 같다. 가난한 시절의 서글픈 풍경이다. 초등학교 소풍날이면 어머니는 새벽부터 김밥을 싸오지 못하는 내 친구들 몫까지 10인분이 넘는 도시락을 손수 싸주셨다. 아버지는 형과 내가 다니는 구자곡초등학교 우물에 펌프를 설치해주기도 하셨다.

경제적으로 여유가 생겼어도 아버지는 농사일을 놓지 않으셨다. 인근에 몇백 평 되는 밭뙈기를 손수 일구면서 우리 형제에게도 호미를 쥐어주셨다. 덕분에 땅콩도 캐고 담뱃잎을 따는 밭일을 배우며 '촌놈'의 자질을 키울 수 있었다.

어렸을 적 들었던 아버지의 말씀이 떠오른다. 아버지는 이따금 우리 형제를 자전거에 태우고 5킬로미터 떨어진 왕암저수지로 천렵하러 다니곤 하셨는데, 신작로로 가면 금방 갈 것을 꼭 논밭 끝자락 오솔길을 따라 빙빙 돌아서 가셨다. 한 번은 내가 왜 힘들게 돌아가느냐고 물었더니 이렇게 말씀하셨다.

"들판에서 사람들은 하루 종일 힘들게 일하고 있는데, 우리가 놀러가는 모습을 보이면 좋겠니?"

남들은 끼니 해결도 어려운데 텔레비전도 사고 일제전축도 산 것이 미안했던 아버지가 노동하는 사람들에 대해 지녔던 나름의 예의였던 셈이다. 지금도 '노블리스 오블리주'(*noblesse oblige*)니 '가진 자의 도덕적 의무'에 대한 이야기를 들을 때마다 나는 아버지의 자전거와 어머니의 김밥이 떠오른다.

집안사정이 좋았던 덕에 어릴 적 내 생활은 부족함이 없었다. 자식교육이라면 머리카락이라도 내다 판다는 여느 어머니들처럼, 우리 어머니는 내가 필요하다면 뭐든 다 해주셨다. 덕분에 시골에서 〈어깨동무〉나 〈소년중앙〉 같은 어린이 월간지를 다달이 구독하는 문화적 호사를 누릴 수 있었다. 야구 글러브나 배트 같은 사치스런 운동기구도 사주셨다. 초등학교 체육시간 땐 우리 형제가 갖고 있던 운동기구가 없으면 야구놀이를 할 수 없었다.

초등학교 유년기의 추억이란 여느 '촌놈'처럼 특별할 것이 없다. 눈 오는 날 몰려다니는 동네 개들마냥 산으로 들로 뛰어다니며 놀았고, 패거리 지어서 이웃마을 아이들과 싸움박질도 했다. 《톰 소여의 모험》을 읽다가 주인공이 예쁜 소녀와 교실에서 뽀뽀하는 대목을 읽고 감동(?) 받아서, 다음날 방과 후에 칠판에 자습문제를 적던 부반장 여자애를 쳐다보며 마른 침을 삼켰던 기억도 난다.

보이스카우트 활동도 했는데, 돌이켜보면 이때의 경험이 내 삶에 큰 영향을 준 것 같다. "차리고 있다"라는 보이스카우트의 표어가 왠지 멋있어 보였던 그 시절, 나는 유달리 자립심이 강한 아이였다. 한 번은 부모님께 5만 8천 원짜리 '골드 스테레오' 녹음기를 사달라고 졸랐으나 안 사주시자, 몰래 아르바이트를 해서 6개월 만에 보란 듯이 내 돈으로 사버리기도 했다. 내가 지금까지 살아오면서 남에게 의지하지 않고 살려고 고집하고, 대통령의 측근이라고 불리는 것에 거부감을 갖는 것도 아마 이때 형성된 강한 독립심 때문인 듯하다.

초등학교 추억 중에서 지금도 잊히지 않는 것 중 하나는 아산 현충사에서 열리던 어린이 연수 프로그램이다. 당시 정부 차원에서 초등학교 반장이나 모범생들을 뽑아서 충효교육을 하던 행사였는데 나 같은 시골 촌놈들에게는 선망의 대상이었다. 그러나 나는 기회를 잡지 못했다. 형과 누나 때까지 진행되던 이 행사가 무슨 까닭에선지 중단되었기 때문이다. 어린 마음에 얼마나 아쉬웠는지 모른다. 형과 누나가 아산 현충사 돌계단에서 찍어 온 기념사진은 아직도 눈에 선하다. 당시 시골 촌놈에게 현대적 기숙사에 들어가 며칠간 연수받고 온다는 것은 엄청난 특혜였다. 어쩌면 그때는 지금 미국여행보다도 훨씬 가슴 떨리는 일이었으리라.

돌이켜보면, 이 연수 프로그램은 민족주의와 애국주의를 고취하면서 쿠데타 정권에 역사적 정통성을 부여하려는 이데올로기 교육의 연장선상에 있던 행사였다. 당시는 박정희가 이순신 사당을 새로 짓고

1977년 구자곡초등학교 6학년 때
보이스카우트 선서식에서
어머니와 함께.

금산 칠백의총을 기념관으로 지정하는 등 애국주의와 민족주의를 내세워 국민적 저항을 무마시키려 애쓰던 시절이었으니까. 나도 적잖이 영향을 받았던 것 같다. 국기 하강식 때 스피커에서 애국가가 울려 퍼지면 학교 운동장에서 놀다가도 다른 애들이 보든 말든 아랑곳하지 않고 태극기를 향해 몸을 꼿꼿이 펴고 가슴에 손을 얹곤 했던 기억이 지금도 생생하다. 초등학생 때부터 아이들에게 장차 육군사관학교에 가서 '포 스타'(四星將軍)가 되겠다고 호언장담했던 것도 다 그런 영향이었을 것이다.

나는 이런 역사적 환경 속에서 점점 문(文)보다는 무(武) 쪽으로 기질을 키워갔다. 초등학교 때부터 매일 새벽 산을 타며 체력을 키운 덕에 완력도 누구 못지않았다. 내 주관적인 생각에 정의롭지 못한 일이라 여겨지면 물불을 안 가리고 덤비는 성향도 그때부터 생긴 듯하다. 툭 하면 아이들을 때리는 바람에 매일같이 친구 부모님들이 코피 터진 자식의 손을 잡고 우리 집에 항의하러 오기도 했다.

어찌 보면 내 성격이 일찍부터 나서기 좋아하는 편이었던 듯하다. 지금도 그렇지만 타인의 주목을 받는 것을 즐겨서가 아니라, 나는 지금도 어색한 것, 잘못된 것을 참지 못하는 성미다.

예를 들면 이런 상황이다. 학년 초에 새롭게 반편성이 끝난 첫날, 담임선생님이 배정되기 직전의 교실은 굉장히 낯선 분위기다. 자리배정도 안 되어 있으니 아이들은 제멋대로 모여 앉아서 소란을 부리게 마련이다. 이럴 때면 불쑥 교단으로 나가서 "우리 이렇게 앉아 있지 말고, 책상정리도 하고, 이렇게 저렇게 앉아서 선생님을 기다리자"며 나선 것이 나였다. 담임선생님이 오실 때까지 학급 분위기 만들고, 새 담임선생님이 들어오시면 내가 일어나서 '차렷! 경례!'까지 했다. 하지만 이것은 나서기를 좋아해서가 아니라 어디까지나 선생님이 오셔야만 정리되는 우리 스스로의 무책임한 무질서가 싫었기 때문이다.

박정희를 묻다

중학교에 올라갔을 때도 마찬가지였다. 연무 읍내의 10여 개 초등학교의 아이들이 반편성 고사를 보려고 모인 날이었다. 나는 얌전하게 자리에 앉아 있었는데 다른 초등학교 아이들 몇몇이 교실을 왔다갔다 하면서 극성맞게 굴더니, 우리 초등학교 출신 친구들의 뒤통수를 때리는 등 건방을 떨었다. 거기서도 치기(稚氣) 어린 정의감은 나를 가만히 내버려두지 않았다. 결국 그 아이들과 교실에서 싸움이 붙어 기어이 모두 쌍코피를 내는 사고를 쳐버렸다.

불의를 완력으로 진압하는 태도는 그때부터 점점 커진 듯하다. 나를 포함한 모두가 머뭇거리는 상황은 매우 비겁한 것으로 인식해 내가 나서서 그런 상황을 깨고 그 상황을 책임져야 속이 풀리는 것이 내 스타일이었다. 집안에서 우리 형제들이 모두 혼날 때도 "그것은 제 잘못입니다" 하며 책임을 뒤집어쓰는 것은 항상 나였다. 이럴 때 아버지는 그냥 용서해주시곤 했다. 설령 아무 잘못이 없어도 주변 사람들을 위해 자신의 잘못이라고 인정하는 모습이 당신 마음에 퍽이나 흡족하셨던 모양이다. 아마 그때부터 타율이 아닌 자율(自律)의 정신을 가졌던 게 아닌가 싶다.

나는 초등학교 1학년 때부터 고등학교를 잠시 다닐 때까지 늘 반장을 했다. 초등학교, 중학교 때는 학생회장도 맡았다. 일찍부터 권력욕이 남달라 부득부득 애썼던 것도 아닌데 이상하게 그리 됐다.

몇 해 전 연무대중학교 1학년 담임선생님을 만나 뵀을 때 선생님께서 떠올린 에피소드다. 중학교에 입학해서 반편성 고사를 본 뒤 반장선거를 했다. 아이들이 누구누구가 반장이 됐으면 좋겠다고 너도나도 추천을 하는 와중에, 나도 추천을 받아 입후보하게 됐다. 급우들 앞에서 반장 유세연설을 하는데 교단에 서서 내가 이렇게 이야기했다고 한다.

"사실 나는 여기 같이 입후보한 다른 애들하고 경쟁하기 싫다. 나에게 표를 몰아줄 거면 몰아주고, 아니면 한 표도 찍지 마라."

결국 나는 만장일치로 반장에 뽑혔다. 이 일이 교무실에 퍼져서 "희한한 놈이 하나 입학했다"고 선생님들께서 입을 모으셨다고 한다.

공부도 전교에서 등수 안에 들었으니 선생님들에게 밉게 보이지는 않았을 것이다. 그렇지만 우리 집안에서는 내가 제일 공부를 못한 축이었다. 당시 형은 중3 때 충남 전체 모의고사를 보면 10등 안에 드는 수재였다. 누나도 도내에서 50위권에 들 정도로 공부를 잘했다. 그러나 나는 전교에서 3등 안에는 들지만, 형처럼 늘 교내 1등을 차지하는 것은 아니었고 어쩌다 1년에 한두 번 하는 정도였다. 그래도 나는 초등학교 때는 핸드볼 선수로, 중학교 때는 농구 선수로 뛰었고, 부업(?)으로 사격 선수를 한 적도 있었다. 그러다 보니 당시 연무읍에서는 학부모님들이 "아무개네 집을 봐라, 너희도 좀 그렇게 공부해라"라며 아이들을 채근해, 여러 아이들이 우리 형제들 때문에 스트레스를 꽤나 받았다고 한다.

나서기 좋아하는 의협심(義俠心)은 엉뚱한 사건을 일으키기도 했다. 중1 때 우리반이 월례고사에서 항상 꼴찌를 하자 담임선생님으로부터 '꼴통들'이라는 걱정을 들었다. 나는 도저히 분을 참지 못하고 애들을 선동했다.

"우리도 잘할 수 있다는 가능성을 보여주자. 이번 시험에는 '커닝 페이퍼'를 분단별로 돌릴 테니까, 내가 돌리는 종이가 정답지라고 생각하고 베껴라. 단, 60점 맞던 놈은 70점 정도로 맞춰 자기점수를 조절해서 답안을 내라."

작전은 순조롭게 성공해 학급평균이 한 달 만에 15점이나 오르는 쾌

1978년 연무중학교 2학년 때
소풍가서 친구들과.

거(?)를 이뤘다. 늘 1학년 반평균 1등을 하던 3반을 제치고 우리반이 1등을 한 것이다.

다음 달 월례고사 때도 같은 작전을 구사했다. 그런데 시험 본 다음 날 희희낙락하고 있는데, 아침부터 선생님 네 분이 갑자기 교실로 들어와 "야, 책 다 집어넣어" 하더니 어제 풀었던 시험문제를 다시 내주는 것이 아닌가. 결과는 뻔했다. 그렇게 내가 주도한 작전은 백일하에 들통나 버렸다. 그 결과 나는 한 달간 학급반장으로서 직무정지 처분을 받았다. 어린 나이에 직무정지를 당해본 셈이다.

도회지보다 시골아이들이 훨씬 조숙한 편이지만, 특히 나는 중학생이 되면서 스스로를 어른이라 믿어 의심치 않았다. 그래서인지 어떻게 하면 부모님으로부터 독립할 수 있을까를 심각하게 고민했다. 독립의 핵심은 물론 돈이었다. 사실 중학교에 들어간 뒤로는 돈 쓸 일이 많아졌다. 일단 아이들과 교제의 폭이 넓어지면서 읍내 분식집에 외상값이 쌓이기 시작했다. 내가 의협심을 발휘해 때렸던 아이들을 달래주려고 자장면집도 데려가고 만두집도 데려가곤 했다. 당시 장터의 자장면 한 그릇 값은 보통이 70원, 곱빼기가 100원이었는데 1970년대 말 오일쇼크가 일어나 150원, 250원으로 올라버리니 감당할 수가 없었다.

중학교 3학년 때 학생회장을 하면서는 특히 자금난(?)에 시달렸다. 중3 중에는 멋을 부리느라 교복모자 챙 가운데를 반으로 꺾어 불량스럽게 쓰는 아이들이 있었다. 그런 아이들을 보면 다시는 그렇게 쓰지 말라고 1차 경고한 뒤, 말을 듣지 않으면 패서 혼내준 뒤에 그 모자를 찢어버리고 새 모자를 사주곤 했다. 그러다 보니 학교 앞의 문방구에도 외상값이 점점 늘 수밖에 없었다.

한 번은 학생과 선생님께서 어머니께 전화로 희정이의 돈 씀씀이가 요즘 너무 헤픈 것 같다, 혹 나쁜 일이라도 저지를 것 같아 걱정이 되어서 알려준다며 연락을 하셨다. 그때 어머니께서 정중히 "그 돈 나 제가 준 것이니 걱정하지 마십시오"라고 답하셨다. 사실은 가게를 보면서 돈통에서 얼마씩 '슬쩍' 내 주머니로 옮긴 것이었는데 말이다.

자식을 그리 믿어주시는 어머니와 신사협정을 맺었다. 일요일처럼 가게가 바쁠 때는 일손을 거들 테니 대신 수입의 30퍼센트를 달라고 했다. 어머니는 그렇게 하라고 허락하셨다. 그렇게 정당하게 번 돈으로 활동비와 외상값을 충당했다. 지금 생각하면 일종의 '정치 비자금'인 셈이었다.

지나고 보면 그때 부모님이 나를 믿어준 것이 참 고맙다. 자식이 하는 일을 믿고 지켜보는 것이 얼마나 중요한가를 새삼 느끼게 된다. 만약 중학교 때 부모님께서 나를 믿어주지 않았더라면 도둑질이나 혹은 그보다 나쁜 짓을 해서 돈을 얻었을지도 모르기 때문이다.

학년이 올라가면서 나는 점점 더 무(武)로 기울어지기 시작했다. 중3 때는 자전거 체인을 들고 다니면서 애들과 싸움질을 하기도 했고, 걸핏하면 주먹으로 애들을 평정했다. 한 번은 껄렁하게 다니는 전학생과 싸움이 붙었는데 팔을 부러뜨려서 애지중지 수집한 우표를 모두 헐값에 팔아 치료비를 물어준 일도 있다. 학년 복도를 다니다가 학급 분위기가 소란스러우면, 반장 이하 60명 모두를 집합시켜 단체기합을 준 적도 있었다. 심지어 담임선생님께 조퇴 허락을 받아도 나에게 오케이를 받지 않으면 집에 가지 못하게 할 만큼 기고만장했다.

마치 이문열의 소설 《우리들의 일그러진 영웅》의 주인공 엄석대가 초등학교 4학년 교실에서 보여준 '위압적 질서'와도 비슷했다. 물론 주도면밀한 엄석대만큼 영악하지도 않았고, 자기 시험점수를 높이기 위해 부정을 조장하지는 않았지만 말이다. 그러나 스스로 '올바른 일'이란 도덕적 정의감으로 무장된 나의 주먹에는 박정희의 그림자가 어른거리고 있었는지도 모른다.

그렇다고 당시 내가 박정희식 폭력을 동경했던 것은 아니다. 오히려 그 반대였다. 중학교 3학년 무렵부터 그때까지 품어왔던 박정희에 대한 환상이 깨지기 시작했다. 그 전까지 나의 가치관을 형성하고 있었던 것은 박정희식 애국 민족주의와 전통적인 충효, 군사부일체의 사상이었다. 말을 배울 때부터 아버님 함자를 남에게 말하는 법부터 배웠고,

무릎 꿇고 천자문을 배웠다. 말하자면 전통적 유교 가치관에 박정희식 국가주의가 결합된 가치를 생활의 중요한 지침으로 삼고 있었다.

그리고 월남전이 한창일 때 '맹호부대가'를 들으면서 우리 국군을 세계 최강의 군대로 믿고 살았다. 미국도, 소련도, 중공도 우리 군대를 당할 수 없다고 굳게 믿었다. 시골 까까머리가 박 대통령이 '영도'하는 대한민국의 강력함과 위대함을 의심하는 것은 불가능한 일이었으리라. 중학교 1, 2학년 때 심훈의 《상록수》나 존 스타인벡의 《분노의 포도》, 펄벅의 《대지》 같은 책을 읽으면서 농촌사회의 비극에 어렴풋이 눈을 떴다곤 해도 그것은 감상의 수준을 벗어날 수 없었다.

박정희에 대한 인식의 변화는 중3 때 몇몇 야당적 성향을 가진 선생

1980년 2월 연무중학교 졸업식.

님을 만난 것이 결정적 계기가 되었다. 당시 나는 두 선생님으로부터 박정희 대통령의 정치가 '독재'라는 말을 처음 들었다. 그리고 이 분들을 통해서 어렴풋이 우물 밖에서 벌어지고 있는 반독재 민주화 투쟁의 큰 기류를 인식하게 됐다. 감수성이 예민하던 청소년기에 내가 받은 충격은 엄청난 것이었다.

그 뒤로 나는, 두 선생님이 뚫어준 문풍지 구멍으로 세상의 모든 바람을 끌어들이며 사회에 대한 이런저런 고민에 심각하게 빠져들기 시작했다. 스스로 자가발전을 해서, 중3 때부터는 당시 반독재투쟁의 선두에 섰던 고(故) 함석헌(咸錫憲) 선생의 민중계몽지 〈씨올의 소리〉를 읽으며 '조숙하게도' 한국사회의 문제에 대해 고민했다.

이렇게 자가발전을 하게 된 데는 당시 서울교대 1학년이었던 누나의 영향도 컸다. 당시 누나는 박형규(朴炯圭) 목사가 운영하던 제일야학에서 '강학'이라 불리던 노동야학 교사로 활동하고 있었다. 대전고등학교 2학년으로 의식화 서클의 멤버였던 형의 영향도 있었다. 이렇게 나는 여러 주변 사람들로부터 뭉뚱그려진 형태로 영향을 받았던 듯하다.

중학교 3학년 때 사회에 대한 의식의 맹아(萌芽)가 자랄 무렵 10·26 사태가 벌어졌다. 다음날 아침 박정희 대통령 유고로 계엄이 발표됐다는 소식을 듣고 뒤숭숭한 기분으로 등교를 했다. 선생님들이 교무실에서 아침 조회를 하던 시간, 나는 아이들을 모아놓고 지금의 정황을 어떻게 볼 것인가에 대해 열심히 떠들었다. 그때 내 주장의 요지는, 국민적 저항에 직면한 독재정권의 자기분열일 뿐이니 "대통령이 죽었다고 너무 슬퍼하지 말라"는 것이었다. 주제에 꽤 그럴 듯한 분석이라고 어깨를 으쓱했지만, 내심 우리나라가 이대로 망하는 것이 아닐까 하는 일말의 두려움도 느꼈다. 무섭지만 든든했던 아버지가 어느 날 갑자기 세상을 떠나 졸지에 고아가 된 아이의 심정을 느꼈는지도 모른다.

돌아오지 못한 파수꾼

··· 고교시절의 방황 ···

'민중'을 고민했던 조숙한 고등학생

1980년 2월, 나는 열여섯 나이에 처음으로 고향을 떠나 유학길에 올랐다. 이른바 '뺑뺑이' 2기로 남대전고등학교에 입학하면서 형이 머물던 어둡고 퀴퀴한 자취방에 합세했다. 새로운 학교, 새로운 집 그리고 새로운 친구, 이 모든 것들 속에서 스스로를 과시하고픈 시절이었다. 첫 객지생활에서 고향과 부모님에 대한 그리움이 차지할 공간은 내 마음속에 거의 없었다. 그저 뜻 모를 해방감과 그만큼의 고독감으로 가득한 시기였다. 돌아보면, 이 시기부터 내 인생의 궤적은 주류의 삶과는 크게 엇나가기 시작했다.

나의 관심은 고등학교 담장을 넘어갔다. 고등학교 1학년 때 일어난 1980년 광주항쟁에 대한 소식을 비롯해 당시의 암울한 사회분위기는 어린 나에게 적지 않은 영향을 주었다. 책가방에는 교양서적이 빠지지 않았다. 김학준 교수의 《러시아 혁명사》를 통해 레닌이 열여섯 살에,

트로츠키가 열네 살에 혁명서클에 가입했음을 알게 된 것도 그때였다. 열여섯 내 나이가 결코 어린 나이가 아니라는 생각에 '큰 뜻'을 품기로 다짐하기도 했다. 그 책에서 본 '브나로드' 운동을 주도한 민중주의 엘리트들의 말은 지금도 기억하고 있다.

> 조국에 대한 진정한 사랑은 짜르(러시아 황제)에 대한 충성심이 아니라 민중에 대한 사랑이다.

나는 당시에 그 구절에 더할 수 없는 감동을 받았다. 그래, 나 역시 민중과 평생을 함께 하리라 결심했다.

대전생활에서 첫 자취방은 형이 다니던 대전고등학교 담벼락 바로 밑에 있던 허름한 판잣집이었다. 어느 날 방에서 형과 이리저리 밀치며 장난치다가 주인집 노인으로부터 '시끄럽다, 이놈들아!'라고 인간적인 모욕감을 주는 욕지거리를 들었다. 아무리 학생이지만 인격체로서 대우받아야 된다는 생각에 당장 주인집 안방으로 달려가서 노인에게 "말씀이 지나친 것 아니냐"며 따졌다. 노인은 '시건방지다'면서 노발대발하더니 방을 빼라고 호통 쳤다. 두 달 만에 우리 형제는 인근에 있는 빈 선술집에 방 하나를 빌려 옮겨야 했다.

그해 초여름 대전역 광장은 나에게, 책에서 본 '민중'을 접하고 확인하는 생생한 현장이었다. 역전 간이휴게소 주변에는 지게꾼, 걸인, 부랑인, 가출청소년, 창녀와 포주가 여름을 보내고 있었다. 나는 이 광장에서 비인간적인 자본주의 사회의 부조리와 모순을 체험할 수 있었다. 역 광장에서 먹지도 못하는 소주잔을 기울이거나 담배를 피워 무는 일이 잦아졌다.

그러다 결국 여름방학에 접어들면서 나는 교과서를 대전역 근처에 있던 중고서점에 죄다 팔아버리고 사회과학 서적을 구입해 나의 교과서로 대체했다. 책가방에는 《러시아 혁명사》, 《노동의 역사》 같은 책만 넣고 다니며 수업시간에 읽었다. E. H. 카의 《역사란 무엇인가》 같은 책을 비롯해, 황석영의 《어둠의 자식들》이나 한완상의 《민중과 지식인》, 복간된 계간 〈창작과 비평〉 등도 있었다.

그때 느낀 것은 단순했다. "이대로는 안 된다, 시골의 부잣집 아들로 태어나서 대전으로 유학까지 왔다. 시골에는 고등학교도 못간 친구들도 많은데, 이런 식으로 엘리트 코스를 밟아서 뭐하겠느냐, 나도 민중의 한 사람이 될 것이다"라는 식이었다. 가끔 가는 고향의 풍경도 새롭게 보였다. 400가구 남짓한 작은 마을에 두어 집만이 부농이고 나머지는 모두 부잣집 땅을 갈아먹는 소작농이란 현실이, 시쳇말로 계급적 관점에서 보이기 시작한 것이었다.

1학년 여름방학이 되자 '민중 속으로'라는 구호를 실천하겠다며 매일 대전역 앞에서 신문지를 깔고 잤다. '민중의 현실을 알자'는 생각에서였다. 펨프, 노무자와 함께 일수 30원씩 하는 노동자 합숙소에서 자기도 했다. 창녀, 막노동자, 지게꾼, 가출청소년들과 뒤섞여 먹고 자며 그들의 현실을 보게 됐다.

유치했는지는 몰라도 정말로 혁명의 열정에 불타올랐던 시기였다. 월간 〈다리〉나 〈창작과 비평〉에 실렸던 전태일의 '어느 차돌멩이의 외침' 같은 것을 보면서 사회적으로 소외받은 자들에 대한 동정이랄까

사회적 약자에 대한 정의감이 마음을 가득 채웠다. 그리고 전두환 정권이 광주에서 학살을 자행하고 있었을 때, 나는 '광주를 저렇게 고립된 채 내버려두면 안 되는데…'라는 생각에 너무나도 초조했다. 하지만 내가 할 수 있는 일은 아무것도 없었다.

그런 무기력감이 나를 더욱 괴롭게 했다. 1981년 겨울에 쓴 일기에는 "내가 이런 혼란스런 상황에서 죽음을 미화해 자살을 합리화하는 데까지 이르게 될까 봐 정말 두려워진다"는 대목이 나온다. 결국 나는 고등학교를 그만둘 수밖에 없었다.

그때 나는 공부에도 내심 자신이 있었다. 열심히 공부해 명문대학에 진학하고 번듯한 직업을 갖고, '저 푸른 초원 위에 그림 같은 집'은 아니어도 2층 양옥집에서 예쁜 아내와 사는 삶도 가능하다는 것을 자신했다. 프라이드가 지나치게 강했던 것이다. 초등학교 때부터 주먹질, 공부, 운동 뭐든 잘했으니 '난 잘났다'는 프라이드가 무척 강할 수밖에 없었으리라. 그런데 그렇게 살아서는 안 되겠다는 생각이 고등학교 1학년을 거치면서 확신이 되어갔다. 사회적 약자를 위해 사는 삶이 바른 삶이 아닌가 하는 생각이 들었던 것이다.

"옳은 소리라면 목에 칼이 들어와도 해야 한다"는 어머니의 말씀이 떠올랐다. 어머니는 항상 "못된 놈 보면 타이르고, 그래도 말을 듣지 않으면 볼때기를 때려라"고 가르치셨다.

바깥생활이 이 정도였으니 학교생활 역시 선생님들의 기대를 어긋나기에 충분했을 것이다. 나는 입학성적으로 장학금을 받고 있어 겉으로는 촉망받는 모범생이었다. 그러나 2학기 들면서 학교에서도 사건이 벌어졌다.

고교입학 6개월 만에 제적

여름방학이 끝나자마자 2학기 반장선거를 했는데 내가 선출되었다. 1학기 때는 담임선생님이 지명한 애가 반장이 됐지만, 2학기에는 완전 자유경선으로 반장을 뽑았기 때문에, 학내 소수파 시골 유학생 중 하나인 내가 반장으로 선출된 것이 기분 나쁘지만은 않았다. 그러나 반장 취임사를 하면서 "나는 곧 자퇴할 것이고, 혁명운동에 뛰어들 것이다. 그러므로 뽑아줘서 고마우나 반장직을 할 수 없다"는 발언을 함으로써 선생님들과 아이들을 발칵 뒤집어놓았다.

얼마 지나지 않아 나에게는 사소하지만, 중요한 사건이 일어났다. 그때까지도 중학교 때부터 애들을 패던 버릇이 남아 있어서 시건방 떠는 아이들이 있으면 참지 못하고 무조건 두드려 패는 일이 다반사였다. 그러던 어느 날 방과 후 교문을 나서는데 갑자기 껄렁한 아이들 너덧 명이 나를 둘러싸더니 잠깐 보자며 골목 안으로 끌고 갔다. 그 중 한 녀석이 갑자기 도루코 면도날을 목에 들이대면서 "너 죽을래?"라며 협박해왔다. 당시 교내에는 '양산박파'와 '바이킹파'라는 양대 폭력서클이 있었는데, 내가 그 서클 중 한 녀석을 흠씬 두들겨 팼다고 복수하러 온 것이었다.

그 순간에 내 머릿속은 복잡하기 그지없었다. 내가 녀석들과 한 판 붙을 경우 내 인생이 앞으로 어떻게 흘러갈 것인지가 파노라마처럼 머릿속을 스치고 지나갔다. 내가 이들 패거리와 싸우려면 나도 집단을 만들어야지 혼자서는 상대할 순 없다는 생각도 들었다. 그렇다면 나는 조폭(組暴)의 길을 가는 수밖에 없었다. 결국, 고민 끝에 나는 그네들과 '맞짱' 뜨는 것을 포기했다. 이전까지 모든 문제를 주먹으로 해결하던 내가 그때 최초로 타협을 시도했다.

> "내가 너희 서클인지 모르고 팬 것은 미안하다. 앞으로는 너희파 멤버들의 명예는 절대로 훼손하지 않을게. 대신 내가 반장의 직무를 수행하도록 너희들도 협조해줘."

그렇게 신사협정을 맺고 사고 없이 무사히 넘어갔다. 그런 뒤 얼마 지나지 않아서 두 패거리 애들이 학교에서 패싸움을 벌였는데, 한 녀석이 겁도 없이 면도칼을 휘두르다 다른 아이의 입이 찢어지는 사고가 터졌다. 이 사건으로 열두어 명이 무기정학과 근신처분을 당했다. 근신을 당한 아이들은 수업도 못 받고 학생과 옆에 있던 도서관에서 매일 죽자 사자 반성문만 써야 했다.

나는 매일 쉬는 시간마다 매점에서 꽈배기를 사다가 건네며 녀석들을 위로했다. 이런 일을 통해서 내게 적대적이었던 패거리들을 완전히 내 편으로 만들 수 있었다. 그 뒤로는 학급분위기 조성 같은 반장의 직무를 수행하는 데 내가 직접 물리력을 쓸 일이 없게 됐다. 돌아보면 이 사건은 내게 최초로 주먹과 물리적 폭력이 아닌 설득으로 일을 풀어가야 한다는 것을 체감케 한 소중한 경험이었다.

그러다가 결정적 사건이 터졌다. 당시 전두환 정권은 일선 고등학교까지 정화위원회를 만들라는 지시를 했고, 기존의 학도호국단 체제가 정화위원회 체제로 바뀌게 되었다. 1학기 때 학도호국단 연대장을 맡았던 나를 학교에서 일방적으로 1학년 정화위원으로 임명했다. 교장실에서 정화위원회의가 열려 참석해보니, 이른바 문제학생을 뽑아서 삼청교육대에 보내려 한다는 것이었다. 1학기 때 학원자율화 운동의 바람을 타고 3학년 형들이 주동이 되어 학교 운동장에서 교복 화형식(火刑式)을 한 뒤 스크럼을 짜고 학교를 한 바퀴 돈 적이 있었는데 그런 문제아들을 적발해내라는 주문이었다. 친구들을 고발하는 일을 어찌 할 수 있겠는가.

나는 교장실을 나오면서 고등학교를 자퇴할 결심을 굳혔다. 반장선거에서 충격발언을 한 이후 담임선생님께 학교를 중퇴하겠다고 이야기했지만 선생님의 만류로 차일피일 시간만 보내던 내게 정화위원회 사건은 투쟁의 계기를 만들어준 셈이었다.

'그렇다면 한탕 하고 잘리면 되지 뭐.'

나는 동지를 세 명 구해서 학교의 부당한 처사를 비판하는 유인물을 뿌리고 선동연설을 할 계획을 세웠다. 시간은 선생님들이 교무회의를 하는 아침시간으로 잡았다. 그러나 약속한 결행일 아침에 유인물 제작을 부탁한 친구가 나타나지 않았다. 그래서 나는 혼자 2학년 교실을 돌아다니며 전두환 군사정권과 정화위원회를 비난하는 선동연설을 하러 다녔다.

"우리가 깨어 있어야 합니다. 우리가 나서야 합니다. 4·19 학생의거를 보십시오!"

이런 식의 선동내용이었던 것으로 기억한다. 그러나 일이 확대되진 않았다. 선생님들이 교무회의를 마치고 나오는 시간이 되자 2학년 형들이 만류하며 나를 끌어내서 선생님들은 모르는 일로 넘어갔던 것이다.

사건은 엉뚱한 곳에서 일어났다. 교내선동이 무위로 끝난 다음날, 학교를 마치고 자취방으로 왔더니 주인집 아주머니가 사색이 되어서는 빨리 도망가라는 것이었다. 형사들이 들이닥쳐서 집을 뒤지고 내 물건들을 가져갔다는 것이다. 내 일기며 편지들이 없어졌다. 편지들 중에는 당시 사귀던 누구와 나누었던 한 묶음의 연애편지도 포함되어 있었다. 처음에는 대학생인 줄 알고 체포하러 왔던 형사들이 고등학생임을 확인하고는 싱겁다고 생각하고 그냥 가버린 모양이었다.

처음 겪는 일에 나는 무척이나 난감했다. 고민을 해도 뾰족한 수가 나지 않아 다음날 그냥 등교했는데, 교장선생님을 앞세운 형사들에게 체포돼 당시 '대전철공소'라고 위장간판을 단 중앙정보부 대전지부에 끌려갔다. 나는 그곳 지하실에서 1박 2일 동안 취조를 받았다.

당시 대전 시내 중앙 데파트 뒤편 책방골목 입구에는 제일서점이라는 사회과학 서점이 있었다. 교과서를 처분한 뒤에 이 서점을 들락거리곤 했는데, 어느 날 〈창작과 비평〉 복간호를 찾던 내게 서점주인 형이 〈평천하〉라는 지하신문을 주었다. 나는 그 신문을 읽고 양촌리에 살던 편집장 이찬구 씨에게 편지를 보냈고 내 편지를 받아본 이찬구 씨가 답장을 함으로써 만남이 이루어졌다. 그것이 화근이었다. 이찬구 씨는 대학생이 아니었고, 그분의 친구들이 충남대 복학생 그룹이었던 것으로 기억하는데 당시 이찬구 씨는 그 친구들과 함께 반정부 지하신문을 출간했다. 결국 이 일로 이들은 계엄사에 연행돼 가택수색을 당하게 됐는데, 이들과 김대중 내란음모사건 등 시국을 논하던 내 편지가 중앙정보부 손에 들어갔던 것이다. 찾고 보니 대학생이 아니라 새파란 고등학교 1학년이었으니 그들도 얼마나 기가 막혔을까?

지금 생각하면 내가 참 겁이 없었던 것이, 지하 취조실에서 이틀 정도 조사를 받으면서 나는 "무슨 잘못이 있느냐"고 무진장 대들었다. 기관원들도 어처구니없어 하면서 새파랗게 어린 고등학생이라 봐주는지 뺨 몇 대 때리고 몽둥이찜질 좀 하고는 풀어줬다.

교장선생님과 담임선생님, 그리고 아버지의 인수하에 중앙정보부를 나오자마자 교장선생님은 안색이 싹 변해서 전학을 가버리라는 말 한 마디를 남기고 자가용을 타고 사라져버렸다. 당시 탈춤반을 운영하시며 의식이 남달랐던 담임선생님은 어쩔 줄 몰라 하셨고, 그런 담임선생님께 매달려 통사정하시던 아버지의 모습이 아직도 눈에 선하다.

그 뒤 담임선생님은 당신 때문에 내가 이렇게 된 것이라고 늘 자책하셨다고 한다. 하지만 선생님은 내가 학교에서 쫓겨난 뒤에도 10여 년 넘게 매년 신학기가 되면 내 이야기를 끊임없이 아이들에게 해주곤 하셔서 내 밑으로 8년 정도 후배들까지도 졸업도 못한 선배의 이름을 알고들 있다.

1990년대 중반 10여년 만에 선생님을 찾아갔더니, 전화번호부만 한 동창명부를 보여주시며 "네가 고등학교를 그렇게 그만뒀다고 고교동기가 없는 서러움을 당해서야 쓰겠니. 적어도 여기 있는 애들은 네 이름을 안다. 네가 무슨 일을 하건 동문으로 묶어줄게" 하셨다. 그 선생님의 노력으로 2003년에 명예졸업장을 받을 수 있었다.

담임선생님은 내게 진정한 감동을 주신 분이다. 충남대 탈춤반 출신이셨는데, 탈춤반이라면 어느 정도 반체제성이 있는 서클이었다. 그런 선생님에게 내가 "그렇게 교사활동을 하시면 안 됩니다"라고 대들었으니, 선생님으로서는 얼마나 충격을 받으셨을까. 지금은 돌아가셨지만 선생님 생각만 하면 늘 송구스러워진다.

결국, 교장선생님은 '선도' 대신 '전학'을 시켰다. 당신은 이런 학생을 못 받겠으니 전학시키라며 아버지께 전학통지서 한 장을 달랑 써주었다. 아버지는 전학 퇴교서를 가지고 이리저리 뛰어다니셨지만 어떤 학교에서도 나를 받아주지 않았다. 갈 학교도 지정하지 않은 전학통지서를 어느 학교가 받아주겠는가. 그때 나는 내쫓는 선생님이나 전학을 받아주지 않는 학교당국이나 모두 이해할 수 없었다. 물론 나는 갈 마음도 없었다. 어찌 됐건 가기 싫은 학교를 안 다니게 됐으니 속으로 쾌재를 부를 뿐이었다. 그해 가을 낙향해서 가을걷이를 돕고 독서를 하며 소일했다.

그러나 아버지는 자식의 뜻을 이해하지 못하셨다. 내년에 고등학교에 다시 들어가지 않으려면 당신과 함께 쥐약을 먹고 죽자고 하셨다. 나는 학교에 다니기 싫다고 버텼지만 아버지의 뜻이 워낙 완강했다. 결국 10월인가 11월에 아버지와 협의하여, 서울로 주소지를 옮긴 뒤 11월에 서울시 고교입학 응시원서를 냈다. 원서제출이 늦은 바람에 200점 만점 중 20점 체력장 점수는 포기해야 했지만 고등학교에 입학할 점수는 됐다. 그렇게 해서 서울 대방동에 있는 성남고등학교에 입학하게 됐다.

몸은 고교생, 마음은 대학생

서울로 상경한 나는 괴상망측한 복장을 하고 대학 주변을 어슬렁거리면서 대학생 형들과 어울렸다. 그때만 해도 서울에는 행려병자들이 많았다. 날씨가 추워지면 얼어 죽는 사람도 종종 있었다. 이런 행려병자들이 입었던 옷을 벗겨 파는 사람들도 있었는데, 나도 그 옷을 하나 사입고 다녔다. 솔방울만 한 단추가 두 개 달린 러시아식 겨울외투를 입고 중앙대 문예창작과 출신 선배를 통해 알게 된 문학판, 연극판 대학생들과 어울리며 놀았다.

1981년 봄에 다시 고등학생이 되어 들어가자마자 담임선생님이 반장을 시키셨다. 4월 월례고사에서는 전교에서 4등을 하면서 선생님들의 주목을 받기도 했다. 하지만 당시 나는 학업에는 뜻이 없었다. 형, 누나와 함께 흑석동에서 자취하며 다녔는데, 서울의 고등학교 생활은 견디기 힘든 것이었다. 선생님들은 아이들을 완전히 애 취급했고, 나는 그런 것을 참지 못했다. 시골 고등학교 분위기와는 천양지차였다. 고향에서는 담배 피우고 농사짓는 친구들도 많았고, 고등학교도 안 가고 시집가는 여자애도 있었으니 시골에서는 고등학생이 어른 대접을 받는 편이었다.

5월부터 슬슬 다른 데로 눈이 가기 시작했다. 대학교 교내시위도 한번 가보고 싶어서 형이 다니던 서울대를 기웃거리기도 했다. 당시 서울대 교수회관에서 "낮은 어둡고 밤은 길어 …" 하는 노래가 나왔던 '노비문서'라는 연극제에도 참가했고, 아는 선배를 통해서 4·18 고려대 마라톤대회도 참가해 같이 어울리기도 했다. 또 야학운동을 하던 형 친구들과 어울리면서 막걸리도 참 많이 마셨다. 숙취 때문에 다음 날 학교에 가기 무척 힘들었던 적도 많다.

몸은 고등학교 1학년인데 마음은 이미 대학생들과 놀고 있으니 학교 생활에 적응될 리가 없었다. 고등학교 생활을 정리하지 않으면 안 되겠다는 생각을 다시 했다. 그래서 아버지를 설득하고 설득해서 6월 4일 학교를 자퇴했다. 부모님을 설득하기 위해서 거짓말을 했다. 한 해 어린 아이들과 학교 다니기가 껄끄러워 그냥 검정고시를 보고 대학에 가겠노라고 설득했다. 그러나 당시만 해도 나는 검정고시를 볼 생각은 추호도 없었다.

그렇게 두 번째 고등학교도 그만두고 나서는 본격적으로 운동에 나섰다. 1981년 전두환 정권은 대학생들을 회유하기 위해 '국풍 81'을 기획하고 있었다. 나는 서울대 79학번 선배들과 함께 '국풍 81' 반대 유인물 뿌리는 일을 하러 다녔다. '남민전 방식' 혹은 '무인 포스트식 유인물 살포방법'이라고 해서 2인 1조로 다니면서 몰래몰래 뿌렸다.

지금도 기억나는 것이 서울역 앞 대일·경일학원 앞에 육교가 하나 있었는데, 검은 보자기에 유인물을 차곡차곡 싼 다음에 육교 위로 가지고 올라가 담배를 피우는 척하면서 보자기를 난간에 올려놓고, 거기 매달린 검은 실을 아래로 내려뜨렸다. 그렇게 해놓고 내려오면, 다른 선배가 행인인 척 그 밑을 지나면서 검은 실을 잡고 태연히 지나가면 그만이었다. 보자기가 떨어지면서 육교 밑으로 유인물이 뿌려지도록 고안한 방식이었다. 남영동 금성극장 앞에서는 시내버스 환기통 위에 손을 올리고 있다가, 버스가 정차할 때쯤 버스지붕 위에 유인물을 쌓아놓고 후다닥 내리면, 버스가 출발할 때 유인물이 날아가도록 하는 방식도 썼다. 때로는 지하철에서 신문지 사이에 유인물을 넣고 있다가 "문 닫습니다"라는 안내방송이 나오면, "하나 둘 셋" 하면서 유인물을 차량 안에 뿌리고 내리기도 했다.

정처 없이 무전여행을 다니거나 대학교 형들을 따라 교내시위에 참가하는 등 1981년 1년을 그렇게 보냈다. 한때 누나가 다니던 제일교회 형제야학에 가서 친구들과 놀기도 했다. 청계피복노조 2기 집행부가 당시 여길 다니고 있었다(인수위 때 노동위원을 했던 김영대 대통합민주신당 의원도 여기 노조 1기 출신이다). 그때만 해도 나는 부초(浮草)처럼 운동의 뿌리가 없이 여기저기 휩쓸려 다니기만 했다. 노동자도, 학생도 아닌 신분인 데다 노동운동에 투신하거나 빈민운동을 조직하지도 못했다. 이끌어주는 선배가 없는 것이 정말 답답했다. 그때 학생운동을 하려면 대학에 가야겠다는 생각을 하게 되었다.

1982년 2월 서울역 앞 경일학원 종합반에 등록해 검정고시를 준비했고 2개월 만인 4월에 합격했다. 그때 떨어졌으면 내 인생이 또 어떻게 풀렸을지 모를 일이다. 물론 인간적으로는 더 성숙했을지도 모르지만. 2개월 만에 대입 검정고시에 합격한 나는 기고만장했다. 일이 잘 풀리려고 했는지 검정고시에 합격하고 이듬 해 고려대학교 철학과에 83학번으로 입학했다.

두 번의 철저한 패배

··· 대학 운동권 시절 ···

대학입학, 후배에게 배운 교훈

지금껏 살아오면서 스스로 철저하게 패배를 자인(自認)한 일이 딱 두 번 있다. 모두 대학시절의 일이다.

1983년 나는 고려대학교에 원서를 내고 합격자 발표가 나기 전부터, 고대 운동서클에 가입했다. 누나가 다니던 제일교회에서 야학을 하던 한 선배가 다리가 되어주었다. 대학입시에 떨어지면 가짜 학생증이라도 만들어 다닐 테니 몇 달간만이라도 학생운동을 하게 해달라고 졸랐던 기억이 난다. 학생운동 경험을 위해 시작한 대학입시여서 재수할 마음은 애초부터 없었다.

당시 전두환 정권의 폭압적인 권력 아래서 학생운동은 지하서클 형태가 아니면 불가능했다. 1980년 학생운동에 대한 대대적 탄압이 있었고, 이때 공개조직은 무참히 다 깨져버린 상황이었다. 내가 들어간 곳은 1980년의 패배를 뼈저리게 느끼고 있던 학생운동이 운동조직을 복구할 기반을 만들자는 문제의식에서 만든 지하서클이었다. 일종의 종자(種子) 조직이었다. 여기에 몸담은 뒤로 나는 1학년 말까지 81학번 선배 한 사람과 1 대 1로만 접촉하며 활동했다. 학생회나 단과대, 학과행사에는 일절 얼굴을 비치지 않았다.

1984년에 접어들면서 대학 운동권에는 중대한 변화가 생기기 시작했다. 전두환 정권이 이른바 '학원자율화 정책'이란 유화적 제스처를 취하면서 각 대학에 학도호국단 대신 총학생회가 부활하기 시작했고, 학회활동이 활발해지면서 공개적인 운동서클이 활동을 시작할 수 있게 되었다. 1980년 광주항쟁 이후 초토화된 운동권에 새 살이 돋기 시작한 것이다. 대학에서는 이때 처음으로 체계적인 '의식화 프로그램'이 만들어졌다. 이 시기에 변혁운동을 이데올로기의 관점에서 재인식하고 출발시킨 첫 세대가 당시 대학 2학년이었던 나 같은 83학번들이었다.

그때까지만 해도 나는 사회변혁을 위한 투쟁가라는 소명의식으로 충만해 있었다. 그러다 2학년 때 인생에서 첫 번째로 패배를 자인하는 일이 생겼다. 당시 나는 84학번인 1학년 후배 3명을 선배들로부터 소개받았다. 내가 이들 3명을 잘 키워서 핵심 지하운동원으로 만들지 못하면 서클의 대가 끊기는 상황이었다.

나는 후배들에게 자신의 삶을 끊임없이 고민하게 만들었다. 내가 그들에게 바란 것은 혁혁한 혁명투사의 모습이었지만 그 일은 쉽지가 않았다. 집안이 부유하거나 사회적 진출이 보장된 좋은 학과에 다니고 있었기에 도리어 학생운동에 의문을 제기하는 경우가 많았다. 하지만 나는 그들의 회의와 의문을 포용하고 찬찬히 설득하기보다는 무조건 뭉개버렸다.

당연히 나는 후배들로부터 진심어린 신뢰와 존경을 받지 못했다. '나는 이렇게 살았어' 식으로 잘난 체나 하고 오만하게 굴었으며, 그들의 인간적 고민을 들으면서도 "야, 다 때려치우고, 인생 망가지더라도 한 번 해보는 거야" 하고 막무가내로 다그치기만 했다. 자연히 후배들은 나에게 거리를 두었고, 이런 상태가 1년이나 계속됐다.

그러다 1984년 말이 되었는데 후배들이 방학을 맞아 고향집에 내려가 버리거나 해서, 아무도 서클의 MT에 참석하지 않았다. 인간적으로 그 친구들에게 좋은 선배도 못됐고, 정치적으로 제대로 이끌지도 못한다는 엄혹한 현실 앞에 나는 좌절할 수밖에 없었다.

후배들에게 편지도 쓰고 지극 정성을 다했으나 끝 모를 무력감이 밀려왔다. 정말 고통스러웠다. 무엇이든지 잘할 수 있으리라 믿었던 그때까지의 자신감은 완전히 사라져버렸다. 내가 그들의 머리를 설득하고, 그들의 마음을 사로잡아 '화학적 결합'을 이루지 못했다는 사실에서 오는 심적 고통이 대학시절 내내 나를 가장 힘들게 했다.

사실 그 후배들도 시골에서 뒷바라지하는 부모들을 생각하면 열심히 공부해서 출세해야 한다는 의무감이 컸을 것이다. 그런데 매일 가두시위나 하고 있으니 갈등이 없을 리 있겠는가. 기득권을 버리는 것에 대한 갈등이었을 것이다. 일류 대학생이라는 기득권을 모두 버리고 '혁명과 노동자의 편에 서서 내 인생을 살리라!'는 결의로 서로 심적인 무한담보를 해줄 수 있어야 하는데, 그것이 쉽지 않았다. 그런 만큼 나는 나를 따라오지 않는 상대에게 공격적이 되었고, 후배들 또한 그만큼 멀어져 갔던 것이다.

크게 보면, 당시 운동권이 비(非) 운동권을 공격했던 방식도 이와 다르지 않았다. 문학도도 예술인도 음악가도 모두 전선에서 총을 들고 전쟁을 해야 한다고 강요한 것이 그 시절 우리 학생운동의 역사인식이었다.

"나는 음악가로, 운동가로, 법률가로, 문학도로 사회에 기여하겠다"고 말하는 것은 모두 회색빛 기회주의라고 몰아붙였다. 우리는 모두가 운동의 최전선으로 자발적으로 뛰어나가기만을 바랐다.

그로부터 3~4년 뒤인 1987년쯤 '애국적 사회진출론'이라고 해서, 학생운동가 모두가 노동운동과 혁명전선으로 나가기보다는 각계각층에서 자신의 직업적 재능과 포부를 바탕으로 사회를 바꿔야 한다는 논의로 시각을 넓히기도 했다. 하지만 그때까지 운동권에게 대학졸업이란 곧 노동운동으로의 투신을 일컫는 다른 말이었다. 그래서 후배들과 주변사람들에게 지하 혁명운동의 전사(戰士)로 동참할 것을 강요했던 것인데, 그러한 포섭작업에서부터 실패하다 보니 그 낭패감이란 이루 말할 수 없었다.

당시에는 상대방을 이해하고 포용하려는 노력보다는 지적 우월감으로 상대방을 제압하려는 경향이 더 많았던 것 같다. '제 잘난 멋에 산다'는 말처럼, 운동권이 아니더라도 많은 이들이 이런 우월감으로 세상을 산다. 내가 내 인생을 살기보다는 상대와 비교해 우월하다는 것으로 인생의 성취감을 느끼며 사는 것이다. 나이가 들면서 혼자 힘으로는 어찌 해볼 수 없는 일들을 경험하면서 무력감을 맛보고 소시민이 되기는 하지만, 젊은 시절에 남을 제압해서 우월감을 느끼고 싶은 욕구를 갖게 되는 것은 인지상정인지도 모르겠다.

당시 나 같은 운동권 학생들에게는 그런 경향이 극단화되었던 것 같다. 내가 겪은 첫 번째 패배는 그런 마음가짐으로 늘 상대방을 제압하려고 했던 태도가 불러온 당연한 시련이었던 셈이다. 나의 이런 태도를 바꾸는 데 그 후배들의 도움이 컸다. 비록 당시에는 다 깨닫지 못했지만, 후배들은 나의 첫 시련이었고 또한 나의 스승이었다.

빚잔치로 인해 몰락한 가세

대학 1학년 때 지금의 아내를 만났다. 하루는 도서관에서 친구자리에 앉아 잠시 책을 보려는데, 앞에 앉아 있던 한 여학생이 "그 자리 주인 있습니다"고 말했다. 알고 보니 내 친구와 앞자리 여학생은 춘천향우회 멤버였기 때문에 익히 잘 아는 사이였다. 이런 계기로 그 여학생과 정식으로 인사하게 되었고, 그 뒤로 나는 식사 때면 종종 그녀에게 빈대 붙곤 했다. 사실 집사람도 대학연합서클 멤버로, 3학년까지 YWCA에서 노동야학을 했다. 3학년 학내 운동서클로 들어온 뒤 4학년 때 몇 차례 데모를 주동하기도 했는데, 운 좋게도 잡히지는 않았다.

대학 초반부터 생활은 궁핍했다. 고향 부모님이 보내주는 얼마간의 '향토장학금'으로 근근이 버티는 정도였다. 시골에서는 유지라지만, 자식들이 3명이나 대학에 다니니 시골 부모로서는 등이 휠 만하셨을 것이다. 받은 용돈은 일주일도 못 돼 다 떨어져서 버스 탈 때 운전기사에게 꾸벅 인사하고 무임승차했던 일도 많았다. 자취방에 쌀이 떨어져 밥을 굶는 것쯤은 예삿일이고, 아는 친구를 못 만나면 점심을 굶는 일도 다반사였다.

그러다 대학 2학년 때 그나마 근근이 명맥을 유지하던 가세가 풍비박산 났다. 부모님은 빚잔치를 하고 고향을 등져야만 했다. 어머니가 돈을 좀 불려보겠다고 계모임의 계주를 하셨는데, 계원 한 사람이 파산하는 바람에 연쇄부도가 나버린 것이다. 자신의 경제적 신뢰를 담보로 계를 꾸리셨던 어머니가 전적인 책임을 져야 했고, 이를 막느라 집안도 파산에 이르고 말았다. 결국 가게의 물건이며, 얼마 안 되는 밭뙈기며, 우리 형제들이 살던 서울 집의 전세금까지 몽땅 다 내줘야 했다. 그리고 뜨거운 여름 어느 날, 동네사람들이 지켜보는 가운데 달랑 이불 한 채 짊어지고 부모님은 서울로 올라오셨다.

그렇게 하루아침에 집안이 거덜 나면서, 우리 가족은 서울 산동네 단칸방을 얻어 살았다. 아버지는 건물 관리인으로, 어머니는 파출부로 일을 나가셨다. 나는 여섯 명이 살아야 하는 그 조그만 단칸방에 도저히 함께 있을 수가 없었다. 경제적 독립을 해야만 했다. 그 시기부터 동가숙 서가식(東家宿 西家食) 하는 부초 같은 생활이 시작되었다. 3~4년 동안 방학이면 보수가 많은 야간 건설일용직 아르바이트를 하면서 등록금과 생활비를 벌었는데, 그때 나를 돕겠다고 운동권 선배와 친구들이 함께 일해 일당을 몰아주기도 했다.

나중에 안 사실이지만, 나와 어머니가 비슷한 시기에 같이 교도소 생활을 한 기구한 일도 있었다. 몇몇 계원들이 어머니가 몰래 빼돌린 재산이 있을까 고소를 했기 때문인데, 불효막심한 나도 거기에 일조한 것을 나중에야 알고 무척이나 송구스러웠다. 당시 수배중이던 나를 쫓던 담당형사가 우리 어머니가 고소당한 걸 알게 되었고, 결국 어머니는 구속되고 말았던 것이다.

어머니를 옥살이까지 시킨 마을사람들을 모질다고 탓할 수만은 없다. 빚잔치를 끝내고 눈물을 흘리며 고향을 떠날 때, 등 뒤에서 어떤 아주머니가 울부짖으며 외쳤던 말이 지금도 귓가에 쟁쟁하다.

"너희 집은 자식교육이라도 잘 시켰지만, 나는 딸이 식모살이해서 벌어온 피 같은 돈인데, 그걸 날려먹으면 어떡하냐?"

그 뒤로도 몇 달 동안 자다가 가위에 눌릴 만큼 그 말은 내게 충격적이었다. 그래서인지 지금도 가끔 이런 꿈을 꾼다. 우리 집 빚잔치한다고 광고했던 마을회관 스피커에서 동네 이장의 목소리가 들린다.

"마을 주민 여러분! 빚잔치하고 떠났던 아무개집 아들이 서울에서 돌아왔습니다. 그때 빚을 다 못 받은 채권자 여러분들 모두 모이시랍니다. 아무개집 아들이 다시 빚잔치한답니다."

그렇게 마을회관에서 사람들 모아놓고 빚을 청산하는 꿈이다.

사실 나는 빚잔치 이후로 고향 근처에는 갈 수가 없었다. 그렇게 떠나온 고향땅을 다시 밟는다는 것이 그리 쉬운 일이 아니었다. 그저 마음속에만 묻고, 오랫동안 가고 싶어도 갈 수 없는 그런 곳이 되어버렸다. 고향을 떠나온 지 10년 만인 1993년의 어느 날, 한밤중에 혼자 마을 뒷산에 올라가서 소주를 마시고 한참을 울다가 내려온 기억이 난다. 내 어렸을 적 유년시절의 모든 기억을 고스란히 안고 있는 그 마을이 현실에서는 가볼 수 없는 고향이 되어버린 것이 정말 가슴 아팠다.

당시 전국의 농촌지역을 휩쓸고 간 양돈(養豚) 농가 부도사태는 전두환 정부의 대책 없는 수입양돈 판매정책 때문이었다. 지금이야 전업 지원금 등 여러 가지 지원대책이 수립되어 진행되지만 당시의 농촌 양돈업자들은 대책 없이 망해야만 했다. 계원 중 양돈업하시는 분의 부도가 계주였던 어머니의 파산으로까지 이어진 것이었다.

돈 많이 벌어 그 피맺힌 눈물에 개인적으로 보답하는 것도 하나의 길이었겠지만, 나는 무책임한 독재정권과 사회제도에 대한 개혁으로 보답하려 했다. 그리고 그 길이 내가 할 수 있는 최선의 길이었고 그 눈물에 대한 답이 될 것이라 믿었다.

여러 개인적 어려움 속에서도 나는 '지하생활자' 생활을 계속했다. 당시 학생운동권의 이데올로기 지형은 반독재 민주화운동이라는 큰 흐름에서부터 급진적 사회주의 혁명론까지 다양했다. 4학년 때인 1986년 즈음에 대학가의 모든 운동은 지하 이념서클에 의해 조직되고 지도되었다. 공개활동을 했던 총학생회장이나 학회장 같은 사람들도 모두 특정 지하서클에 뿌리를 두고 활동했다. 그리고 지하서클마다 각기 제 나름대로 추종하는 사회변혁의 논리를 하나씩 갖고 있었다. 이른바 사구체론, 즉 '사회구성체 이행에 관한 혁명론'이었다.

당시에는 레닌과 마오쩌둥(毛澤東)의 전략전술론과 모순론 등이 풍미했다. 그런데 문제는 각 서클들이 혁명론을 둘러싸고 심각한 대립과 갈등을 빚었다는 점이다. 이른바 '사상투쟁'이란 이름하에 서클들끼리 서로 원수가 되는 지경에까지 이르기도 했다. 나중에는 서클의 존립을 위해 차별화된 이론을 하나씩 가질 수밖에 없는 웃을 수도 없는 상황까지 치달았다. 비판을 위한 비판이 횡행했고, 이념과 노선을 둘러싸고 각목싸움까지 벌어지기도 했다.

나는 이대로는 안 되겠다고 생각했다. 토씨 하나의 차이를 놓고 사상투쟁을 한다며 상대방을 물고 뜯는 상황이 개탄스럽기 그지없었다. 나는 그런 소모적 싸움을 그만 하자는 취지에서 고려대 내에 존재하던 14개 서클을 해체하고 단일한 지하조직을 만들었다. 그것이 바로 애국학생회였다. 비슷한 시기에 서울대에는 구국학생연맹(구학련), 연세대에는 반제학생동맹 등이 꾸려졌다. 그리고 각 대학 내 통합 서클 조직을 전국 대학 차원으로 확대한 것이 1987년도에 만들어진 반미청년회였다.

사람들이 나를 '전대협(전국대학총학생회협의회)의 대부(代父)'라고 말하는 이유가 여기에 있다. 알다시피 전대협은 대학별 운동권 조직의 목소리를 단일하게 묶은 최초의 전국 공개조직이다. 전국적인 대학조직을 만들기 위해서는 각 대학 총학생회의 배후라 할 수 있는 지하서클 사이에 내부적 공감대를 형성하는 것이 중요했다. 나는 반미청년회 조직을 만들었고 주요 멤버로서 서울지역을 책임지고 있었다. 당시 대학 4학년은 84학번 후배들이었지만, 대학 '5학년'인 내가 가장 연장자여서 '대부'라는 말이 붙여진 듯하다.

안기부에 잡혀가다

그 이듬해인 1988년 내 인생에서 두 번째로 처절한 패배감을 안겨주며 내 인생 궤적에 중요한 분기점이 될 사건이 발생한다. 그때 나는 반미청년회 사건으로 국가보안법상 이적단체구성죄 혐의로 검거됐다. 당시 '공안사범'이 다 그랬듯, 나도 검찰에 가기 전에 함께 잡힌 7~8명의 친구들과 남산 안기부에서 한 달간 조사를 받았다.

4인 1조를 이룬 안기부 2개 팀이 나를 취조했다. 요원들이 매일 아침, 전날 취조한 자료를 들고 와서는 "같이 잡혀온 누구는 이렇게 협조했는데 넌 안 했다"면서 각목으로 패는 것이 하루의 시작이었다. 한 팀이 그렇게 육체적 고문을 가하고 나가면 다른 팀이 들어와 정신적 고문을 했다. 이 수사관들은 농업, 수출 등 분야별로 "네 말대로 혁명에 성공했다고 치자, 그러면 그 다음에는 어떻게 할 것이냐?"며 집요한 토론과 때로는 조소, 희롱을 반복했다.

이렇게 아침부터 밤까지 시달리면서 차돌멩이처럼 단단히 버티겠다던 나의 결의는 조금씩 허물어져 갔다. 나는 안티테제만 갖고 있었지, 대안을 갖고 있지 못하다는 사실을 깨닫게 되었다. 민중을 사랑하고 그들을 위해 봉사하겠다는 당위적 관념만 있었지, 그 구체적 과정에 대해서는 어떠한 준비도 되어 있지 않았던 것이다.

조사받은 지 한 달 만에 나는 두 팀 모두에게 무너지기 시작했다. '내가 뭘 가지고, 죽음을 무릅쓰고 지켜야 하는 것일까?'라는 회의가 들기 시작했다. 남산 안기부에서 조사받다가 난로를 끌어안고 자살을 시도했다던 서승 선생님을 떠올리며 자살을 감행하기도 했다. 아래윗니 사이에 혀를 내밀고 꽉 깨문다고 물었지만 어느 이상은 되지 않았다.

결국 육체적, 정신적 고통을 견디지 못하고 같이 활동했던 동지 두세 명의 실명을 자백하고 말았다. 스스로 처절하게, 그리고 완벽하게 패배해 버린 것이다. 고등학교를 자퇴한 이후 내가 갖고 있던 모든 긍지와 자존심이 폭력 앞에 무릎을 꿇었다. 다행히 1988년 정국상황이 여소야대 국면으로 바뀌어 내가 자백했던 친구들이 체포돼서 욕을 보지는 않았지만, 정신적, 육체적 고통을 이기지 못했다는 수치심은 지금도 내 마음속에 낙인(烙印) 되어 있다.

조사가 끝나자 안기부 수사관들이 서울 장충동쪽의 한 룸카페에서 술을 사주었다. “이번에 들어가면 3년에서 5년은 감옥에서 살아야 하니 마지막으로 술이나 한 잔 먹어라”는 것이었다. 나중에 알았지만, 그것은 간첩전향 프로그램 중 하나였다. 여자가 나오는 집으로 가자고도 했는데, 아무리 무너졌어도 그것만은 할 수 없어 거절했다. 술자리 도중에 화장실에 갈 기회가 있었는데 아무도 나를 따라오지 않았다. 사실 거기서 도망을 칠 수도 있었다.

‘여기서 도망을 갈까. 학교로 달아나서 안희정이가 안기부에서 탈출했다는 대자보를 붙일까.’

순간 갈등했지만 나는 도망갈 수 없었다. 안기부에 무릎을 꿇은 주제에 무슨 탈출이 가능했겠는가.

1심 재판이 끝나고 안양교도소로 가는 호송차 안이었다. “우리 출옥하면 더 열심히 투쟁합시다”라는 친구의 말이 너무도 공허하게 들렸다.

‘이렇게 패배해놓고 나가서 어떻게 더 잘할 수 있는가. 패배한 놈은 영원히 밟히고 살아야 하는 것이 맞지. 뭐 잘했다고 감옥 나가서도 아무 일 없었던 듯 행세한단 말인가.’

난 그런 게 너무 싫었다. 그것이 이른바 먹물들의 상투적 반성 패턴이라는 생각이 들었다. 나는 더 이상 민주화운동의 주역 자리에 있을 수 없으리라 생각했다.

1988년 12월 대통령 특사로 2심에서 집행유예를 받고 나올 때까지 딱 10개월을 감옥에 있었다. 감옥생활 내내 너무 부끄러워 자다가도 일어나 이불을 뒤집어쓰고 울었다. 나 같은 놈이 남들 앞에서 지도부입네 하며 큰소리치고, '혁명은 다 이런 거야' 하며 잘난 체했던 지난날이 부끄러워 견디기 힘들었다.

짧은 감옥생활을 하면서 나는 한 가지 결심을 했다. 앞으로는 능력이 딸리고, 준비가 안 된 자리는 절대 탐하지 않겠다는 것. 책임지지 못하는 이름, 책임지지 못하는 명예로 내가 더욱 고무되어 책임질 수 없는 일을 계속 벌였을 때 주변 사람들에게 끼칠 해악을 생각하게 됐다.

그 이후 나는 '운동권의 대부'라는 자의식을 버리고 민주화운동에 백의종군(白衣從軍)하기로 마음을 굳혔다. 민주화의 한 길에 주역이 되긴 글렀지만, 동조자나 협력자의 역할로라도 참여하고 싶었다.

강산이 두 번이나 바뀔 만한 시간이 지난 지금에 와서 많은 이들이 묻는다. 1980년대의 과격한 혁명이론은 현실과 부합하지 않는 허망한 주장으로 결론나지 않았느냐고, 그래서 부끄럽지 않느냐고. 그래서인지 운동권 출신들도 치열했던 투쟁을 단지 젊은 날의 치기쯤으로 무화(無化)하기도 한다.

하지만 나는 그렇게 생각하지 않는다. 토인비의 '도전과 응전'을 이야기하지 않더라도, 시대적 환경이 그에 맞서는 대응의 양상을 규정하는 법이다. 당시 운동권의 상대편에는 폭압적인 군사정권이 존재했다. 당시는 반독재 민주화운동을 하는 사람들을 총으로 쏴죽이던 '야만의 시대'였다.

정통성이 없는 정권에 목숨을 잃을 수 있는 상황을 감수하며 운동을 해야만 했던 사람들은 죽음을 담보로 한 신앙적 이데올로기로 스스로를 무장할 수밖에 없었다. 승화된 이데올로기적 운동논리 없이는 버티기 힘든 상황이었기 때문이다. 좀더 높은 수준의 정권타도 이데올로기로 독재정권을 극복할 대안이 필요했다. 그리고 20세기 자본주의하 파시즘 독재정권에 대항함에 있어 가용한 이데올로기는 당시로서는 사회주의 논리밖에 없었다. 그래서 변혁운동에서는 사회주의를 이상으로 채택했던 것이다.

대학교 때 철학과 신일철(申一澈) 교수가 우리에게 "전세계적으로 끝자락에 있는 사회주의 운동을 너희들이 하는 것이 참 안타깝다"고 개탄한 적이 있다. 1960년대에 쿠바의 혁명아 카스트로의 사상을 담은 라이트 밀스의 《들어라 양키들아》를 번역했던 신 교수조차 우리들을 사회주의라는 퇴락한 이데올로기의 끝물에 걸려서 패가망신한 패륜아쯤으로 생각하고 있었다.

하지만 이처럼 1980년대 변혁운동을 좌파운동이라고 일갈하는 것은 단지 일면적 평가일 뿐이다. 사회주의란 표면에 드러난 것일 뿐이다. 여기서 간과해서는 안 되는 핵심코드는 바로 '휴머니즘 = 평등과 박애, 인권'이라고 생각한다. 당시 민주화운동과 변혁운동의 근간에는 사회적 약자를 위한 무한한 애정과 이들을 탄압하는 부당한 권력에 저항하는 인간적 분노가 있었다.

물론 구체적 대안으로 제시됐던 사회주의 이론은 비현실적이었던 것이 사실이다. 그러나 우리가 사회주의 계획경제나 사회주의 체제를 동경했던 것은 그것을 천민자본주의의 안티테제로 여겼던 것에 불과하다. 대학생 신분으로서 이를 구체적으로 고민할 만한 연륜이나 경험은 없었다. 그렇기 때문에 현실과 부합하지 못한 사회주의적 이데올로기를 갖고 운동을 했다는 것을 지금에 와서 부끄럽게 생각할 필요는 전혀 없다고 생각한다.

어떤 분의 말처럼, 학생운동은 10년 앞을 내다볼 수밖에 없다. '10년 앞'이라는 표현은 좀더 미래지향적으로 이 사회의 문제를 볼 수 있는 것이 바로 대학생이란 신분임을 말하는 것이리라. 학생운동은 그런 시각으로 현실사회에 대해 충분히 문제제기를 할 수 있어야 한다. 기성세대가 대학생들의 문제제기를 꼭 선악(善惡)의 잣대로 구분해야 할 필요는 없다고 본다. 우리 사회가 경청해야 하는 하나의 문제제기로 받아들일 수 있어야 한다. 나아가 기성세대에겐 그네들의 주장을 경청해야 할 의무가 있다고 생각한다.

그들만의 정치리그

··· 정치의 이상과 현실 ···

여의도 제도정치권에 들어서다

결국 밑바닥까지 나를 추락시켰던 남산사건은 도리어 정치권으로 진입하는 간접적 계기가 됐다. 거세당한 사람처럼 '민주화 세력의 숨은 부역자'가 되겠다는 내 생각을 실현할 기회가 우연찮게 찾아왔다. 1988년 12월 감옥에서 나온 지 얼마 안됐을 무렵 당시 통일민주당 김영삼(金泳三) 총재의 비서로 있던 김영춘(金榮春, 현 국회의원) 선배로부터 전화가 왔다. "놀지 말고 국회에 와서 아르바이트라도 해라"라며 당시 YS 비서실장을 하던 통일민주당 김덕룡(金德龍) 의원실에 나를 소개시켜 주었다. 당시 김 의원은 국회 재정경제위원회 소속으로 YS 캠프에서 재야인사들을 관리하고 있었다.

당시 나는 국회에 있으면서 '국가경영'이 어떤 것인지 공부하고, '민주화운동의 부역자'로서 내 역할을 찾아보겠다는 마음이었다. 그리고 지금의 아내랑 결혼하려면 셋방 한 칸이라도 마련해야 했는데, 번듯한 직장이 있어야 은행대출을 받을 수 있다는 개인적 계산도 있었다. 그래서 1989년 1월부터 김덕룡 의원실로 출근하기 시작했다. 당시는 집행유예 기간이라 정식으로 공무원 등록은 하지 못했지만, 내 나이 스물여섯에 신문에서만 보던 제도 정치권 현장에 몸담게 됐다.

의원회관으로 출근하면서 나는 '운동권 출신'이란 점을 의식하지 않으려고 노력했다. 한 달이 지나서 처음 '봉급'이라는 것을 받아봤을 때, 내가 한 달간 일해서 돈을 받는다는 당연한 사실이 너무나 신기했던 기억이 아직도 새롭다. 당시에도 집안형편은 말이 아니어서, 의원회관 청소하는 아주머니들을 봐도 우리 어머니를 보는 것 같아 늘 송구스러웠다. 하지만 그 뒤 국회에서 보고 느낀 경험이란 내게는 실망과 참담함이 대부분이었다.

1989년 8월 15일로 기억한다. 정부의 허락을 받지 않고 평양 세계청년학생축전에 전대협 대표로 참가한 임수경 씨가 문규현 신부와 함께 분단 이후 최초로 판문점 군사분계선을 넘어 남측으로 내려온 일이 있었다.

임수경 씨가 세계 언론의 주목을 받으며 판문점을 건너 남행(南行)하는 역사적인 순간, 나는 의원회관에서 몇몇 사람들과 텔레비전 생중계를 시청하고 있었다. 그때 누군가가 "임수경이 북한에 가더니 더 예뻐졌네" 라고 말하는 것을 들었다. 아무 뜻 없이 한 말인지는 모르겠지만 순간 나는 그것이 성적(性的) 야유처럼 들려 갑자기 열이 올랐다. 하지만 그 상황에서 대들고 싸울 수도 없었다. 나는 "무슨 말을 그렇게 심하게 하십니까?"라고 쏘아붙였다. 그러자 다른 한 사람이 지나가는 말로 "안희정 씨가 숨겨놨던 발톱을 이제 슬슬 드러내나 보네"라고 말했다. 나는 아무 대꾸도 하지 않고 그 자리를 떴다.

의원 비서관으로 있으면서 민주화운동의 '부역자'로서 봉사하겠다는 의식은 끊임없이 내 뒤꼭지를 당겼다. 당시 민주화운동의 최전선에서 '식칼 테러'나 구사대 같은 자본의 폭력과 맞서던 노동현장의 요구를 국회의원 '빽'으로나마 돕자는 생각을 한순간도 놓은 적이 없었다. 노조가 요구하는 기업재무제표를 얻어다 주거나 민주화운동 단체들의 각종 민원을 해결해주려고 노력하면서도 늘 죄인 같은 심정이었다.

때로는 의원들이 보기에 못마땅한 일을 벌여 눈총을 받기도 했다. 1989년에는 민주화운동가족협의회(민가협) 소속 어머님들이 의원회관에 들어와 당시 민정당과 신민주공화당 의원실에서 농성을 벌인 일이 있었다. 문제가 되자 국회 사무처에서 이분들이 어떻게 의원회관을 들어왔는지 조사했는데, 그분들은 내 이름으로 방문증을 발급받아서 오신 분들이었다.

연락을 받고 나가봤더니 의원회관에서 쫓겨난 어머님들이 건물 앞에서 연좌농성을 하고 있고, 그 주위를 전경들이 둘러싸고 있었다. 순간 참 난감했다. 이런 상황에서 내가 과연 어떤 모습을 보여야 할 것인가. 사실 그 상황에서는 농성하고 있는 어머님들에게 "제 체면을 봐서 오늘은 그만하시라"고 만류하는 것이 현명한 처신일 것이다. 그러나 난 그렇게 하기 싫었다. 그래서 …

"어머님들, 제 체면 보지 보시고 맘껏 싸우세요. 저도 같이 잡혀가겠습니다."

나도 현장에 주저앉아 '의문사 진상을 규명하라'고 어머님들과 함께 구호를 외쳤다. 결국 모두 함께 영등포경찰서에 잡혀가서 조사받고 풀려나왔고, 이 일로 의원회관에서 눈총을 받았다. 하지만 지금 생각해봐도 당시 내 행동이 '적절하지 못한 처신'이었는지는 몰라도, 그 민가협 어머님들을 나 몰라라 해서는 안 되는 일이었던 것은 분명하다.

지금도 잊히지 않는 일이 국회에서 일하면서 처음 겪어본 1989년 10월 국정감사였다. 매일 밤을 새면서 국감준비를 하면서도 어떤 긍지나 보람은커녕 '이런 것이 국가발전을 위해서 무슨 도움이 되는가?'라는 회의감이 들어 무척 힘들었다. 의원을 보좌한다는 내가 질의를 위한 질의, 비판을 위한 비판을 만들기에 급급했던 것이다.

당시에는 노트북이 없어서 대정부 질의서를 모두 손으로 썼다. 뭐 하나라도 틀리면 필체가 예쁜 여직원이 모두 새로 써야 했는데, 사정이 이렇다보니 국감기간에는 날밤을 새도 시간이 부족할 지경이었다. 그런데 대정부 비판이란 것이 내가 장관이거나 담당 공무원이라도 들어주기 힘든 대안 없는 비판 투성이었다.

국감은 정부의 부정부패나 정책과 제도의 문제점을 비판하고 정책적 대안을 제시하기 위해 존재한다. 하지만 시쳇말로 정부를 조지기 위해서 무조건 까뒤집는 국감 질의문을 만들어야 하는 내 자신이 몹시 부끄러웠다.

지난 신문을 뒤지며 뻔한 주제의 질문서를 의원이 쭉 읽고, 기자들이 이것을 또 쭉 받아쓰고, 그것이 다음날 신문에 대서특필되는 해프닝이 벌어지곤 했다. 똥을 먹고 자란 돼지를 먹고 똥을 싸면, 그 똥을 다시 돼지가 먹는 일과 다를 바 없었다. 그런 상투적인 비판을 국정감사라고 하는 나 자신이 너무 창피해서 차마 국감장 근처에 가지도 못했다. 국가나 국민이란 단어를 입에 올리기조차 민망한 '그들만의 정치리그'였다.

당시에는 다당제(多黨制)라는 국회 시스템에 대해서도 허무감을 느꼈다. 자신의 적(籍)이 여당이냐, 야당이냐 하는 차이 때문에 의원들이 서로 비판하는 것이지, 만약 같은 당이었다면 이야기할 거리조차 안 되는 일을 갖고 연일 싸웠다. 그런 일을 겪으면서 다당제에 대한 회의도 일어났다. 오히려 일당 안에서 계파간 정책투쟁을 하는 것이 훨씬 낫겠다는 생각마저 들었다. 물론 다당제의 헌법정신에 동의하지만, 정책과 노선 없는 패싸움뿐인 정당정치에는 환멸을 느꼈다.

두 종류의 국회의원

독일 사회학자 막스 베버(Max Weber)는 정치로 먹고사는 전문적 정당정치인을 근대적 정치의 모태로 여기며, 그들을 "열정에 찬 모험가"라고 추켜세웠다. 그가 생각한 자본주의 사회의 직업적 정치가란 사회적 갈등구조 속에 숨어 있는 수많은 쟁점을 선거정치라는 수면 위로 끌어내고 쟁점을 해결할 정책의 제시로 승부를 가리는 존재로 여긴 것이다. 하지만 당시에도 그리고 지금도, 내가 보아온 정치인은 베버가 말한 두 가지 유형의 정치가 중에서 정치를 '위해서' 살아가는 정치가보다는 정치에 '의해서' 살아가는 정치가들이 다수였다.

1989년 초, 처음 국회의사당 방청석에 앉아서 본회의를 하는 의원들을 내려다보며 이런 의문을 가졌다.

'저기 있는 299명 국회의원 중에서 진짜 정치인은 과연 몇 명이나 될까?'

내가 겪은 바로는, 나름의 소신과 원칙을 가지고 국민을 설득하려는 국회의원은 찾기 힘들었다. 모두 정치에 '의해서' 사는 샐러리맨이란 생각을 떨칠 수 없었다. 이들이 국민을 위한 소신 있는 정치를 '위해서' 자기 결단으로 국회에 입성했다기보다는 어찌어찌 인생을 살다 보니 정치를 하게 된 것으로 보였다.

무릇 정치인이란 시대적 갈등, 사회적 갈등에 대한 해소책, 미래의 한국사회에 대한 비전, 그리고 이에 대한 나름의 분명한 견해와 원칙이 있어야 한다. 하지만 우리나라에서 정치란 명망가나 재력가들의 직업 스케줄에서 마지막 스테이지일 뿐이라고 생각하지 않을 수 없었다. 그들에게 정치란 부(富)의 외연을 확대하거나 명예를 확보하고 지키는 수단에 불과해 보였다.

당시 내가 보기에 국회의원은 두 종류였다. 하나는 국회의원이 아니면 먹고살 게 없는 사람들, 다른 하나는 국회의원으로 '이미테이션' 하는 사람들이다.

사실 그때나 지금이나 많은 이들이 정치에 입문하려고 하지만 나름의 소신과 철학을 정치판에서 펼쳐보려는 사람은 소수에 불과하다. 크게 보면 이는 우리 정치의 인력충원구조 문제로 거슬러 올라간다. 그 뿌리는 지난 30년간 우리 정치사를 지배해온 '1박(朴) 2김(金)'(박정희 · 김대중 · 김영삼) 체제에 있다.

당시 정치인 대부분은 1박 2김에 의해 '간택'된 사람들로 이뤄졌다. 이들은 크게 '사'(士) 자 돌림의 전문가 그룹과 전직 고급관료 그룹으로 나뉜다. 이들 그룹에서 대부분의 정치인들을 충원하는 구조가 최근까지도 계속됐다. 한편으로는 박정희 정권까지 30년간의 야당투쟁이 반독재민주화운동의 현장을 누비는 정치부대를 만들었다. 당시 야당 정치인들은 '엘리트'보다 '낭인'(浪人)에 가까웠다. 정치인에 대한 뼈 있는 우스개처럼, 주거불안, 직업불안, 수입불안이란 점에서 정치인은 낭인과 크게 다를 바 없었다.

지금도 이런 상태가 계속되고 있음은 정치인의 족보를 들춰보면 금세 알 수 있는 사실이다. 교수, 전문가, 검찰, 기자, 재력가 등 대부분 자기의 사회적 신분을 확보한 뒤 마지막에 모이는 곳이 정치권이다. 그들에게 정치란 마치 여자가 곱게 화장을 끝낸 뒤 귀에 거는 액세서리 같은 것이다. 큰돈을 번 사람이 그 돈을 관리하건, 뻥튀기하기 위해서건, 명예를 얻은 사람이 그 명예를 굳히기 위해서건, 아니면 더 높은 입신양명을 도모하기 위해서건 꽃 본 나비마냥 불 본 나방마냥 권력으로 모여든다.

이들이 무엇을 대변하려 정계에 입문했는지 물어보고 싶었다. 어떤 계층과 계급의 이익을 대변한다고 해도, 시대적 정의를 대변한다고 해도 자기의 구체적 정치목표가 없는 것이 우리 정치인들의 서글픈 현실이다. 호사가들의 마지막 귀걸이 장식쯤으로 정치를 하는 것이 아닐까 하는 의구심을 갖게 될 뿐이다.

3당 야합과 꼬마민주당

정치에 대한 회의와 정치인에 대한 불신으로 점점 지쳐가고 있을 때 결정적 사건이 벌어졌다. 1989년 연말에 결혼하고 신혼여행을 다녀왔는데 믿기 힘든 일이 일어난 것이다. 1990년 1월 22일 당시 민주화운동의 법통을 대표하던 김영삼 통일민주당 총재가 여당인 민정당 총재 노태우 대통령, 신민주공화당의 김종필 총재와 나란히 서서 전격적인 3당 합당을 선언한 것이다. 자고 일어났더니 야당이 여당이 되는 해괴한 사건에 경악했던 것은 비단 나뿐만은 아닐 것이다.

1989년 여름 보궐선거에서 참패한 김영삼 총재로서는 더 이상 국민의 힘을 믿지 못했다. 그래서 3당 합당이란 틀을 통해 대권에 도전하겠다고 마음먹고 결행한 것이 1990년 1월 3당 야합(자칭 '구국의 결단')의 핵심이었다.

3당 합당 발표 이후 민자당이란 거대여당이 탄생하자 정계에서도 비판적 목소리가 컸다. 통일민주당 의원 중 이기택, 김정길, 장성화, 박찬종, 홍사덕, 이철, 노무현 등 7인이 3당 합당을 거부하며 YS를 따라가지 않고 잔류를 선언했다. 야합 대신 야당의 길을 고수하겠다는 '꼬마민주당'은 그렇게 탄생했다.

통일민주당에 있던 당직자 중에서도 나를 포함해 18인이 잔류를 택했다. 잔류 비서관 대표로 기자회견도 했는데, 김덕룡 의원이 나중에 나를 부르더니 "너희들이 정치를 할 거면 이해한다. 그러나 그럴 것도 아니면서 나 망신스럽게 앞장서고 그러느냐"고 훈계했다. 묵묵히 듣고 돌아서던 나에게 김 의원은 "어려운 일 있으면 찾아오라", "네가 정치

1991년
육체적으로나 경제적으로나
힘들었던 꼬마민주당
당직자 시절.

의 야망이 있다면 그런 행동을 이해한다. 먹고사는 생계의 문제가 있으면 내가 도와줄게 …"라고 말했다. 사실 정치현장에서 노선의 다름에서 오는 결별과 인간적 인연의 도리를 지키는 일은 매우 힘들다. 이런 점에서 많이 배웠다.

그때 3당 합당을 거부하면서 김덕룡 의원에게 편지를 하나 썼다. 내용은 대충 이랬다.

"김영삼 총재께서 민주화운동의 지도자가 될 수 있었던 것은 역사라는 이름의 국민의 힘을 믿고, 그에 따라 정치를 하려 했기 때문이었습니다. 그러나 그런 국민의 힘을 믿지 않고, 그 국민의 힘으로부터 자기가 배반당했다고 생각하고 3당 야합을 결행한 순간에 그분은 더 이상 민주화운동의 지도자가 되기 힘들 것입니다."

나는 김덕룡 의원실을 나와 꼬마민주당 창당발기인으로 들어가 이철 사무총장 밑에서 비서로 일했다. 그때부터 1년 동안은 정신적으로나 육체적으로나 경제적으로 너무 힘든 시기였다. 이렇게 고생할 거면 돈이라도 많이 벌면 좋겠는데 하는 생각까지 들었다. 당시 꼬마민주당 당직자의 월급은 28만 5천 원에 불과해, 정치적 소신이 없었다면 버티기 힘든 상황이었다.

몸도 지쳤지만 현실정치와 정치인에 대한 환멸감 역시 점점 커져갔다. 동구권이 무너지고 사회적 좌표도 흔들리던 상황이었다. 그러면서 1년여 동안 겪은 여의도 정치판은 토지의 지력을 높여 소출을 얻기보다는 적당한 이미지 연출을 통해 '표'라는 열매만을 따먹는 몰염치한 농사일처럼 느껴졌다.

어떤 정치인은 국정감사 때 휴게실에서 바둑이나 두다가도 방송카메라가 오면 국감장에 나와서 열심히 일하는 척해서 좋은 이미지로만 국민에게 비쳐졌고, 화려한 언변으로 여기저기서 멋있게 폼을 잡던 사람이 뒤로는 저급한 정치행태를 서슴지 않았다. 그런 행태를 바로 옆에서 보면서 역겨워서 신물이 날 정도였다. 이래 가지고 정치가 역사의 변화발전에 무슨 도움이 되겠는가라는 회의를 떨칠 수 없었다.

이철, 노무현 의원 등 존경할 만한 분들도 있었지만 한국 정당정치로는 역사의 진보와 개혁을 기대하기 힘들다고 생각했다. 그리고 난 대안 없이 좌절했다.

결국 1991년 사직서를 내고, 누나가 있던 창원으로 내려가 노동복지회관을 짓는 공사판에서 두어 달 건설일용직 생활을 했다. 1992년 3·24 총선거까지만 도와달라는 간곡한 부탁을 뿌리치지 못해 이철 의원의 14대 의원당선을 지켜보고 결국 1992년 4월에 비서직을 그만뒀다. 다시는 여의도쪽을 향해 오줌도 누지 않을 것이라고, 희망을 걸 수 없는 정치판에는 다시 들어오지 않겠다고 맹세하면서. 그런 마음으로 세상이 흘러가는 대로 내 몸을 맡기고자 했다.

그래도 사람만이 희망이다

··· 절망 속에서 길 찾기 ···

새로운 직업, 출판사 영업부장

1990년대, 그 씁쓸하고 황망했던 시간들…. 나뿐만 아니라 같이 활동했던 사람들 모두 인생막차를 탄 기분으로 1990년대를 맞이했다. '난 이제 뭘 하고 살아야 하나', '신념은 연기처럼 흩어지고 남아있는 것은 씁쓸하고 쓰라린 젊은 날의 기억 뿐'인 상태로 30대를 맞이했다.

이병주의 소설 《지리산》에 나오는 한 장면 같았다.

"궤멸된 빨치산 대오, 나는 겨울이 찾아오는 어느 지리산 끝자락에 앉아 하늘을 올려다본다. 하늘에는 귀순을 회유하는 삐라가 뿌려지고 산자락 끝 들판 너머 민가에 저녁 짓는 연기가 모락모락 피어오르는데 나는 어찌해야 하나…."

가끔 친구들의 결혼식장에서, 아이의 돌잔치에서 삼삼오오 만나 우

1993년 새터출판사 MT
이때 나는 영업부장으로 전국 방방곡곡을 돌아다녔다.

리의 젊은 날을 추억하곤 했지만, 그것은 점점 퇴역군인의 빛바랜 군복처럼 느껴지기 시작했다.

절망의 끝에 선 나에겐 사람에 대한 믿음이 사라지고 있었다. 인간에 대한 실망감은 내 존재를 흔들 만큼 컸다. 나름의 자구적 논리로 나를 지탱했다. 정치고 인간이고 역사의 진보고 그냥 다 잊고 돈이나 벌어보자고 생각했다. 그래서 대학선배가 시작한 출판사에 취직했다. 사회과학서뿐만 아니라 돈이 될 만한 무협지까지 손을 댔던 이 출판사에서 영업부장으로 서점영업과 수금하는 일을 맡았다.

하지만 출판사 영업부장이란 새 직업에 쉽게 적응하지 못했다. 출판사 영업부장은 대형서점 등에 나가 책 영업을 하고 날짜가 되면 수금도 다녀야 했다. 그런데 이런 영업활동 중에서 가장 어려운 일은 책의 진열상태, 집중홍보를 서점직원에게 부탁하는 일이었다.

"우리 책을 좀더 손님 눈에 잘 띄는 곳에 놓아주세요. 이번에 출간된 우리 책은 집중광고가 될 것이니 특별판매대에 올려놓아 주세요." 이런 식의 영업활동이 필요했다.

그러나 나라는 신참 영업자는 사람이 북적거리는 대형서점에 들어가서는 서점직원에게 말 한마디도 붙이지 못하고 돌아섰다. 어쩌지도 못하고 어정쩡한 품새로 있을 때의 낭패감이란 이루 말할 수가 없었다.

여직원 입장에서야 수백 군데 거래처 출판사 영업자들이 달라붙으니 귀찮기도 했을 것이다. 영업자들이 하는 이야기라는 것이 사실 다 똑같다. "우리 이번에 이런 신간이 나오는데요, 내용은 이렇고, 광고는 어느 정도 할 거고, 그러니깐 매장에 손님들 잘 보이게 신경 써서 깔아주세요."

능숙한 영업자들은 여직원들에게 살갑게 다가가서 이렇게 저렇게 넉살 좋게 말하며 금방 친해지던데, 나는 그게 늘 어려웠다. 친해지기는커녕 여직원 눈을 맞추기도 쑥스러워 "저 … 무슨 출판사에서 왔는데요"라는 통상적 인사를 나누는 데만 석 달이 걸렸다.

한 달에 한 번씩은 전국 도매서점과 지방 대형서점에 수금하러 일주일씩 지방출장을 갔다. 영등포역에서 기차를 타고, 천안, 조치원, 청주, 대전. 대전에서 경부선 먼저 탈까 호남선 먼저 탈까 잠시 고민하다가, 이번 달에는 경부선 먼저 타고 김천, 구미, 대구. 대구에서 다시 포항부터 돌까 부산부터 갈까 고민하다, 포항, 울산, 경주, 부산. 부산에서 수금하고 진주, 순천, 광주, 목포로, 목포에서 전주, 군산,

이리를 거쳐 서울로 올라오면 일주일 코스가 끝난다. 수금하는 일은 참 무미건조했다.

다른 출판사 영업자들과 술 한 잔하면서 안면을 트고 해야 하는데, 이것 역시 잘 되지가 않았다. 그냥 혼자 외톨이가 되어서 밤이면 낯선 도시의 허름한 여관방에 드러누워 담배 한 대를 피우고 있다 보면 만감이 교차했다. 과연 내 삶은 어디로 가는 것일까. 우리 인생의 희망과 가치가 아직 말소되지 않았는데 … .

그렇게 지방출장을 다녀오면 꼭 심한 감기 몸살에 걸렸다. 그러다 우연히 1968년 통일혁명당 사건으로 무기형을 선고받고 20년 20일 만에 출소한 신영복 선생님의 인터뷰 기사를 보게 됐다. 그 중에서도 소제목으로 뽑힌 한 문장이 늘 내 기억 속에 남아 있다.

"가치관이 흔들리면 고뿔도 자주 걸리지요."

이 말의 맥락이 기억나지 않아 얼마 전 그 기사를 다시 찾아보았다. 월간 〈길〉 1993년 5월에 실린 이 말은 신영복 선생님께서 억울하고 길었던 옥살이동안 역사에 대한 자신의 신념을 어떻게 부여잡았는지 이야기하는 대목이었다.

"한 사람에게 진리나 역사에 대한 신뢰가 열악한 생존조건은 인간으로서 자신을 유지 발전시키는 데 도움이 됩니다. 가치관이 확립되지 않으면 감기도 걸리고 얼굴빛이 벌써 다릅니다. 그렇더라도 그 속에서 현실적인 토대를 마련하지 않으면 힘들지요. 내 토대는 징역 동료들의 체온, 아픔, 기쁨 같은 작은 것들에 대한 공감으로부터 위로받고 위로해주고, 그 사람들이 갖고 있는 문제점들을 정확하게 해석하고 새로운 깨달음을 갖게 해주며 맺어지는 새로운 인간관계였습니다. 이것이 내가 갖고 있던 인간에 대한 이념을 생활과 통일시키는 구심이 될 수 있었습니다."

당시 그 대목을 골똘하게 바라보면서 내가 딱 그 짝이구나 싶었다. 당시 내 수입은 꼬마민주당 보좌관 수입보다 10배 많아졌고, 술 마시고 밥 먹는 활동비는 출판사에서 따로 받아쓰고 있었다. 물질적으로만 보자면 장족의 발전을 이룬 생활이었지만 마음은 더욱 강퍅해지고 있었다. 내가 느끼는 체감행복은 커지지 않고 도리어 더 힘들 뿐이었다. 정말로 내 인생에서 내가 행복하다고 느끼는 가치를 위해서 살지 않으면 인생이란 참으로 재미없는 것임을 절감했다.

비단 감기 때문만은 아니었다. 1990년대 초반 나는 자살을 고민한 적이 있다. 두 가지 절망감에서 헤어나지 못하고 있었다. 그중 하나는 진보진영의 많은 이들이 그러했듯이, 사회주의권이 붕괴되고 진보에 대한 가치가 함몰되는 것을 바라보는 참담함이었다.

미 국무부 연구원이었던 프랜시스 후쿠야마가 1989년 "공산주의 붕괴로 이제 더 이상 자유민주주의에 맞설 대안이 없어졌다"면서 자본주의의 최종 승리로 '역사의 종언'을 선언했다. 나는 역사가 진보한다는 믿음에 대해서는 부정할 수 없었으나, 그것은 당위론일 뿐이었고 비빌 만한 언덕을 찾지 못하던 상황이었다.

나름의 사이클을 가지고 전진하는 역사발전에서 개인이 어떤 역할을 할 수 있을지에 대해서는 회의적일 수밖에 없었다. '일제치하 36년을 살면서 독립운동을 한 많은 사람 중에 해방을 못보고 죽은 사람이 너무나 많았다. 그때 한 독립운동가의 노력이 해방이라는 국면을 이끌었을까?' 이렇게 스스로에게 질문을 던져보았다.

아니다. 봄이 되어야 봄꽃이 피고, 여름이 되어야 여름꽃이 피는 법이 아닌가. 겨울에 아무리 부싯돌을 켜더라도 봄꽃을 피울 수는 없는 것이다. 물론 역사는 개인의 작은 노력이 축적되어 진보한다는 교과서적 답을 내놓을 수 있겠으나, 역사라는 사이클의 최저점에서는 나 같은 한 개인이 아무리 발버둥쳐 봐야 소용이 없겠다는 생각을 했다.

절망의 또 다른 이유는 인간에 대한 실망이었다. 그때만 해도 나는 살아간다는 일이 사람에 대해 실망하고 사람에 대한 끊임없는 불신을 쌓아가는 과정이라고 생각했다. 조직을 떠나고 정치적 의지와 목적을 상실한 이후, 내가 세상으로부터 스스로 배우고 터득한 것은 섭섭, 씁쓸, 실망, 유감, 허탈, 원망, 미움, 증오, 배신, 배반, 회한, 배타, 조롱, 경멸, 결별, 적대, 간사, 위선, 비겁 같은 단어들이었다. 비단 국회에서 만났던 정치인들뿐만이 아니었다.

1990년대 초반에 많은 운동권 선후배들이 정치권으로 유입되었는데, 속된 말로 '민주 양아치'라고 불릴 만한 행태를 서슴지 않는 이들을 많이 보았다. 마르크스주의가 사라진 자리에 마키아벨리즘만 횡행하는 풍경을 목도하면서 '사람이란 무엇인가?'라는 회의가 들어 괴로웠다. 물론 완전한 사람은 없다. 20세기식 역사에 대한 낙관과 혁명을 생각했을 때 동경했던 영웅적인 지도자나, 아니면 유령처럼 배회하던 포스트모더니즘의 아버지였던 니체가 꿈꾸었던 초인(超人)을 바라는 것은 아니었다.

단지 주변사람들을 둘러봐도 한결같이 뒤가 깨끗한 사람들이 거의 없었다. 절대적 선, 절대적 믿음을 보여줄 수 있는 인간은 없었다. 남산 안기부에서 나 스스로에게 실망한 뒤 인간 일반에 대해 불신만 커지던 시기였다.

조정래의 대하소설《태백산맥》에 나온 주인공 염상진의 설법을 동원하며 자위해 보기도 했다. 빨치산들의 몰염치한 행동을 보고 실망하는 어느 대원에게 염상진은 이렇게 말한 것으로 기억한다.

> "빨치산은 완전한 인간들로 구성된 것은 아니다. 불완전한 사람들이 모여 새로운 세상을 가꾸고 만들어가는 것이다. 그래서 역사의 진보운동이 값진 것이다…."

그러나 그 말은 나를 겨우 버텨내는 자위용 문구였을 뿐이었다. 부실한 부품소재로 어찌 최첨단 제품을 만들 수 있겠는가. 그것이 굳이 사회주의라는 이름이 아니더라도 인간이 인간답게 살 수 있는 더 나은 세상을 향한 역사적 진보에 대한 희망은 무너져 내리기 시작했다.

그때 역사의 허방에 빠진 나는 탈출구를 찾지 못하고 죽을 것만 같았다. 그래서 정말 죽자는 생각도 해봤다. 이런 생각 때문에 1990년대 초반까지 아이를 낳지 않았다. 내가 혹시나 잘못될지 몰랐기 때문이다. 그러나 절망은 넓고 깊었지만, 희망 역시 길고 질겼다. 막상 죽을 생각을 하니 점점 내가 빠져 있는 역사의 이 질곡이 또렷하게 인식되기 시작했다. 생명이란 것이 낭떠러지에서 떨어지는 돌처럼 자연스럽게 구르다 멈추는 것이란 생각이 들었다. 구르고 또 구르다 멈추어 서는 순간이 바로 죽음인 것이지, 내가 인위적으로 멈추고 싶다고 멈출 수 있는 성질의 것은 아니지 않은가.

어린 시절 눈 쌓인 내리막길을 비료포대를 깔고 내려가듯, 그렇게 끝이 어딘지 보고 싶었다. 내 절망의 이목구비를 똑바로 바라보고, 그 절망이 창처럼 나를 찌를 때 어떤 희망의 방패를 집어 들어야 할 것인지 고민했다.

"그래, 내가 품어온 사회적 가치와 역사적 투쟁에 대해서 어떻게든 스스로 결론을 내리지 않고는 도저히 안 되겠다."

그래서 대학에 복학하기로 결심했다.

진보개혁주의자로서 제2의 자각

1994년 초에 출판사를 그만두고 제적된 지 거의 10년 만에 대학에 복학했던 것은 나름대로 내 생존의 이유를, 뜨거운 내 마음의 해열제를 찾아보려는 작은 몸부림 같은 것이었다. 그때 일기장을 꺼내보니 이런 복학의 변(辯)이 쓰여 있다.

"역사의 진보와 보수에 대한 입장의 차이는 결국 '사람을 어떻게 이해할 것인가' 하는 철학의 차이라고 말한다. 사람을 어떤 존재라고 이해할 것인가. 사람이 어떻게 주체적으로 행복하게 살 수 있는가. 사람은 무엇으로 행복한가. 우리가 바라는 철학과 정신혁명은 무엇인가.

그리고 사회제도 개혁이라는 것은 무엇인가. 혁명에는 '정신 혁명', '물질 혁명', '사회제도 혁명'이 있는데, 그것은 무엇인가. 이 질문에 답하기 위해

1995년 2월 고려대 졸업식, 1983년에 입학해 제적과 복학을 거치며 12년 만에 졸업. 왼쪽부터 큰아들, 아내, 어머니, 나, 아버지.

서 백지에서 다시 공부를 하자."

늦깎이로 대학을 다니면서 나는 사막에서 오아시스를 찾는 여행자의 심정으로 해답을 갈구했다. 《노자》와 《장자》, 불교와 유교 같은 동양 철학부터 플라톤의 《국가론》 등 고전들을 섭렵하면서 내가 품어온 가치들을 비쳐보았다. 1980년 초 함석헌 선생의 〈씨올의 소리〉를 읽으면서 키웠던 반독재 저항의식, 1980년 고1 어린 시절, 김학준의 《러시아 혁명사》를 읽으면서 다졌던 무정부주의적 민중주의(나로드니키즘), 1982년 말 접했던 사회주의, 이렇게 그동안 거쳐 온 내 사상사를 새로이 점검해 보고자 했다.

나는 후배들에게 "자기가 살아온 이력서를 써 보라"고 충고하곤 한다. 학력이나 경력 같은 것 말고 병력, 주거력, 사상력에 대해 써보라는 것이다. 당시 나 역시 나의 이력에 대해 쓰고 또 써보았다.

사회생활을 하는 동안, 나는 늘 주변인이란 생각을 떨치기 힘들었다. 다들 저렇게 확신범으로 살아가는데 나는 늘 제자리만을 맴도는 관념적 고민에 내 자신을 탕진하고 있는 것은 아닌지 번민했다.

도가(道家)에서 말하는 업(樸)이 그런 것일까. 업이란 장작개비이다. 그것을 어떻게 켜느냐에 따라 장롱짝이 되기도 하고 불쏘시개가 되기도 한다. 《시경》(詩經)은 절차탁마(切嗟琢磨)를 말한다. 줄로 닦고 정으로 쪼아 우리는 평생을 걸쳐 스스로를 만든다. 세상을 시작할 때 하나의 장작개비에 불과했지만, 나는 끊임없이 닦이고 쪼여서 어떤 모습이 되어가고 있다.

결국 나는 애국주의, 민족주의, 사회주의 등 그 어떤 이론과 이념 때문에 존재하는 것이 아니다. 어떤 용도로 깎여지기 전의 장작개비처럼 나의 나다움, 인간의 인간다움에 대해 고민하기 시작했다. 당시 내 고민은 유적(類的) 존재로서의 인간의 문제로 모아지고 있었다. 그것은 거울에 비친 내 자신의 모습과 정직하게 만나는 과정이기도 했다.

도가에 명경(明鏡)이란 말이 나온다. 맑은 거울처럼 있는 그대로를 받아들이고, 받아들인 그대로를 다시 내보낼 뿐, 간직하거나(不藏) 거부하지(非拒) 않는다는 상징을 담고 있다. 참으로 어렵고도 어려운 경지일 것이다. 어렵다 못해 너무도 추상적이고 신비적이기까지 하다. 물론 이것이 인간성의 진수이고 우리의 인간성이 추구해야 할 바냐에 대해선 이견이 있을 수 있겠지만, 맑고 투명하지 못해서 생겨나는 문제가 인간사의 대부분을 점하고 있는 것만은 분명하다.

뭔가를 묻히고 보태어서 내보내고 또 무언가를 감추고 숨겨서 내보내는 과정에서 사람간의 갈등은 싹트고 커져간다. 솔직하다는 미명하에 자신의 감정을 묻어두면서 인내라고 자위한다. 그러면서 한편으로는 가슴속 가득히 응어리를 키우는 게 나 같은 범부의 일상사 아니던가. 무심하게 있는 그대로를 말하고, 있는 그대로를 받아들이며, 있는 그대로를 털어낼 뿐이다. 거기에는 자신도 없다. 무색무취하고 심원한 빈 공간만이 있을 뿐이다. 그리고 그것 자체가 자신의 존재부피이기도 하다. 나 역시 이런 경지에 이르고 싶었다.

이런 경지에 이르기 위해선 나 자신을 잡아야 했다. 겸손이라거나 인내라거나 사랑이라거나 아니면 박애라거나 하는 따위를 한 꺼풀 입힌 논리로서가 아니라 참으로 허허(虛虛)롭기 그지없는 내 자신의 존재를 직시하는 일 말이다. 그러나 가면을 벗고 자기의 맨 얼굴을 또렷이 응시하기란 말처럼 쉽지 않다. '내가 왜 허허로운 존재인가. 내 자신이 얼마나 의미 있고 중요한 사람인가. 나는 얼마나 많은 욕구를 가지고 있는가' 등 내 자신이 이기고 넘어가야 할 산등성이가 한둘이 아니었다. 온갖 욕심과 갈구로부터 내 자신을 해방시키는 일이 먼저 필요했다.

이는 신영복 선생님의 《나무야 나무야》에 나오는 '무감어수 감어인'(無鑒於水 鑒於人)이란 경구가 이르는 말이기도 하다. 옛 사람들은 물에다 얼굴을 비춰보지 말고, 사람들에게 자신을 비추어 보라고 하였다 한다. 사람들과의 사업 속에 자신을 세우고, 사람을 거울로 삼아 자신을 비추어보기를 요구한 말이라 한다. 나는 스스로 사람 속에서

나 스스로를 비춰보지 못했음을 깨달았다.

> "사실 말인데 가장 결정적으로는 내 자신이 가장 큰 문제야. 절제하지 못하고 자신과 가장 쉽게 타협하면서 세상의 모든 것을 비겁하다고, 그래서 실망했다고 뇌까리고 있는 것이지."

이렇게 내 자신의 과오를 인정하고 나니 사람에 대한 시각도 달리 보였다. 그것은 한마디로 "사람은 변하지 않는다. 그러나 사람은 변한다"는 얼핏 모순되어 보이는 문장으로 정리되었다. 즉, "개인을 보지 말고 전체를 보자. 개인은 변치 않을지언정 유적(類的) 존재로서 인간의 역사는 진보하지 않는가."

중학교 때부터 오랫동안 몸담았던 변혁운동에 대해서도 새로운 시각으로 볼 수 있었다.

> "20세기 계급투쟁의 역사관만으로 현재와 미래의 진보개혁운동을 이해할 수 없다. 그렇다면 한국사회의 민주주의 과제는 끝난 것인가? 아니다. 민주주의에 대한 역사적 책무는 계속되어야 한다. 21세기식 민주주의 과제가 우리에게 남아 있다. 그것은 1970~1980년대 변혁운동이 어떤 특정한 이데올로기의 성취를 목적으로 한 것이 아니라, 그 근본에는 자유주의, 합리주의, 민족주의에 대한 열망이 있었다는 것. 그리고 그것의 뿌리에는 휴머니즘이, 사람에 대한 사랑이 모든 진보개혁운동의 원천이었음을 명심하라."

한편으로는 공자(孔子)가 죽기 직전에 했다는 말이 내 삶의 자세를 다잡는 경구가 되어주었다. 생전에 공자는 자신이 가르친 여러 공문도

(孔文道)를 권문세가의 가정교사로 취직시키며 생계를 이어가게 했다. 그때 세간에서 불린 공자의 닉네임이 '안 되는 이야기 하고 다니는 양반'이었다. 이에 관한 유명한 일화가 《논어》(論語)에 나온다.

> 공자 제자인 자로(子路)가 석문(石門)에서 묵었는데, 문지기가 물었다. "어디에서 오시오?" 자로가 "공(孔)씨 댁에서 옵니다"라고 답했다. 그러자 문지기 왈 "되지도 않을 이야기를 해보려는 사람 말인가요?"(知其不可而爲之者).

공자는 죽기 전에 제자들에게 이 일화를 전하면서 "나도 안 될 줄 알았다. 그러나 그것이 길이었기에 나는 걸었다"고 말했다 한다. 공자 스스로도 인(仁)의 세상이 (자기가 아무리 주장해도) 당대에 오지 않을 것임을 뻔히 알고 있었지만, 그것이 자신의 길이었기에 갈 수밖에 없었다는 이야기이다. 나는 이와 같은 공자의 일화를 다음과 같이 내 스스로의 마음속에 바꾸어 새겨놓았다.

> "우리 시대가 가졌던 가치가 이뤄지지 않아도 좋다. 새로운 대안이 없어도 좋다. 사회주의가 무너져도 좋다. 그러나 내가 가지고 있던 도(道), 사람이 걸어야 할 바른 길, 사회와 역사적 존재로서 인간이 가진 가치의 지향, 이것이 있다면 설사 불가능한 길이라도 그냥 가야 하는 것이다. 그 목표를 이루는 데 몇 개년 계획이 서 있느냐 아니냐, 구체적 전망이 보이느냐 보이지 않느냐와는 별개로 말이다. 역사를 짧은 한평생의 잣대로 함부로 재단하거나 승부 지으려 하는 것은 치기일 뿐이다. 조급한 마음으로 단기간에 성과를 얻으려 급급하는 것은 객기일 뿐이다. 그저 스스로의 깨끗한 마음을 세워서, 인간을 믿고, 역사를 믿고, 내가 옳다고 생각하는 길을 따라 묵묵히 걸어갈 뿐."

1990년대 이념과 전선이 사라진 그 자리에 밀물처럼 들이닥친 인간에 대한 불신, 그리고 그 위에 자라나는 역사에 대한 비관주의, 패배주의 … 그리고 다시 자라나는 생존본능, 그 위에 자라나는 출세주의, 기회주의 … .

나는 내 고개를 흔들어 이 혼돈과 미몽의 시간을 정지시켰다. 1994년은, 1980년 고1의 자각에 뒤이어 진보개혁주의자로서 제 2의 자각기였다.

“한 번 끝까지 가보자”

··· 노무현, 만남의 코드 ···

노무현 대통령과의 만남

내가 국회에 처음 들어와서 일하던 1989년 1월에 노무현 대통령은 이미 1988년 11월 5공비리 청문회에서 ‘스타’로 떠오르며 대중적 주목을 한몸에 받고 있었다. 10여 년간 부산에서 인권변호사로 활동하던 그분이 특히 1988년 현대중공업 파업 때 국회의원 신분으로 골리앗 크레인 투쟁을 벌이던 노동자 앞에서 “(노동) 악법은 법이 아니다”고 연설하는 장면은 깊은 인상을 남겨주었다. 당시 젊은 의원비서관 사이에서는 “우리와 함께 갈 수 있는 정치인”이란 인식이 일반적이었다.

사실 나는 3당 합당을 거부한 ‘꼬마민주당’이 탄생했을 때 노무현 의원과 함께 일하고 싶었다. 하지만 당시는 18명의 잔류파 당직자들을 일괄적으로 의원별로 분배하던 상황이어서 어느 의원 사무실에서 일하고 싶다고 자청할 수는 없는 일이었다. 그래서 노무현 의원과는 이철 사무총장(현 철도공사 사장)의 비서로 일하면서 지근거리에서 음양으로 작은 도움을 주고받는 정도로 인연을 맺었다.

참고로, 당시 꼬마민주당은 처음으로 당직자를 공채를 통해 선발했다. 노동운동과 전선운동이 와해된 1990년대 초반상황에서 사회적 진보와 개혁을 생각하던 청년들이 3당 합당을 거부한 정치인들에게 희망을 걸고 월 28만 5천 원의 박봉을 감수하며 꼬마민주당에 힘을 보탰다.

이때 들어온 당직자 중에는 이강래 의원(통합신당), 윤태영 전 청와대 대변인 같은 이들이 포함되어 있었다. 당시 이들 당직자 그룹의 지지를 한몸에 받던 사람이 이철 사무총장과 노무현 대통령(당시 통일민주당 국회의원)이었다.

노무현 대통령과 공식적으로 '파트너십'을 맺게 된 것은 1994년 6월 지방자치실무연구소 사무국장으로 들어가면서부터였다. 당시 노무현 대통령은 1992년 3월 총선에서 고배를 마신 뒤 안팎으로 힘든 상황이었고, 나는 대학에 복학한 뒤 무력감에 시달리면서 나름의 탈출구를 모색하던 시기였다.

연초부터 이광재 의원(통합신당)이 나를 찾아와 '노무현 의원을 도와 연구소를 해보자'고 지극정성으로 설득했다. 1989년 내가 국회에 들어와 얼마 지나지 않아서 알게 된 이광재는 같은 운동권 출신이라 가까이 지내던 사이였다. 연구소에 합류하기로 결정한 것은 어느 날 서울 연신내 한 고깃집에서 이광재와 밤이 새도록 술을 마신 뒤였다. 같이 집으로 돌아가는 택시 안에서 둘이 "한 번 끝까지 가보자"라고 맹세했던 기억이 아직도 새롭다.

그때 '끝까지'라는 의미는 '대통령'이라는 구체적 단어로 표현할 수 있는 개념이 아니었다. 나의 '끝까지'라는 개념은 마치 독립운동했던

1999년 자치경영연구원 시절 식구들과.

사람이 해방을 맞은 뒤에 새로운 정부를 꾸리고 사회의 주역이 되는 것과 같은 의미였다. 변화와 개혁을 주창했던 사람들이 이 사회의 주도세력이 되는 것이 내가 생각한 '끝까지'의 개념이었다.

나는 노무현 대통령이 20세기 진보운동의 대를 21세기에 새롭게 이끌 리더라고 생각했고, 그래서 그를 중심으로 '끝까지' 새로운 개혁의 꽃을 현실정치 속에서 피워보자 생각했던 것이다. 이광재는 어떤 정치적 게임의 구체적 승부까지 염두에 두었는지 모르겠지만, 우리는 '끝까지' 가보자고 약속했다.

비단 동료의 간곡한 부탁만으로 정치판에 다시 돌아오겠다고 마음먹었던 것은 아니었다. 내가 노무현 대통령과 함께한 이유는 내가 하고 있던 모든 고민에 그분이 답을 주었기 때문이었다.

나는 절차적 민주주의를 넘어서는 어떤 역사적 민주주의를 만들 것인지 거듭거듭 고민했다. 학살(虐殺) 정권에서 문민(文民) 정부가 들어선 것으로, 직선제 같은 절차적 민주주의의 과제가 달성된 것으로 만족해야 하는가? 시위현장에서 "타는 목마름으로, 타는 목마름으로, 민주주의여 만세 …"라고 목메어 외쳤던 가슴 뭉클한 민주주의가 이런 것이었을까.

노무현 대통령 역시 같은 고민을 하고 있었다. "정의로운 시민으로 살다보니 어느 날 국회의원까지 되었는데, 누구는 정치꾼이고 누구는 가만 앉아서 정치하는 놈들 욕이나 하는 이런 구조로는 단 하나의 개혁도, 단 하나의 작은 혁명도 이룰 수 없다"는 자괴감에 늘 괴로워했고, 나는 그런 그분이 너무 좋았다. 하루에도 몇 번씩 정치를 때려치우고 긍지와 자부심 하나만은 확실히 챙길 그런 시민운동을 하고 싶어 하는 노무현 대통령이었기 때문이다.

그때 내가 내린 나름의 결론은 이러했다. 내 인생이 망가져도 좋고 내 친구 내 후배의 인생을 모두 바쳐도 좋다고 생각했던 그 가치는 무엇이었는가에 대한 답은 이것이었다.

> "그것은 사회주의 노선도, 공산주의 노선도 아니었다. 그것은 사회적 약사와 함께 살아가자는 공동체주의였고, 독재권력과 천박한 자본의 힘만이 지배하는 사회에서 인간의 이성과 합리주의 정신이 사회의 작동원리가 되게 하자는 것이었으며, 분단된 약소국인 이 나라의 평화와 통일이었다."

사회주의가 망해도, 군부독재정권이 무너져도 우리가 건설해야 할 '타는 목마름으로의 민주주의 과제'는 계속된다는 것이 당시 결론이었다. "그 현장은 바로 현실정치다. 20세기 전민항쟁의 깃발로 권력을 세웠다면 민주주의 게임 룰이 정착된 지금의 현실에서 그런 방식은 불가능하다. 그것은 현실에 존재하는 민주주의 게임 룰, 즉 정치라는 틀에서 결론을 내야 한다"고 생각했다.

나는 '참여'에서 가능성을 보았다. 지방자치제라는 풀뿌리 민주주의를 통해서 의식 있는 많은 사람들이 정치에 참여해 밑에서부터 개혁을 이루는 것, 이것에서 새로운 가능성을 찾기로 했다.

일찍이 지방자치의 중요성을 강조하며 "지방자치는 민주주의의 학교"라고 했던 존 스튜어트 밀(J. S. Mill)의 말을 다시 떠올렸다. 1950년대 일본의 좌파 운동권 세력이 1970년경 각 지역에서 벌인 '자치체혁신운동'(自治體革新運動)이 일본 공동체운동의 기초가 되었고, 이들의 노선과 강령을 기존 정당들이 흡수하면서 일본이 선진국으로 성숙하는 데 기여한 일도 떠올렸다. 이런 해법을 찾아서 지방자치실무연구소의 모토를 '참여 · 자치 · 개혁'이라고 정했다. 그리고 21세기의 민주주의를 위해 노무현 대통령과 함께 출발했다.

20세기 민주주의가 남긴 과제를 풀 해법을 지방자치에서 찾았던 나의 문제의식은 당시 한 잡지에 기고한 글에서 찾아볼 수 있다.

> "이미 19세기 영국 산업사회가 안고 있던 산업화, 도시화, 획일적 관료행정의 문제점 속에서 밀(J. S. Mill)은 지방자치를 강조했다. 우리가 요즘 흔히 듣는 '지방자치는 민주주의 학교'라는 설명도 그의 화법이었다. 밀은 중앙정부의 비효율성을 극복하기 위해 지방정부(지방자치)의 역할을 강조하는 한편 민주주의의 이념을 실현하는 유력한 수단으로 지방자치제를 역설했다. 밀의 지방자치는 "지역민과 관련한 문제는 지방정부가!, 정치교육과 우애의 정치를 위해 지방자치를!"이라고 표현할 수 있다.
>
> 특히 밀이 지적한 '우애의 정치'란 그가 그리던 민주주의에 대한 그의 소

박한 이상이었다. 민주주의가 계급적 지배와 피지배라는 관계를 청산하고 보편적인 시민계급의 토론과 합의의 과정을 통해 국가의 권력을 운영하는 체제라면 그것은 바로 '우애의 정치'여야 한다는 것이다. 바로 이런 '우애의 정치'를 실현하는 데 지방자치의 역할을 기대했던 것이다.

… 중앙권력의 집중화를 가속시켰던 냉전체제가 해체된 이후 민주주의에 대한 전면적인 자기반성과 수정이 가해지고 있다. 이런 자기반성과 수정을 위한 노력은 대략 두 가지의 원인 때문이다. 첫째, 미국이나 일본의 정치엘리트 내부에서부터 제기된 국가조직의 효율성에 대한 문제의식이었다고 할 수 있다. 둘째, 진보주의자들에 의해 제기된 '민주주의 이념의 심화'라는 문제의식이다. 최악의 낮은 투표율로 드러나는 대중의 탈정치화문제이다.

… 이런 대중적인 탈정치화 현상을 어떻게 극복할 것인가, 또 정보와 통신을 독점한 소수 엘리트의 정치적 지배현상을 어떻게 극복할 것이냐 하는 것은 현대 민주주의자들의 무거운 주제가 되고 있다. 바로 여기에 밀이 말하던 '우애의 정치, 민주주의의 정치학교'로서 지방자치에 거는 기대가 숨어 있는 것이다. … 우리가 지방자치시대에 거는 희망은 무엇인가. 그것은 밀이 말했던 '우애의 정치'를 구현하자는 것이다. 시장의 약육강식에 의한 그런 정치는 지양하자는 것이다. 합리적 토론과 인간의 얼굴을 한 정치를 구현하자는 것이 이 시대 민주주의자들의 한결같은 바람이다. 여기에 작은 정부의 '참여와 생활정치'가 주목되고 있다. 정부의 효율성, 국가경쟁력의 강화, 세계화를 향한 지방화의 논리는 우리 현실의 절박한 과제로 인식되고 있지는 않다. 민주주의 학교로서 다양한 주민의 참여가 조직되는 인간의 얼굴을 한 정치로서 지방지치시대를 우리는 고대한다.

… "근본적으로는 지방자치를 민주주의의 기본이념을 실현하는 제도로서 인식하고 바라보아야 한다. 지방자치는 우리가 20세기식 민주주의 운동—무력을 수반한 비타협적 혁명운동—에서 21세기식 민주주의 운동으로 전환하는 중요한 과정임을 강조하고 싶다."

그러나 1991년 지방자치제가 실시된 이래 상당한 시간이 흘렀지만 이런 일선의 의식 있는 지방의회분들이 보면 나의 주장을 현실을 모르는 고상한 소리라고 비웃을지 모르겠다. 지방의원의 현실은 지구당 위원장 밑에 존재하는 일선 조직책일 뿐이고, 무보수 명예직의 고달픈 생활 속에서 살아남기 위해서는 반쯤은 '양아치'가 되어야 한다는 현실이 엄존함을 나 역시 모르는 바 아니다. 현실적으로 존재하는 지방자치란 중앙 권력싸움을 위한 가장 밑바닥의 패싸움이라고 볼 때만 의미가 있을지도 모른다.

그러나 '타는 목마름으로 민주주의여 만세'를 기억한다면 21세기 지방자치의 문제를 다시 근본에서 길게 봐야 할 것이 아니겠냐고 부연하고 싶다. 참여정부가 '자치'를 강조하는 것에는 이런 소망이 담겨 있음일 것이다."

그렇다면 왜 노무현이란 정치인이었을까. 당시 금배지도 없었던 그와 '끝까지' 가보자고 결심한 데는 여러 이유가 있다. 역사적 가치에 대한 정통성, 민주적 리더십, 그리고 문화적 코드 등이 그것이었다.

노무현식 정치노선

앞서 이야기한 것처럼 노무현 대통령은 폭압적인 군사정권하에서 오랫동안 노동자들의 인권을 위해 분투해온 사람이다. 학력이 고졸, 그것도 인문계도 아닌 상업고등학교를 나와 늦게 독학으로 사법고시에 합격했고, 대전지법 판사를 거쳐 변호사가 되었다. 회계와 세무전문 변호사로 100억 원대 거액소송을 맡아 90% 이상의 승률을 기록한 잘나가던 사람이었다. 빈농의 아들로 태어나 공사판에서 막일을 하며 9년간 절치부심(切齒腐心)하여 어렵사리 얻은 기득권을 십분 활용했다면 적잖은 부귀영화를 누렸을 것이다.

그러나 1981년 전두환 정권 초기 부산지역 운동권 예비검속 차원에서 이뤄진 이른바 '부림사건' 변호인을 맡으면서 36세 '노변'(당시 노무현 대통령의 별명)의 인생이 달라졌다. 57일간 구금된 학생의 온몸에 눈뜨고 보기 힘든 고문의 흔적을 발견하고 충격을 받은 뒤, 법정에서 고문과 조작을 폭로하며 투사로 변신했다. 1987년에는 민주헌법쟁취국민운동 부산본부 상임집행위원장을 맡는 등 재야인사로 몸을 아끼지 않았다.

지금은 전설 같은 이야기이지만, 당시 노동조합은 '1사 1노조 원칙'에 따라 어용노조가 판을 치고, 현대 울산공장에서는 회사측이 노조에 식칼테러를 자행하는 일이 비일비재하던 상황이었다. 당시 노무현 대통령은 이런 싸움의 현장에서 노동자의 당연한 헌법적 기본권을 지켜주기 위해 분투했다.

나 같은 젊은 운동권 출신이 보기에도 당시 그분의 현장주의는 남달랐다. 1987년 2월 물고문으로 숨진 박종철 군의 추도집회를 주도하다 최루탄을 뒤집어쓰고 경찰서로 끌려가기도 했다. 1988년 13대 국회의원이 된 뒤에도, 어깨에 힘을 주지 않고 전과 다름없이 노동파업 현장이나 시위현장을 떠나지 않았다.

사실 옛날에 똑같이 돌을 던지고 깡소주를 마시며 시대의 울분을 달래던 사람들도 금배지를 달고 양복입고 국회에 나가게 되면 아스팔트 길 위에 앉는 것조차 꺼리고 체면을 따진다. 이렇게 되면 동지는 없어지고, 단지 또 다른 국회의원 하나가 탄생할 뿐이다. 그러나 노무현 대통령은 국회의원 배지를 달고 양복은 입었지만 전과 다름없이 길바닥에 주저앉았다. 그런 인간적 매력과 확고한 신념에 대한 신뢰가 있었기 때문에 많은 젊은이들이 그분과 일하고 싶어했다.

또한 그분의 민주주의에 대한 깊은 철학과 신념도 젊은이들이 같이 일하고 싶은 정치인으로 꼽게 만든 이유였다. "권력은 부패하기 쉽고, 절대권력은 절대적으로 부패한다"(*Power tends to corrupt, and absolute power corrupts absolutely*)는 19세기 영국의 법철학가 존 액튼(John Acton)의 경구를 심화시켜, "절대권력은 절대 부패한다. 사람과 권력에 대한 불신을 전제로 한 제도가 바로 민주주의이다"는 것이 노무현식 민주주의의 개념 정리였다. 역사와 인간에 대해 깊은 회의에 빠져 있던 나는 그분의 명쾌한 신념에 열광하게 되었다.

율곡(栗谷) 이이(李珥)가 열아홉 나이에 스스로를 경계하기 위해 썼다는 《자경문》(自警文)에 보면 "혼자 있을 때 삼가라"라는 구절이 나온다. 항상 조심하고 경계하고, 혼자 있을 때 몸가짐을 삼가는 마음을 가져야 하며, 모든 악은 모두 혼자 있을 때 몸가짐을 삼가지 않는 데서 생긴다는 것이다. 그의 말처럼, 물이 위에서 아래로 흐르듯, 인간이란 방종하고 타락하는 방향으로 흘러가게 되어 있고, 그런 인간이 가진 권력 역시 항상 부패로 달려갈 수밖에 없게 되어 있다.

민주주의란 바로 이처럼 믿지 못할 인간과 권력을 견제하기 위해서 만들어 놓은 제도라는 게 노무현 대통령의 생각이었다. 그래서 노무현 대통령은 사람과 권력을 상호 견제와 균형 위에 놓기 위한 모든 노력을 민주주의라고 보았다.

민주주의에 대한 이런 식의 생각은 그분이 사법고시를 준비하면서 독파했을 법철학과 헌법사상에서 나름의 민주주의 철학으로 수용·발전시킨 것이 아닌가 싶다. 내가 의식화 프로그램과 관련된 사회과학 서적을 통해서 뜨거운 열정을 투사했다면, 그분은 시험을 위해 독학한 여러 개론서를 통해 정치제도를 학습했고 정치현장에서 그것을 접목해낸 사람이다. 그렇기 때문에 노무현 대통령의 머릿속에는 뜨거운 물과 차가운 물이 함께 섞여 있는 듯 보였다. 각론에서는 차이가 있을지 몰라도 그분의 철학은 내가 고민해온 21세기 민주주의 운동의 등불이었고 구원이었던 셈이다.

노무현식 민주적 리더십

내가 노무현 대통령과 함께 하기로 결심한 두 번째 이유는 그분이 갖고 있던 탁월한 민주적 리더십 때문이었다. 꼬마민주당 시절 많은 당직자들이 노무현 대통령과 일하고 싶어했던 이유는 그가 가진 철학과 신념에만 있지 않았다.

1980년대 말과 1990년대 초에 들면서 국회에는 두드러지지 않지만 중요한 체질변화가 이뤄지고 있었다. 이 시기에 나처럼 학생운동 출신들 상당수가 국회에 들어오면서 의원 비서관들은 그 전까지 '가방모찌' 같은 단순 수행비서의 개념에서 탈피해 입법부에서 자기 직업적 전망을 갖는 전문 테크노크라트(*technocrat*)로서 새롭게 자리매김하던 참이었다. 특히 명실상부한 국정감사가 부활하면서 그에 준하는 지적 능력과 전문성을 가진 보좌관들의 역할이 더욱 강조되던 분위기였다. 특히 '꼬마민주당'에 잔류파로 남은 비서관들의 자긍심이란 여느 정치인 못지않았다.

그런데, 지금도 그렇지만 당시에도 국회의원 비서관들은 국정감사나 청문회 등 준비를 전담하면서도 사회적 지위는 열악한 편이었다. 의원 비서관이라면 '가방모찌'라고 하는 과거의 관념으로부터 자유롭지 못했을 뿐만 아니라, 금배지를 단 의원들의 권위적 태도 역시 자긍심을 갖고 일을 하는 데 엄청난 의욕상실을 가져왔다.

물론 국회 본회의에 출석하고 이러저러한 문제에 대해서 발언하는 것은 국회의원 고유의 권리이다. 하지만 그런 의원을 보좌하며 실무를 담당하는 비서관들에게는 자기의 역할에 맞는 발언권과 인격이 보장되지 못했다. 많은 의원들이 비서관을 "심부름이나 하는 사람"이라고 여길 뿐, 그들을 실질적으로 자기네 입법활동을 보좌하는 전문가 그룹으로 대접해주지 않았다.

지금은 많이 달라졌지만, 정치부 기자들 역시 그때만 해도 비서관들을 취재원으로서 인정하지 않았고, 비서관을 대화 파트너로 삼는 것을 격이 떨어지는 일이라 생각하고 있었다. 이런 상황에서 비서관들이 자신들의 핵심참모로서의 소임에 자긍심을 갖기란 쉽지 않았다.

그 무렵만 해도 사실 유명한 인권 변호사나 민주화 투쟁하는 변호사 사무실에 가보면 그들 역시 보수정치인 빰치게 자기 비서들을 몸종 부리듯 하거나 하찮은 사람으로 취급하는 일이 많았다. 직장 내에서 보람을 느끼느냐에 대한 문제는 단지 급여의 문제만이 아니라, 그 사람에 대한 인격적·직업적 처우의 문제도 있는 것이다. 물론 총선 때 어찌어찌 당의 공천을 받아서 자신도 금배지를 달아보려는 야심을 갖고 힘 있는 의원 밑에서 몇 년 열심히 노력봉사하던 비서관들도 없지 않았지만 말이다.

국회 내의 이런 문화적 분위기에서 노무현 의원이 가지고 있던 리더십은 참 독특한 것이었다. 그분은 자신이 참모들의 '보스'가 아니라 '파트너'라고 여겼다. 이 개념 차이는 매우 중요하다.

자신을 참모들의 '보스'로 생각하는 한, 의원실 스태프들과 의원의 커뮤니케이션은 원활할 수 없다. 의원의 가치관이나 입장에 대한 피드백이 없이 일하는 비서들은, 의원의 의중을 혼자 넘겨짚은 상태에서 이러저러한 안을 '보스'에게 올릴 수밖에 없다. 의원들은 스태프의 이야기를 그냥 듣기만 하고 자기 혼자서 최종결정을 내리게 된다. 올린 안 중에서 '보스'에게 채택되면 좋은 것이고, 안 되면 마는 식이다. 이 경우 결과적으로 대화의 상대로서의 스태프가 아니라 자신의 수족(手足)으로서의 스태프만 남게 된다.

그러나 국회라는 무대에서 주연은 국회의원이지만, 그 주연의 정치·입법 등 의정활동을 기획하고 연출하고 실행하는 사람은 스태프들이다. 영화에 주연배우만 등장한다고 그가 모든 기획과 연출과 제작을 한 것이 아닌 것과 마찬가지 개념이다. 노무현 대통령은 자신이 무대 위 주연배우이지만, 전체적인 기획과 연출은 스태프들이 주도적으로 하도록 만드는 조직 리더십에 철저했던 사람이었다.

노무현 대통령은 당시 유일하게 입법활동과 정치활동에 관해서 자신의 스태프들과 끊임없이 커뮤니케이션하면서 정보를 공유한 사람이었다. 자신이 내릴 수밖에 없는 중요한 결정이 아니라면 스태프들의 의견과 제안을 모두 받아들이면서 함께 결정을 내렸다.

단지 스태프의 역할을 인정한다는 차원을 넘어서, 때로는 까마득한 후배인 우리들에게 "여러분들은 저보다 역사에 더 충성하니까 그 점을 오히려 존경합니다"라고 진심으로 이야기하는 도량을 가진 인물이었다. 이렇듯 그분은 민주화운동의 연장 속에서 정치와 입법활동에서 자기의 직업적 가치를 가지고 살았던 젊은 참모진에게 가장 적합한 리더십을 가진 사람이었다. 당시 나를 포함한 대부분의 의원보좌관들이 노무현 의원과 일하고 싶어했던 것은 당연한 일이었다.

예를 들어 노무현 의원은 자기 스태프가 선약이 있으면 자기 약속도 양보하고 조정해 주었다. 통상 의원보좌관은 자기 스케줄을 무조건 100% 의원에 맞추어야 하는 것이 일반적이다. 그러나 몸종도 아닌데 스태프도 일하다 보면 피치 못할 사정이 생길 수 있는데 무조건 '보스'의 명령에 복종할 수만은 없다. 의원이 갑자기 언제 어디서 밥을 먹자면 군말 없이 따라가야 하고, 의원이 저녁 퇴근시간 즈음에 의원회관에 들어와 있으면 모두 꼼짝없이 기다려야 하는 분위기는 옳지 않다.

겪어보지 않은 사람은 이것이 얼마나 사람을 피곤하게 만드는지 이해하기 힘들 것이다. 그러나 노무현 의원과 일하는 우리 스태프들은 "저희 곧 나가봐야 하는데 계속 계실 건가요?"라고 묻고, "할 일이 있다"고 하면 우리 중 한 사람만 남고 나머지는 각자 자기 일을 보러 갔다. 의원 혼자 일을 보는 데 스태프 몇 명이 모두 남아야 할 이유가 없다는 것을 노 의원 스스로 당연하게 생각했기 때문에 가능한 일이었다.

하지만 이런 시스템은 스태프들에겐 사실상 더 높은 수준의 책임감을 안겨주었다. 스태프가 적어준 원고를 그대로 읽는 의원 밑에서 일하는 것이 오히려 편할지도 모른다. 하지만 우리들의 경우는 우리의 자율권이 인정받는 만큼 그 일의 결과에 대해서도 함께 책임져야 했다. 이런 권한과 책임의 동시 부여는 노 의원이 전략적으로 포지셔닝

한 것이라기보다 그의 품성이 가져온 자연스런 결과였다.

노무현 대통령은 단 한 번도 나를 비롯해 참모진이나 다른 사람에게 하대(下待) 한 적이 없다. 물론 나나 동료 스태프들에게 극존칭을 사용하는 것은 아니지만, 적어도 이름을 막 부르거나 반말을 절대 쓰지 않는다. 까마득한 후배인 데다 10여 년이란 오랜 시간을 알고 지냈지만 늘 '안희정 씨'라 한다. 사실 나만 해도 나보다 나이가 어리면 무조건 '동생'이라고 보고, 한 학년이라도 학번이 높으면 '선배'로 봐야 마음이 편하다. 하지만 노무현 대통령은 그렇지 않다. 생래적으로 인간관계를 봉건적 혈연관계의 룰로 시멘트칠 하려 들지 않는다.

보통 우리들은 이런 사무적 관계보다는, 어떻게든 '형·동생'으로 '선·후배'로 삼아야만 마음이 놓이는 것에 익숙해져 있다. 내가 누구한테 '형'이라고 말하는 것은 상대에게 무한신용을 얻어내기 위함이다. 나의 단점은 무한하게 용서받고 싶고, 장점을 무한하게 칭찬받고 싶어 형을 만들고 동생을 만드는 것이다.

그런데 노무현 대통령은 무한담보가 아니라 '케이스 바이 케이스'(*case by case*)의 관계로 사람을 만난다. 서구적 스타일의 매우 합리적이며 실용적 마인드를 갖고 있는 것이다.

사실 자기가 관계 맺는 사람들에게 '~씨'라는 건조한 호칭보다, 형-아우, 선배-후배라는 살가운 포장을 씌우는 것이 한국사회의 보편적 풍경이다. 이렇게 관계를 맺는 것은 단순한 친밀감을 넘어 시스템과 일반적 룰로 충족되지 못하는 일들을 이런 무한신용의 인간적 관계로 극복하려는 의도도 클 것이다. 법과 제도에 의한 사회가 아닌 덕치와 인치에 의한 봉건적 사회유습 때문이다.

노무현 대통령의 정서적 캐릭터로는 인간관계가 봉건적 정리(情理)가 아니라 구체적인 가치지향으로 공적 영역과 사적 영역, 개개인의 인격권이 잘 정립돼 있어야 했다. 이 점이 전통적 인간관계와는 사뭇 다르다. 물론 이는 쉽게 마음을 전할 수 없게 하는 단점이 되기도 하고, 살갑지 못하다는 평가를 주변에서 받기도 한다.

그러나 나는 그분의 독특한 캐릭터가 정치에 있어서 매우 장점으로 작용한다고 생각한다. 사적인 일에서는 형-아우 관계가 인간적으로 괜찮겠지만, 일정 수준을 넘어서 형-아우의 범주 내에 들어가 있지 않은 사람에게는 폐해로 작용될 수 있기 때문이다. 형-아우라는 관계가 얼핏 보면 사람을 깊이 있게 껴안는 것으로 여겨지겠지만, 넓게 보면 사람 관계의 파벌을 형성하게 됨을 우리는 쉽게 볼 수 있다.

노무현 대통령의 인간관계는 있는 사람이건 없는 사람이건, 배운 사람이건 못 배운 사람이건, 나이 든 사람이건 젊은 사람이건 그 사람이 가지고 있는 실용적 가치와 일에 대한 효율성을 중시한다.

그런데도 그분은 인간적 도리와 의리에 대해서는 철저히 지킨다. 많은 사람을 상대해야 하는 정치인으로서 아주 좋은 품성이 아닐 수 없다.

예를 들어, 점심을 먹으러 식당계단을 내려갈 때 보통 의원이 앞서고 참모들은 뒤에 졸졸 따라가는 모양새가 보통이다. 그러나 노무현 대통령은 "여러분들, 내 앞에도 좀 걸어가고 내 뒤에도 좀 걸어와야지, 나만 앞세우면 불편해서 어떻게 살겠어요"라고 하소연(?)을 했다.

자가용으로 이동할 때도 의원은 뒷자리에 타고 비서관은 앞자리에 타는 것이 보통인데, 그분은 꼭 자기 옆에 보좌관을 앉게 했다. "옆자리에 앉아야 이야기하기가 좋지, 앞자리에 앉아서 등을 보이고 이야기하는 것은 좋게 보이지도 않고 불편하다"는 것이다. 이러한 독특한 캐릭터 자체가 노무현이란 정치인의 문화적 코드이며, 눈 깊은 사람이라면 이런 인간적인 면모에서 그의 정치철학의 일단을 엿볼 수 있다.

신주류를 꿈꾸다

마지막으로 나 개인적으로 노무현 대통령과 결합하게 된 가장 큰 동기는 그분과 문화적 코드가 맞았기 때문이다. 여기서 문화적 코드란 표현이 좋아보이지는 않지만, 눈에 보이지 않는 비(非) 주류의식을 공유하고 있었다는 점이 같았다. 출세를 위해 기득권 질서에 무릎 꿇기보다는 당당하게 실력으로 한국사회의 신주류(新主流)를 만들겠다는 배짱 같은 것이다.

내가 김덕룡 의원실에 있을 때는 1주일에 한 번 꼴로 김 의원의 친구나 여러 인사들이 찾아와 식사대접도 하고 부조도 하는 걸 보았다. 이철 의원실에 있을 때는 한 달에 한 번 꼴로 그런 일이 있었다. 그런데 노무현 의원은 1년이 다 지나도록 그런 사람이 아무도 없었다. 언젠가 노무현 대통령에게 우스개로 이 이야기를 했더니 그는 씁쓸하게 웃고 넘겼다.

우습게 들릴지 모르겠지만, 사실 나는 당시 그 씁쓸한 분위기 때문에 노무현 대통령과 평생 같이 일하겠다는 생각을 했다. '말로만 듣던 한국사회의 인맥구조라는 것이 이런 것이구나, 나라도 이 사람 옆에 붙어 있어야지.' 다른 미덕도 많지만 노무현이란 정치인과 일을 하게 된 결정적인 이유는 여기에 있었다.

나의 사회생활은 늘 말 못할 자격지심에 주눅 들어 있었다. 좋은 대학 나와서 좋은 직장에서 일하며 커리어를 쌓아가는 사람들에게 나는 학생운동하다 실패해서 국회의원 '비서 쪼가리'나 하는 놈으로 보일 것이란 열등감을 털어내지 못했다. 나를 대하는 사람들의 태도 역시 이런 열등감을 안겨주기에 충분했다.

1991년쯤 일이었다. 어느 날 민주화운동을 했던 지인의 소개로 인사를 나눴던 대학선배 되는 기자로부터 전화가 왔다. 대뜸 "김 선배 있어?" 묻기에 나는 "네, ○ 선배, 저 인사 나눴던 후배 안희정입니다. 잘 지내셨어요?"라고 최대한 예의를 갖춰 응대를 했다. 그런데 그 선배기자는 대뜸 "어이, 지가 뭔데 왜 전화 리콜을 안 해? 의원보고 전화하라고 그래!"라고 말했다.

나는 지인과의 인연도 있고 해서 내가 인사를 하면 간단한 안부라도 나눠주기를 당연히 기대했다. 그런데 나는 그에게 일개 '비서 쪼가리'였을 뿐이었다. 그런 섭섭함이 억눌렸던 나의 피해의식을 폭발시켰다. "야, 넌 내가 인사하는데 그렇게 사람을 무시해?" 그러자 그쪽에서도 선배에게 반말을 한다고 목소리를 높였다. "내가 보기에는 나이가 한참 위인 의원인데, 너는 내가 모시는 분에게 그렇게 함부로 얘기하는데 나는 왜 반말을 못해?"라며 전화를 끊어버렸다.

그 기자는 당황했는지, 인간적으로 찔렸는지, 곧 전화를 다시 했다. 한 번 물꼬가 터지자 쉽게 분이 풀리지 않았다. "당신 그런 식으로 물들어 가지 마시오. 기자라고 권위나 내세우고 말이야. 나는 당신전화 처음 받고 반가워서 대화할 수 있다는 생각에 기뻐했는데, 당신은 나를 무슨 쪼가리나 문지기 취급하는 거 아냐…."

물론 지금이야 시대상황이 많이 바뀌었다. 대변인실 당직자들이 기자들에게 사환취급받던 상황에서 지금은 서로의 직업적 역할과 위치를 존중하는 관계가 됐다. 그러나 적어도 1990년대 초반까지 3~4년간 겪어본 기자들과 한국 주류사회에게 나는 의원비서관이 아니라 적당히 무시해도 되는 '비서 쪼가리'에 불과했다.

학연이 지배하는 한국 주류사회 속에서 어떤 모임에서나 말석에 초라하게 앉아있는 노무현 대통령의 모습이 떠올랐다. 마치 하층계급 출신이 어쩌다가 과거급제해 출세한 사람으로 취급받았을 때 겪었을 마음의 고생처럼 … .

노무현 대통령과 일하기 시작하면서 나는 한국사회에서 대학교육이란 것이 어떤 의미가 있는지 그 실체를 보게 되었다. 사실 처음에는 대학이란 강고한 학연(學緣) 구조 속에서 노무현 대통령이 얼마나 많은 망신과 눈에 보이지 않는 멸시를 당했는지까지는 그 사람 입장이 돼서 생각하시 못했다.

그분은 너무나 서민적이고, 너무나 소박하고, 너무나 소탈해서, 대학교육을 받은 나 같은 먹물들의 몸에 베어 있는 체면이나 체통이나 권위라는 측면에서는 부족하게만 보였다. 그런 것 때문에 사람사업을 하는 데 남들보다 훨씬 어려움을 겪는 과정을 보면서, "저런 때는 좀 가식적으로 행동하시지, 저런 때는 없는 무게라도 좀 잡으시지, 좀 쪽이 팔리더라도 고상한 척 좀 하시지 …" 하는 생각을 했다.

그러나 오랫동안 나를 괴롭혔던 비주류의 열등의식은 그가 처한 비주류의 한계와 묘한 공명(共鳴)을 일으켰다. 나라도 그의 곁에 있어야겠다는 단순한 마음만은 아니었다. 주류가 차려 놓은 잔칫상의 말석에라도 앉아서 주류로의 출세를 꿈꾸기보다, 함께 대문을 박차고 나와 새로운 주류가 되어야겠다고 다짐을 굳혀갔다. 그런 꿈의 근거에는 노무현 대통령과 우리 스태프 모두가 우직하게도 지켜온 역사적 정통성과 가치에 대한 믿음과 고집이 있었다.

학연이 지배하는 한국사회의 기득질서, 그것은 기득권 질서 모두에 배어 있었다. 운동권에도 기득질서와 주류가 있었고 이 사회에도 기득권 주류 질서가 있었다. 도전은 있을 수 없었다. 무릎 꿇고 거기에 영합해서 말석의 한 자리라도 얻느냐, 그냥 집에 돌아가 산중거사가 되느냐의 선택밖에 없었다. 그리고 그 기득질서와 주류질서의 핵심에는 명문고와 명문대라는 이름의 혈액이 흐르고 있었다.

여기에는 보수도 진보도, 운동권도 비운동권도, 영남도 호남도 무의미한 구분처럼 보였다. 이 주류사회의 기득질서에 고개 숙이고 한식구가 되어 돌아다니는 길밖에 없어보였다.

여기에 무릎 꿇지 않고 오로지 정치적 신념과 노선으로 새로운 한국사회의 주류, 집권세력을 만들어 보자고 나는 다짐했다.

국민의 상식을 결정하는 정치

··· 이익에 흔들리지 않는 원칙 ···

극복해야 할 삼국지식 패러다임

《삼국지》에 등장하는 군상들은 어떤 대의(大義)나 가치에 동의하고 이를 위해 서로 최선을 다하는 관계라기보다는, 한 인간이 어떻게 보스에게 함락되는가의 정치공학(政治工學)으로밖에 보이지 않는다. 제갈량이 유비를 선택한 것 역시 세 번씩이나 자주 찾아가서 청하고, 낮잠 자는 자신을 깨우지 않으려고 초가의 문 앞에서 한나절이나 기다렸기 때문이다. 물론 《삼국지》 초반에 "썩은 조정에 시험 봐서 출세하기보다는 들판에 새로운 나무를 피워보겠다"는 유비의 말이 등장하기는 하나, 책 어디를 둘러봐도 이들이 진정 어떤 대의나 가치를 위해 세상에 나아갔는지 찾을 수 없었다.

《삼국지》를 촌평하자면, 어떤 보스가 하나 있고 그 보스의 인품이 사람들을 감동시키는 드라마일 뿐이다. 여기서 말하는 인품의 핵심이란 대부분 제갈량처럼 '나를 알아주는 것'이다. 진정 백성의 삶을 더 편하고 행복하게 만들겠다는 그 대의가 무엇인지 삼국지 전체를 통해 찾아볼 수 없다.

한국 현대정치도 이와 같은 앙상한 인간관계의 패러다임을 갖고 있다. 일찍부터 노무현 대통령은 "나는 절대 삼국지식 정치는 안 하겠다"고 말했다. 어떤 대의와 가치를 향해 함께 가는 것이 중요한 것이지, 단지 세력을 규합해 권력을 주무르는 일은 하지 않겠다는 것이다.

학교다닐 때까지 우리는 옳고 그름, 정의와 불의 같은 가치를 배우고, 그런 가치를 중심으로 세상을 바라보라고 배운다. "이것이 옳은가, 그른가", "정의로운가, 그렇지 못한가"를 중심으로 대상을 판단하지, "돈이 되나, 안 되나", "내 이익에 유리한가, 불리한가"를 중심에 놓고 판단하지 않는다.

그러나 20년 학교교육을 마치고 사회에 첫발을 내딛으면서 우리 삶을 지배하는 것은 '가치의 법칙'이 아니라 '생존의 법칙'이다. 사회생활은 자기가 지녀온 가치의 실현이라기보다는 '아웃풋'(*output*)의 결과, 즉 성공의 신화를 위해서 뛰는 것이 되어버린다. 박정희가 내건 "잘 살아보세"라는 구호로 상징되는 1970~1980년대 고도성장기를 거치면서 우리 사회는 어떤 가치를 지켜야 할 것인지에 대한 고민보다는 '이기면 장땡'이라는 사회적 학습만을 거듭했다.

'옳고 그름'이란 가치에서 '유리와 불리'라는 이익을 중심으로 사물을 판단하는 생존법칙의 룰을 삶에 계속 적용하다 보면 가치·도덕·원칙이라는 것은 어느새 뒷전으로 밀려나게 된다. 그 자리에는 '꿩 잡는 게 매', '이기는 놈 우리 편'이란 마키아벨리즘의 망령만 남게 된다. 이런 삼국지식 패러다임이 우리 역사를 후퇴시켰다.

언젠가 '마이 웨이'(*my way*)를 부른 유명한 미국가수 프랭크 시나트라(Frank Sinatra)의 80세 맞이 대형 기념콘서트를 비디오로 본 적이 있다. 내가 감동받았던 것은 백발성성한 노가수의 열창에 내로라하는 관객들이 모두 모여 뜨겁게 기립박수를 보내주는 풍경이었다.

비가 내리는 가운데서도 자리를 뜨지 않고 "오빠~"를 외치게 만드는 조용필이 있지만, 우리의 경우는 대개 립싱크를 하건, 표절을 하건 도덕적 비판의 목소리는 잠시 뿐이고 결국엔 그 순간에 뜨는 가수가 무조건 왕이다. 모로 가도 서울이면 되고, 이기는 것이 장땡이라는 인식이 사람들 사이에 만연되어 있으면 가치라는 것은 설 곳이 없다.

물론, 사회에 진출한 지 몇 년 지나기 전까지는 자기가 젊은 날에 간직해온 가치의 끈을 완전히 놓지 못한 채 "내가 이렇게 살아도 될까"라는 갈등을 겪는다. 그러나 생존의 논리가 횡행하는 정글 같은 이 사회에서 버둥대다 보면, "성공하자, 출세하자. 그래서 부모 잘 모시고, 내 새끼들 보란 듯이 키우자"는 출세 지상주의로 똘똘 뭉칠 수밖에 없다.

이런 출세 지상주의로 하루라도 빨리 무장하는 사람이 남들보다 한 발 빨리 뛰게 되고, 한 발 앞서게 되고, 결국에는 이 사회에서 좋은 자리를 차지하기 마련이다. 《삼국지》가 끊임없이 많은 사람들에게 읽히는 것은 아직 우리가 이 사회의 인간관계를 가치가 아니라 책략 중심의 패러다임으로 받아들인다는 근거일지 모르겠다.

세(勢)를 좇는 '정치꾼'은 곤란

매일 신문과 방송을 덮고 있는 정치영역은 이런 생존의 논리를 극명하게 보여주는 이 사회의 축소판이다. 어느 정도 출세하고 사회적 지위에 오른 사람이라면 적극적으로 '정치'라는 파티에 관심을 갖게 된다.

사실 이 사회에는 눈에 보이지 않는 파티장이 있다. 기득권 주류세력만 초대장을 받는 그 파티장에서 굵직한 이권 대부분이 분배된다. 파티장에 들어오지 못한 비주류 사람들은 신문에 난 입찰공고를 보고 응할 수밖에 없지만, 대개는 이미 국물도 남아있지 않기 일쑤다. 이 눈에 보이지 않는 파티장에 들어갈 수 있는 입장권을 따내기 위해서 학벌을 찾고, 인간관계를 찾고, 권력을 찾는 것이다. 권력과 정치는 이 주류사회의 파티장에 가장 쉽고, 빠르고, 확실하게 들어갈 수 있는 길이라고 많은 사람들은 생각한다.

나를 비롯해 많은 정치지망생들은 정치판에 들어오면서 "정치는 이렇게 하는 거야"라는 정치판 서바이벌 기술들을 음양으로 보고 듣고 배우게 된다. 그러면서 삼국지식 정치공학을 정치의 왕도인 양 배우게 된다. 그러다보면 정치에서 첫 번째로 배우는 덕목은 '몰가치'가 되어버린다.

어떤 사안에 얽힌 이해당사자가 많으므로, 정치인은 자신이 가진 가치는 버리고 그들의 가치를 엮는 기술을 제일 중요한 미덕으로 꼽는 것이다. 그래서 "정치를 하려면 자기 고집을 앞세우지 말라, 독수리는 날카로운 발톱을 감추느니라" 같은 선배들의 말을 무슨 비책(秘策) 인 양 내면화하게 된다.

그런데 문제는 잠시 감춘다고 감춘 것인데 나중에 보면 제 발톱이 없어져버린다는 데 있다. 정치판에서는 잠시라도 가치가 아니라 생존을 위해 뛰는 순간 '정치양아치'가 되어버린다. 무가치, 무책임, 부도덕의 대표적 상징이 양아치가 아닌가.

노무현이란 정치인과 10년간 함께 오면서 배우게 된 것은 이 '가치'와 '생존'의 논리를 일관성 있게 유지하려는 노력이었다.

학창시절, 고대 희랍철학을 강의하던 교수님이 희랍인의 행복론(幸福論)에 대해 소개했다. 행복을 잣대에 비유하는데, 짧은 잣대와 긴 잣대를 놓고 보면 행복이란 기준이 다 다르다고 한다. 예컨대, 사랑하는 여자와 사랑을 나누는 것은 하룻밤의 잣대로 보면 행복이겠지만, 그 사랑이 부적절한 것이었다면 잣대를 길게 했을 때 불행일 수 있다는 이야기였다. 이때 어떤 잣대를 가지고 어떤 선택을 할 것인가에 따라 행복관이 달라질 수밖에 없다.

마찬가지로 정의(正義)라는 개념도 어떤 잣대를 가지고 볼 것인가에 따라 달라진다. 정치인이라고 특별히 다를 것이 없다. 정치가 국민에게 원칙과 상식을 보여주는 일이라면, 정치인이 어떤 잣대를 가지고 어떤 판단을 내렸는지가 중요하다. 그 판단의 기준은 자기 개인의 이익이라는 짧은 잣대가 아니라 역사라는 이름의 긴 잣대가 되어야 하는 것은 지극히 당연하다.

그러나 생존우선의 논리로 무장한 정치인들은 자신의 짧은 잣대를 가지고 역사라는 큰 물줄기의 도랑을 이리저리 건너뛰며 곡예비행을 하게 된다. 이리저리 건너뛸 때마다 지엽적 논리를 동원하고 화려한 언변으로 대중들을 미혹(迷惑)시키려 들게 된다.

그런 이들이라면 조조가 군량 창고지기였던 황후를 죽여 군사들의 불만을 잠재운 뒤 했다는 말이 나오는 대목을 읽으며 고개를 주억거리게 될 것이다. "요컨대 간교함과 표독스러움은 권력추구의 본질, 그

외의 다른 길이 있었겠는가. 대저 영웅이란 간흉계독(奸凶計毒, 간교 흉포 꾀 표독)을 다 품어야 한다."

그러나 가치를 중심으로 생각한다면 역사라는 거시적 안목을 가지고 무엇을 위해 싸울 것인가를 봐야 한다. 이런 거시적 태도를 잃어버리는 순간, 늘 소신도 줏대도 없이 세(勢)를 좇아 이합집산(離合集散)을 거듭하는 정치꾼이 되어버릴 것이다. 그리고 그런 정치판에 국민은 불신과 무관심을 보일 것이고 결국에는 역사의 진보와 개혁이 불가능해질 것이다.

"정치는 국민의 상식을 결정한다"

연구소를 함께 하면서 노무현 대통령이 우리 스태프들에게 늘 한 말이 "정치는 국민의 상식을 결정한다"는 이야기였다. 원칙과 가치를 보여주는 것이 정치의 또 다른 중요성이란 점을 입버릇처럼 강조했다. 정치가 사람들의 상식과 가치를 결정한다면, 가치와 상식을 보여주는 정치의 도덕적 책무는 훨씬 중요해진다.

하지만 우리 정치인들은, 설령 민주화운동의 훈장을 달고 있더라도, 이런 도덕적 책무를 보여주지 못한 채 금세 정치판의 양아치가 되어버린다. 이런 진흙탕에서 "이기는 게 장땡이다. 꿩 잡는 게 매다"는 그릇된 역사를 끝내자는 것이 노무현 대통령의 고집이었다. 이런 생각이 젊은 우리 스태프들을 열광시켰다.

실질적으로 노무현 대통령과 우리 스태프들이 실리(實利)와 대의(大義)가 부딪쳤을 때 늘 후자를 택하려고 노력해온 정서적 베이스는 이런 고집에 있었다. 대표적으로, 노무현 대통령이 1995년 새정치국민회의에 합류하지 않은 것, 1997년 '3김 청산'을 위해 여당인 이회창 진영으로 가지 않은 것, 1998년 보궐선거로 당선된 종로 지역구를 떠나 2000년 총선에서 지역주의의 구태를 깨기 위해 낙선을 무릅쓰고 부산에 출마했던 것, 지난 대선 때 정몽준 후보와 마지막까지 각서를 주고받지 않은 것 등이 모두 대의를 위한 선택이다.

1990년 3당 합당을 한 김영삼을 따라가지 않은 일도 그랬지만, 특히 내가 노무현 대통령에게 감동을 받았던 일이 1993년에 있었다. 1992년 대선에서 패배하고 김대중 대통령이 은퇴한 민주당은 이종찬(李鍾贊) 의원을 영입하려고 했다. 10여 년간 여당의 실세였던 거물이 야당으로 들어오겠다는데 세(勢) 불리기란 관점에서는 모셔 와도 크게 모셔 와야 할 일이었다.

그런데 당시 통합민주당 최고위원이었던 노무현 대통령은 이를 한사코 반대했다. 그분의 논지는 일관됐다. "그분이 우리당을 도와줘서 함께 하겠다는 것은 고마운 일이다. 그분을 야당으로 모셔오는 것도 반대하지 않는다. 다만 그분이 우리의 얼굴이 되는 것은 반대한다"는 것이었다. 입당은 환영하지만 야당의 간판이 된다면 야당으로서의 정통성이란 '가치'에 위배된다는 것이었다.

그래서 노무현 대통령의 반대로 당 최고위원회가 세 번이나 연기되는 일이 벌어졌고, 이 일로 노무현 대통령은 당시 당을 주도하던 동교동계로부터 많은 미움을 샀다. 눈앞의 뻔한 불이익을 알면서도 대의를 따르려는 노무현 대통령의 고집을 지켜보면서 나는 마음속 깊이 존경심을 갖지 않을 수 없었다.

1996년, 노무현 대통령은 총선에 낙선하자 정계를 떠났다. "3김 청산하자고 했다가 졌으니 당분간은 할 일이 없다. 현실적으로 국민들은 3김씨가 주도하는 지역주의 정치를 선택했고, 거기 반대하는 사람들은 모두 떨어져 버렸다. 그런 우리에게 지금은 국민에게 다가갈 명분이 없으니 쉬어야 된다"면서 대책 없이 물러난 것이다. 참모들이 만류하기는 했지만, 내가 보기에 그런 거시적 판단에 입각해 정치판을 떠나는 것이 참 멋있어 보였다.

국민들이 자신들의 주장을 받아 주지 않았으니, 자기가 정치를 계속하려면 3김 중 하나를 선택해야 되는데, 그러면 야당이 여당이 되고 여당이 야당이 되는 식으로 역사적 도랑을 건너뛰는 행위를 할 수밖에 없다는, 너무나도 간단명쾌한 사고방식이었다.

그러나 1997년 10월 대통령선거를 앞두고 노무현 대통령이 김대중 대통령에 지지를 보낸 것은 반 3김이란 상식과 얼핏 모순돼 보인다. 당시 노무현 대통령이 몸담았던 국민통합추진위원회(통추)는 국민회의 창당으로 인한 야권분열 및 지역주의 반대의 기치를 내걸었던 모임이었다. 대선을 앞두고 소속 멤버들은 서로의 입장차로 갈라지게 된다.

이인제가 됐건 이회창이 됐건 그들을 도와 '3김 청산'의 깃발을 내걸어야 한다는 이부영·제정구 등과, 그래도 야당의 법통을 이어받은 정권교체에 무게를 둬야 한다며 김대중을 지지한 김원기·노무현 그룹으로 나뉜 것이다. 나도 처음에는 노무현 대통령의 생각에 선뜻 동의하지 못했다.

3김 정치를 청산하자고 했다가, 도리어 3김씨에게 타깃이 돼서 떨어졌고, 3김이 주도한 지역주의를 반대했는데 말이다. 사실 '통추' 멤버들은 한결같이 3김의 횡포에 치를 떨었고, 모두 3김 정치구도를 깨는 것이 역사적 대의라고 굳게 믿고 있던 상황이었다. 그래서 이부영·제정구 등은 3김 정치를 깰 수 있다면 이회창도 상관없다며 여당인 한나라당으로 적을 옮겼다.

하지만 노무현 대통령은 구원(舊怨)을 접고 역사라는 큰 틀에서 현실을 냉정하게 판단했다.

"역사적 전통과 대의명분으로 보면 야당의 전통을 이어온 것은 김대중이다. 은퇴를 선언하고 무대를 떠난 가수였지만 음반을 다시 내고 컴백할 수 있다. 그런 걸 불법이라고 할 수는 없는 일이다. 그러나 자신과 가치를 달리하는 정치세력이 선택한 사람이 단지 나이가 젊다는 이유로 세대교체를 이야기한다면, 이것은 역사적 명분과 가치가 전도된 것이다."

결국 국민은 이회창이 아니라 김대중 대통령을 선택했다. 그때 여당행을 택한 의원들은 현실적 분노 때문에 역사적 도랑을 건너뛴다고 생각하지 못한 채 헷갈렸던 것이다.

노무현 대통령의 '상식'은 늘 고집스러웠다. 2001년 10월 보궐선거에서 새천년민주당이 전패하자 당 쇄신 목소리가 커지면서 김대중 대통령의 측근 실세인 권노갑 고문 퇴진운동이 일어난 적이 있다. 이때 동교동계에 비판적이었던 노무현 대통령은 권노갑 고문 퇴진을 요구하는 공격에 참여하지 않았다. 그때 많은 정치인들은 노무현 대통령이 동교동계에 '환심'을 사서 어떻게든 대선후보로 낙점받으려 한다고 비판했다.

하지만 노무현 대통령의 판단은 이러했다. 당 쇄신을 명분으로 권노갑 고문을 공격하는 것은 첫째, 김대중 정부를 흔들기 위한 게임으로 가게 돼 있으며, 둘째, 실제적 진실이란 면에서 권노갑 고문에게는 계속되는 보궐선거 패배의 실제적 책임이 없다는 것이다(변호사다운 판단이다). 결과적으로 이 싸움은 김대중 대통령이 이끌어온 개혁전선 자체를 무너뜨리는 데 사용될 수밖에 없다. 이런 논리로 노무현 대통령은 그 싸움에 참여하지 않았다.

사시(斜視) 눈을 뜨고 보자면 이 모든 선택이 노무현 대통령과 우리 참모들의 고차원적 노림수로 보일 것이다. 하지만 함께 지내보면 노무현 대통령의 성품이 체질적으로 원래 그러하다는 것을 알 수 있다.

돌아보면, 나를 포함해 노무현 대통령과 함께해 온 우리 스태프는 그분에게서 정치공학을 배운 것이 아니라, 역사적 가치와 이를 지키는 상식이 무엇인지 배웠다.

구슬이 서 말이라도 꿰어야 보배인 것처럼, 우리 참모들이 제 아무리 잘났다하더라도 노무현이라는 끈이 없었다면, 노무현이라는 대의적 삶의 본보기가 없었다면 모두가 정치판의 정치꾼이 되었을 것이다. 모든 정치인들이 포용력을 키우라고 말할 때, 항상 '원칙'과 '대의'를 입에 달고 다녔던 아름다운 정치인을 만나 역사적 가치에 대한 믿음과 희망을 잃지 않게 됐다. 그런 점에서 그를 모셨던 우리 모두는 매우 행복한 사람들이다.

생존의 논리만이 횡행하는 어지러운 상황에서는 무엇이 대의이고 원칙인지 파악하기 힘들다. 가치 혼돈의 난세일수록 무엇이 대의인지 판단하고, 그에 맞도록 단순명쾌하게 자기행동을 결정하는 것은 노무현식 정치노선의 진면목(眞面目)일 것이다.

보스가 아니라 동업자

··· 노무현과 맺은 파트너십 ···

참모와 파트너십을 맺는 지도자

노무현 대통령은 1994년 6월부터 지방자치실무연구소를 통해 참모진과 일하면서 우리를 늘 '동업자'라 불렀다. 이 표현은 접대용 멘트가 아니라 리더와 참모 간의 생산적 긴장관계를 함축하는 말이다.

그분은 우리들의 진로와 생계를 전적으로 책임지지 못하는 것을 늘 괴로워했고, 반면 우리는 '대장'(당시 우리는 노무현 대통령을 사석에서 이렇게 불렀다)에게 전적으로 의탁해 신세지거나 그분의 부속품으로 전락하기를 거부했던 발전적 길항(拮抗) 관계를 유지했다.

앞서 이야기했듯 그분은 성품상 사람과의 관계를 봉건적 혈연관계로 엮어서 무한책임을 보장하시노, 무한의무를 강요하지도 못했다. 그분이 '보스'로 군림하지 않고 '파트너'로서 우리 참모진과 민주적으로 의사결정을 해줄 수 있었던 배경에는 개인적 성품만이 아니라 경제적 이유도 있었다.

연구소를 만들 당시, 노무현 대통령은 1980년대 초반까지 잘나가던 '노변' 시절에 벌었던 돈을 다 까먹은 상태였고, 1992년 14대 총선에서 낙선하는 바람에 대외적 정치력도 없었다. 비록 원외(院外) 신분이기는 했지만 당에서 그분을 따르는 사람이 많아 전당대회를 통해 부총재로 선출된 상태였다.

당시 정치판의 일반적 관행으로 보자면 영남의 맹주인 부총재로 선출되었으니 자기사람들에게 용돈이라도 집어줘야 하는 것이 상식이었다. 그러나 그분은 이 부분에 관해서는 철저하게 '젬병'이었다. 이런 무능(?) 덕에 새로운 리더십을 만들어낼 수 있었겠지만.

연구소는 그분이 이사장으로 만든 것이었지만 자기 사재(私財)를 털어서 운용할 처지가 못 되었다. 그래서 손수 의원회관을 찾아가 소속 국회의원들에게 "이러이런 취지로 연구소를 만들려고 하는데 회비를 찬조해 주었으면 좋겠다"고 일일이 설명하고, 의원 세비(歲費)에서 연구소 회비가 자동납부되도록 의원들 도장을 받으러 다녔다.

사실 이런 일은 당 부총재로서는 참으로 무안한 일이다. 다른 의원들이라면 대기업 같은 굵직한 스폰서를 잡아서 일거에 해결할 수 있었겠지만, 그렇게 됐을 때 자기가 지켜온 소신과 원칙을 전주(錢主)와 타협할 수밖에 없을 것이라 염려했다. 그래서 결국은 의원들에게 5만 원, 10만 원, 좀 여유가 있는 의원들에게는 50만 원씩 회비를 걷어 연구소 운영비로 사용했다. 이렇게 그분이 체면에 아랑곳하지 않고 발품을 팔며 의원들에게 거둔 돈이 월 800만 원 정도가 됐다.

'대장'이 이렇게 애쓰는데, 우리 참모들이 손가락이나 빨고 있으면서 대장이 돈을 거둬오기만 기다릴 수만은 없었다. 우리도 대장 못지 않게 생계를 해결하기 위해 백방으로 노력해야만 했다. 그래서 연구소 자체 수익사업으로 별의별 일을 다 했다.

대표적 사업이 지방자치학교였다. 1995년 6·27 지방선거 출마자들을 대상으로 자치단체장반, 지방의회반 등 2개 반으로 강좌를 만들어 수업료를 받고 두 달씩 모두 4기까지 운영했다. 여기서는 '지방행정', '지방재정' 등 분과별로 전문 교수진을 초빙해서 기수별로 두 달씩 강좌를 진행했다. 당시 이 지방자치학교는 여러 명의 지방자치단체장과 100여 명의 지방의회의원을 배출했다. 지방자치 선거 즈음해서는 선거기획 컨설팅 사업도 했다. 우리가 몸으로 배웠던 선거 노하우를 십분 발휘해 당원교육에서부터 홍보물 제작까지 패키지로 제공해 꽤 돈을 벌었다.

전국 6대 주요 도시를 돌며 순회 지방자치학교 같은 강좌 이벤트를 꾸리기도 했다. 실무자들을 대상으로 지방자치에 대한 법률 등 3강 정도로 구성된 하루짜리 강연회를 계속했다. 여기서는 5만 원 정도의 참가비를 받았는데 보통 300~500명 정도가 모이면서 성황을 이뤘다.

원외인 노무현 대통령이 낙선의 쓴잔을 거푸 마셨지만 그의 부침과 상관없이 연구소가 잘 굴러가는 것을 보고 정가에서 많이 놀랐다. 10여 명 남짓한 연구원들이 모여서 서울시 예·결산 행정감사 자료도 만들어주고, 지방자치단체 연찬회 세미나 같은 것도 꾸리고, 해외의 모범적 지자체에 대한 연수단 파견 같은 여행사업도 하는 등 자체적으로 무언가 일을 만들어내 다만 몇백만 원이라도 벌어들이며 어떡하든 연구소가 꾸려지고 있었기 때문이다.

그렇다고 해서 연구소 식구들의 살림이 핀 것은 아니다. 연구원이 많을 때는 20명가량 되었고, 동시 근무자가 18명까지 늘었던 적도 있다. 이들 대부분은 국회의원실에서 보좌관을 하면 많은 월급을 받을 수 있었지만 월급이라고는 고작 70~80만 원에 불과한 연구원직을 택했다. 기본 생활비에도 턱없이 부족한 보수를 받고 일하면서도 "돈 없으면 손가락 빨면 되지 뭐"라고 호기롭게 웃을 수 있는 동지애(同志愛)가 있었다. 그러나 연구소의 살림을 꾸리는 사무국장인 나로서는 늘 이들에게 미안했다.

지금 계산기를 두드려보면, 4년간 일했을 때 보좌관 월급 300만 원씩 받으면 모두 1억 4천만 원 정도 벌었을 것을, 연구소 월급은 60만 원밖에 안 되니 다 모아봐야 고작 2,800만 원에 불과하다. 대부분 30대 초·중반의 가장으로서 평생살림의 밑천을 만들어야 할 중요한 시기에 산술적으로 1억 원이 넘는 손해를 자발적으로 감수한 것이다.

모두가 그럴 만한 충분한 가치가 있다고 생각했기 때문에 가능한 일이었다. 지금도 옛날 연구소의 멤버들은 평생 가장 재미있었던 시간이 당시 연구소 시절이라고 회상한다. 물론 나 역시 마찬가지다.

당시 연구소는 지방의회 강좌팀, 월간 〈자치시대〉 출판팀, 일주일마다 지자체 관련뉴스를 제공하는 팩스통신팀, 독일 사민당의 정책을 개발하는 프리드리히 에버트 재단(Friedrich Ebert Foundation)과의 연대사업팀 등이 많은 일을 해냈다. 팀이라고는 하지만 팀원 한 명이 그 일을 도맡을 때도 많았다. 그럼에도 놀랄 만한 성과들이 계속 나왔다. 한 사람이 맡고 있음에도 불구하고 월간지는 계속 나왔고, 팩스통신도 양질의 정보를 발 빠르게 전하여 좋은 반응을 얻었고, 해외에 연수단도 보내는 등 가시적 결실들을 이어나갔다.

일을 많이 벌이다 보면 그만큼 비용지출도 높아질 수밖에 없다. 적어도 매달 1,500만 원 정도는 비용으로 지출됐다. 노무현 대통령이 의원들에게 부탁해 매달 회비로 걷는 700~800만 원 외에 나머지 돈은 여러 지인들에게 찬조금을 받아서 꾸려갔다. 연구소에 다달이 꼬박꼬박 10만 원, 20만 원씩 도와줬던 사람들이 그렇게 고마울 수가 없었다.

우리 팀의 생산력이 그렇게 높을 수 있었던 것은 모두가 신명이 났기 때문이다. 구체적 결실을 맺는 성취감도 있었지만, 우리 모두가 21세기 민주주의의 가능성을 여의도가 아닌 지방자치에서 찾아냈기 때문이다. 앞서 이야기했지만 풀뿌리 민주주의를 통한 참여와 자치와 개혁이 21세기 민주주의가 지향하는 방향이란 것을 우리는 모두가 공감했다.

이런 시민운동 차원의 일이 정치판보다는 훨씬 더 의미 있는 정치활동이라는 생각으로 연구소를 꾸려 나갔다. 노무현이란 정치인을 돕겠다는 소망이 있었지만 여느 정치인들이 선거철만 되면 급조하는 사조직이 아니라, 가치와 이념을 가지고 연구소를 운영해 나름의 성과를 냈던 것이다. 정치하기가 너무 힘들다며 "다 때려치우고 싶다"던 노무현 대통령도 정치일선에서 물러날지라도 이 연구소의 후원자로는 남고 싶다는 얘길 하곤 했다.

무엇보다 연구소의 각종 활동은 우리 스스로를 크게 성장시켰다. 나는 새로운 정치세력을 뒷받침해주는 '마담뚜' 혹은 '오거나이저'(*organizer*) 역할을 하겠다는 소망을 갖고 있었는데, 그런 역할을 하기에는 연구소라는 틀이 제격이었다. 게다가 연구소 활동은 보람 있었고 그에 못지않게 많은 것을 배울 수 있는 기회였다.

2006년 한 언론사와의 인터뷰.

정부혁신과 국가개혁, 대중의 참여, 풀뿌리 민주정신, 대중의 참여 공간을 통한 국민적 정치수준 고양, 새로운 정치그룹의 등장, 공공분야의 개혁 같은 개념들은 연구소를 운영하는 과정에서 정립됐다. 예전에 화염병을 던지며 혁명을 외쳤던 추상적 개념들이 가시화되면서, 안기부 수사관 앞에서 당당하게 주장하지 못했던 국가혁신의 구체적 과정들을 그릴 수 있게 된 것이다.

리더와 참모의 수평적 동지관계

연구소는 리더인 노무현 대통령이 갖고 있던 21세기 민주주의 철학을 구체화하는 조직이었지만, 먹고사는 문제부터 개개의 활동에 이르기까지 자율적으로 운영됐다. 성품상 그러지도 못했겠지만, 노무현 대통령은 자기 스태프들에게 명령하고 무한지시를 내리는 '보스'로서의 지위를 포기할 수밖에 없었다. 그분이 포기한 만큼 구성원들의 자발성과 자율성이 높아진 것은 두말할 나위가 없다. 이는 여러모로 특이한 케이스이다.

사비(私費)가 됐건, 어디서 스폰서를 당겨오건 보스가 돈을 가져다 주면 스태프들이 나눠 쓰는 방식이 정치권에서는 일반적이었다. 그런데 이런 구조가 갖는 가장 큰 문제는 내부적 의사결정 과정에서 보스가 참모진과 수평적 동지관계로 내려오지 않는다는 데에 있다. 중요한 것은 보스 혼자 결정하고, 정보도 자기만 가져버리는 것이다. 구성원 스스로가 경제적 문제를 자기 힘이 닿는 데까지 고통분담을 하지 않으면서 의사결정 과정에서 평등을 주장하긴 어렵다.

반면 노무현 대통령은 스스로 보스라는 지위를 버림으로써 자율적으로 활동하는 자기그룹을 갖게 됐다. 나아가 스스로 앞장서서 우리 참모들의 지위와 역할을 끊임없이 높여주려고 했다. 그분이 장관이나 고위 인사를 만날 일이 있으면 해당업무를 맡은 참모를 같이 배석시켰다. 젊은 참모와 같이 만나는 것을 상대방이 불쾌할 수 있으면 미리 양해를 구해줬다. 그러니 자연스럽게 우리들의 위상이 높아질 수밖에 없었다.

나중에는 노무현 대통령이 먼저 이야기하지 않아도 우리들이 직접 그들과 만나서 이러저리한 세안도 하고 후원금도 받아올 수 있었다. 이처럼 자신의 정치적 인프라를 참모들과 철저히 공유하려는 태도는 참으로 별난 경우라 할 수 있다(2000년 해양수산부 장관 시절에도 노무현 대통령은 "제가 없으면 비서실장이 장관입니다"라면서 조직원의 창의성과 자발성을 높이는 방식으로 일했다).

이런 파트너십은 비단 정치영역에서만 유효한 것은 아닐 것이다. "우리는 혼자 할 수 없는 일을 파트너와는 할 수 있다"는 대니얼 웹스터의 말처럼, 요즘 기업에서도 리더십을 '상명하달'(上命下達)이 아니라 '파트너십', 혹은 '협력자 정신'(*co-leadership*)으로 새롭게 보고 있다. 어떤 조직이건 보스와 부하의 상명하복이 아니라 조직원 모두 상호협력하고 공조하는 '공동의 리더'(*co-leader*)가 될 때 그 조직의 자율성과 창발성은 극대화된다.

실제로 우리들도 노무현 대통령이 정치적으로 힘들어 할 때, "그럼 우리는 뭐냐, 우리도 힘을 보태자"고 몸을 아끼지 않고 도울 수 있었다. 1996년 총선이 끝나고 힘들어서 도저히 안 되겠다며 노무현 대통령은 잠시 정계를 떠나 안산에서 변호사 사무실을 냈고, 불가피하게 연구소도 문을 닫아 1년 정도 우리 그룹이 흩어진 때가 있었다. 그러나 1998년에 노무현 대통령이 정치를 재개했을 때 우리는 다시 모여 자치경영연구원을 만드는 자발성을 발휘했다. 정치자금과 사무실 운영비에서 자유로워지고 싶어 우리 모두는 동분서주했다. 자동차보험 대리점을 내서 차를 가지고 있는 운동권 출신 선후배와 지인들을 쫓아다니며 보험 들어달라고 떼를 쓰기도 했고, IT 회사를 운영하는 지인들과 함께 정치업무 전산화 프로그램 같은 소프트웨어 개발에도 손을 댔고, 변호사 사무장, 회계사 몇 명과 함께 기업 컨설팅 비즈니스도 했다.

정치자금형성에 무능했던 노무현 대통령의 현실이 역으로 참모와 조직원의 자존심을 높여줬고, 집단의 조직력을 향상시켰다. 오늘날 무소불위(無所不爲)의 대통령 권력을 놓음으로써 국가기관과 시민사회의 역량을 발전시킨 것과 일맥상통한다. 참으로 놀라운 리더십이다.

노무현 대통령은 물론 이런 현실을 늘 안타깝게 생각했다. 그분의 입장에서 보자면, 역사적 가치에 몸을 던졌던 젊은이들이 급배지도 달지 못한 자신과 함께 일을 해준다는 사실에 늘 고마워했다. 자신도 신물이 나 정치판에서 도망가고 싶은데, 도리어 우리들이 발목을 잡는다고 생각했을 수도 있을 것이다.

그분은 늘 채무(債務) 의식을 갖고 우리들을 대했다. 그는 종종 "남의 집 자식들은 이렇게 고생하는데, 정작 내 자식들은 어떻게 해야 하나?"고 말할 때가 많았다. 자기자식들은 어떤 삶의 가치를 가지고 살라고 할지, 그리고 우리들이 보기에도 부끄럽지 않게 키워야 한다는 부담을 토로하면서 우리들에 대한 미안함을 에둘러 표현하는 것이다.

그래서인지 가끔 댁에 찾아갈 때면, "아이들이 어렸을 적부터 적십자 회비를 스스로 벌어서 냈다", "아이들이 어디서 이러저러한 봉사활동을 했다"는 이야기를 자주했다. 굳이 말을 하지 않아도 될 대목에서도 일부러 그랬다. 자신과 같이 일하는 참모들도 다른 집의 소중한 자식들인데, 이들에게는 봉급도 제대로 주지 못하는 미안함을 그런 식으로 드러낸 것이다.

돌이켜보면, 연구소는 노무현 대통령과 우리 팀의 생산적 긴장관계로 우리들 모두가 정치적으로 성숙할 수 있던 자양분이 되었다. 그리고 외부적으로도 경제적 곤궁을 해결해보자고 벌인 여러 가지 사업들이 아이러니하게도 전당대회 같은 데서 노무현 대통령의 선거운동을 하는 밑거름이 되기도 했다.

다른 국회의원들은 전당대회 때, 지역을 돌아다니면서 자기가 밥을 사주면서 선거운동하기도 바쁜데, 우리는 수업료를 받고 지자체 출마자들을 모아 연설할 수 있었으니 본의 아니게 그것 자체가 자연스런 선거운동이 된 셈이었다. 그리고 〈자치시대〉라는 월간지에 관련 교수들로부터 각종 기고를 받았는데, 이를 통해 자연스럽게 노 캠프의 전문가 네트워크가 만들어졌다. 당시 국민대 김병준 교수(전 청와대 정책실장)는 이때의 인연으로 시작된 만남이었다.

나아가 연구소는 노무현이란 개인에 대한 지지자만이 아니라 역사와 사회발전에 참여하고자 하는 사람들의 베이스캠프가 되었다. 다른 의원들처럼 계보원들을 위한 사무실을 두고 여기서 바둑이나 두고 함께 산행이나 다니며 친목도모나 했으면 각계각층의 다양한 사람들이 모이지 못했을 것이다. 그러나 계보원 사무실이 아니라 연구소라는 틀을 통해서 명분 있는 사업을 자꾸 벌이다 보니 뜻있는 좋은 사람들이 자연스럽게 모이게 됐다. 정치인 입장에서 보자면 이들이 당장 현실적 도움을 주거나 계보원으로 충성을 맹세하는 것은 아니었지만 노무현식 새정치의 밑천이 되었다.

길게 보자면, 연구소라는 틀에 음으로 양으로 참여한 사람이 단순히 노무현 대통령 개인을 추종하도록 한 것이 아니라, 더 큰 역사적 가치를 놓고 함께 고민할 수 있도록 함으로써 더 큰 인적자산을 갖게 됐다고 할 수 있다.

그러나 한편으로는 우리가 어렵게 꾸려오며 지켰던 연구소가 증명했듯, 후배들도 스스로 설 수 있어야 정치에서 자기 꿈을 이룰 수 있다는 사실 역시 분명하다. 옛말처럼, 부잣집에 효자 안 나오는 법이다. 생활력 강한 가난한 집 아이들이 더 효도하기 마련이다.

'좌' 정통, '중' 품성, '우' 실용

… 노 캠프 사람들 …

공적 가치에 대한 소명의식

얼마 전 인터넷에서 어느 스님께서 하셨다는 주례사를 보았다. 언제 하신 주례사인지는 모르겠으나 툭하면 남이 되는 요즘 세태를 앞서 보신 듯, 부부간의 다툼이 끊이지 않는 이유를 이렇게 일갈했다.

"저 사람이 돈은 얼마나 있나, 학벌은 어떤가, 지위는 어떤가, 성질은 어떤가, 건강은 어떤가, 이렇게 다 따져 가지고 이리저리 고르는 이유는 덕 좀 볼까 하는 마음입니다. 손해 볼 마음이 눈곱만큼도 없습니다. 그래서 덕 볼 수 있는 것을 고르고 고릅니다. 이렇게 골랐다는 것은 덕보겠다는 마음입니다. 그러니 아내는 남편에게 덕보고자 하고 남편은 아내에게 덕보겠다는 이 마음이 살다가 보면 다툼의 원인이 됩니다. 아내는 30% 주고 70%를 덕보자고 하고, 남편도 자기가 한 30% 주고 70% 덕보자고 하니, 둘이 같이 살면서 70%를 받으려고 하는데 실제로는 30%밖에 못 받으니까 살다보면 결혼을 괜히 했나 속았나 하는 생각을 십중팔구는 하게 됩니다. 속은 것은 아닌가, 손해 봤다는 생각이 드니까 괜히 했다, 이런 생각이 듭니다.

그런데 이 덕보려는 마음이 없으면 어떨까? 좀 적으면 어떨까? 아이고 내가 저분을 좀 도와줘야지. 저분 건강이 안 좋으니까 내가 저분을 보살펴 줘야겠다. 저분 경제가 어려우니 내가 뒷바라지 해줘야겠다. 아이고, 저분 성격이 저렇게 괄괄하니까 내가 껴안아서 편안하게 해줘야겠다. 이렇게 베풀어줘야겠다는 마음으로 결혼을 하면 길가는 사람 아무하고 결혼해도 별 문제가 없습니다. 그런데 덕보겠다는 생각으로 고르면 100명 중에 고르고 고르고 해도 막상 고르고 보면 제일 엉뚱한 걸 고른 것이 됩니다. 그래서 옛날 조선시대에는 얼굴도 안보고 결혼해도 잘만 살았습니다."

부부문제만이 아니라 모든 인간관계의 문제가 사실 '덕보겠다는 생각'에서 비롯된다는 대목에 눈길이 오래 머문다. 그동안 내가 함께 일해 온 많은 이들의 얼굴이 떠올랐다. 그 스님의 말을 빌리자면, 노무현 대통령과 함께 해온 사람들은 '덕 보려는 마음' 없이 도와주는 사람들이다.

자화자찬이 아니라 사실 덕을 보려고 해도 아무것이 없었으니, 덕을 보겠다는 마인드를 갖고 있는 사람은 애당초 끼어들 여지가 없었다. 우리들에겐 함께 이 사회를 바꿔보자는 대의에 함께 어깨 걸고 나간다는 일종의 동지의식이 강했다. 그래서 우리 그룹은 여러 가지 부침을 겪으면서도, 조선시대 부부처럼 얼굴도 안보고 맺어져도 잘만 지냈는지 모르겠다.

삼국지식 사회화에 길들여진 사람들은 이해하기 힘들겠지만, 사실 노무현 대통령과 같이 일해 온 그룹들은 참 정치하기 싫어하는 사람들이다. 어찌 한 번 큰 덕을 보겠다는 생각은 고사하고 정치라는 진흙탕에서 도망치고 싶어하는 것이 우리 캠프 사람들의 특징이다. 정치적인 입신양명의 기회를 노렸던 사람이 한 명도 없었다. "어쩌다 보니 총대를 메고 정치를 한다"는 것이 우리 그룹의 기본 베이스라고 봐야 할 것이다.

만약 자기 몸보신을 하겠다거나, 무엇을 노리거나, 어떤 야망이 있다면 그리 할 수는 없었을 것이다. 덕이나 야망은 고사하고, 어찌어찌 하다보니까 역사적 소임에 등 떠밀려서 현재 위치에 서 있는 사람들이다.

이런 기본적 코드를 이해하면 "무슨 전술적, 정치적 고려가 있어서 저렇게 행동할까" 하는 의구심을 갖거나 자꾸 정치적으로 해석하려 할 이유가 없다. 그냥 그게 전부인 것이다. 사실은 이게 지난 대선 때 기자들이 노무현 후보를 취재하면서 가장 애를 먹었던 대목이다. 기존 정치인이라면 "저런 이야기를 왜 할까", "말은 저렇게 하지만 또 다른 목적이 있겠지" 등 복선을 깔고 해석을 하려고 든다. 그러나 적어도 노무현 대통령과 우리 그룹의 말은 있는 그대로 믿으면 되는 것이었다. 사람 말을, 특히 정치인의 말을 액면 그대로 믿지 못하고 한 번씩 사시눈을 뜨고 봐야만 진의를 알 수 있다고 믿는 그들의 '상식'이 가져다준 오류였다.

노무현 대통령은 시퍼렇게 멍든 학생들 편에 서 인권변호사로 활동하다가 끝내 현실 정치인이 되기에 이르렀다. 국회의원이 되어서도 끊임없이 자기는 민주화운동의 전선으로부터 정치권에 잠시 파견된 것이라 생각하고 활동했다.

다른 이들도 마찬가지이다. 우리를 이해해줬으면 하는 것은 "정치라는 것을 개인적 입신출세나 명예욕 때문에 하는 것이 아니라, 공적 가치라는 소명의식으로 하는 것이다"는 점이다. 이것은 우리를 규정하는 가장 큰 특징이기도 하다.

능력이 부칠 수는 있지만 적어도 "무슨 덕을 좀 보겠다"는 소의(少義)가 전혀 없다는 자존심 하나 만큼은 지키고 살았다. 그러니 이를 액면 그대로 믿지 못하고 복선을 깔고 흔들려는 것은 우리들의 자존심을 업신여기는 일로밖에 보이지 않는다.

노 캠프의 특징: 역사적 정통성

우리와 함께 한 사람들의 정체성을 굳이 나눠보자면, 역사적 정통성, 인간적 품성, 실용성이란 세 가지 측면이 공존한다. 이런 세 가지 특징이 맛있는 칵테일처럼 잘 혼합되어 있는 것이다. 어느 한 가지가 나머지를 지배하지 않도록 환상적인 혼합을 만들어낸 바텐더는 물론 노무현이란 '이모셔널 센터'(*emotional center*)였다.

우리의 첫 번째 정체성으로는 역사적 정통성이 가장 크게 작용할 듯하다. 우리 그룹이 만들어진 초창기부터, 독재정권 시절에 불의한 권력에 대항해 자신을 버려본 경험이 없다면, 적어도 그런 가치에 동의하지 못한다면 우리와 묶이기 쉽지 않았다. 어떤 사람들을 배제했다기보다는 그러한 가치에 동의했던 사람들이 모였다는 것이 더 정확하겠다.

노무현이라는 정치인의 가치를 인정하고 함께 어깨를 걸고 나갈 사람이라면 애초부터 이런 성향 없이 동참하기 어려웠다. 애당초 '무슨 덕'을 볼 일이 없었기 때문이다.

앞서 이야기했지만, 노무현 대통령을 비롯해 우리 모두가 깨고 싶었던 것은 독립운동의 유공자들이 해방된 조국에서 비주류로 전락해 어떠한 영향력도 발휘하지 못한 채 과거의 영예만 먹고 살아가는 현실이었다. 또 폭압적 독재정권에 목숨을 걸고 맞서 싸워 이 땅의 민주주의와 인권을 온몸으로 한 뼘씩 넓혀간 사람들이 현실정치에서는 아무런 힘도 발휘하지 못한 채 '뒷방 늙은이'처럼 처박혀 있어야만 하는 현실이었다. 민주화(民主化)와 개혁(改革)이라는 정체성에 대한 동의 없이 우리 그룹과 동화하기는 힘든 일이었다.

노무현 대통령은 "바람부는 대로, 물결가는 대로 살라"는 말, "모난 돌이 정 맞는다"는 말을 가장 싫어한다. 이런 말들이 사람들에게 원칙과 상식 없는 기회주의적 삶이 끝내 이긴다는 인식을 심어주기 때문이라는 것이다.

그분은 늘 "원칙과 상식을 가지고 정정당당하게 승부해도 이길 수 있다는 것을 사람들에게 보여줘야 한다", "불의와 타협하며 미래에 내가 출세하면 잘하겠다는 기회주의적 사고로는 절대로 새로운 세계가 열리지 않는다"고 말해왔다. 그룹의 대장이 가진 기본적 마인드가 이러했으니 당연히 공적 가치를 위해서 자기를 버려본 사람들이 모일 수밖에 없었다.

나도 이런 덕목에 가장 무게를 두고 사람을 만나고, 평가하고, 관계를 맺었다. 하지만 이런 혈통주의적 성격 탓에 운동권 출신의 외연을 뛰어넘기 힘들었다. 3~4년 전까지도 과거 학생운동, 노동운동의 족보 안에 없는 사람들은 참 사귀지 못했다. 그런 사람들이 아니면 내 이야기를 잘 안 들어주거나, 들어도 딴 세상 이야기인 양 재미없어 했다. 그런 족보 없는 사람들의 이야기가 재미없기는 나 역시 마찬가지였다. 그러니 서로 사귈 일이 없게 되는 것이다.

2007년 6월 2일
참여정부평가포럼 월례강연에 강사로 참석한 노무현 대통령을 영접.

그들이 과거에 어떻게 살아왔는지 들어보고, 조금이라도 출세주의나 개인주의적 성향이 보인다면 일단 거부감부터 들었다. 이러니 사람과의 교제폭이 점점 줄어들 수밖에. 그러니 만약 나 혼자서 노 캠프를 꾸려왔다면 얼마 못가 동종교배(同種交配)의 한계에 부딪쳤을 것이다.

오래 동고동락한 이광재 의원은 그런 능력에서 발군의 실력을 발휘했다. 실력을 갖춘 다양한 사람들을 어떻게든 끌어들이려고 노력했고, 그만큼 좋은 사람들을 데려왔다. 일단 이광재가 교섭해서 능력 있는 사람을 노무현이란 자기장(磁氣場) 안으로 끌어들이면, 그때부터는 본인이 좋든 싫든 반(反)지역주의자가 되고 개혁주의자가 됐다. 설사 노무현이란 자기장의 원자력(源磁力)이 떨어져도 다들 개혁적인 전기적(電氣的) 성질이 남아 있게 됐다.

노 캠프의 특징: 인간적 품성

우리는 역사적 정통성만 아니라 인간적 품성 역시 중요하게 생각했다. 이런 성향을 대표하는 인물이 이호철(李鎬喆) 선배(청와대 민정수석)이다. 이호철 선배는 노무현 대통령의 인생행로를 180도 바꿔놓은 인물이다. 1981년 부산지역 대학생 21명이 '불온서적'을 읽었다는 이유로 구속된 부림사건에서 당시 부산대생이던 이호철의 변호를 노무현 변호사가 맡았던 것이다. 당시 이호철의 몸에 난 심한 고문의 흔적을 보고 충격을 받은 노무현 대통령은 결기가 생겨 안락한 변호사의 길을 포기하고 최루탄 날리는 거리로 뛰쳐나가게 됐다. 그렇게 인연을 맺은 이호철은 초선 노무현 의원의 첫 보좌관으로 일했다.

이호철로 대표되는 '부산팀'은 역사적 가치의 정통성을 순결하게 지켜온 사람들이다. 노무현 대통령이 1988년 13대 총선 때 민주당 공천을 받아 부산에 출마하려 했을 때 처음에는 동의하지 않았을 정도였다. "까마귀 노는 곳에 백로야 가지 말라"는 순결주의를 고수했던 것이다. 노무현 대통령이 제도권 정치 속에서 민중정당의 텃밭을 일구겠다는 소신을 갖고 출마선언을 하고 나서야 도움을 줬다.

이와 같은 도덕적 근본주의 경향은 선거운동 때 누드러지게 나타난다. 예를 들어서, 활동비로 1만 원을 주면 10만 원어치 일을 하는 것이 합당한 태도라고 굳게 믿는다. 10만 원을 줬는데 5만 원어치 일을 하고 5만 원은 개인적으로 밥을 사 먹었다면 도저히 용납할 수 없는 일로 생각했다. 이를 동지적 배신감으로 생각하고 도저히 같이 일을 하지 못할 만큼 마음에 상처를 받는 스타일이다.

그것만이 아니다. 법정 선거비용으로 활동비를 책정해서 주면 자기 돈까지 보태가면서 열심히 뛰어주길 바라는데 "왜 너희들은 그렇게 안 하냐"고 다그쳤다. 그렇지 못하면 그 사람에 대해 마음속 신뢰를 버리고 만다. 나라면 활동비 10만 원 받아서 7만 원어치를 열심히 일했다면, 나머지 3만 원은 자기 때문에 맘고생하는 마누라를 위해서 고기 한 근 사가는 것도 좋은 일이라고 생각한다. 이 정도의 여지도 주지 않고, 모든 이가 레닌이 소비에트 신경제운동을 추진하면서 내세운 무슨 영웅 따라잡기 운동처럼 일하길 바라는 것은 현실적으로는 힘든 일이다.

그러나 과거 민주화운동을 했던 세대들이 갖고 있는 도덕적 순결주의라는 것은 무한대의 성실감과 무한대의 자기절제를 중심에 놓고 좋은 사람이냐 나쁜 사람이냐를 평가한다. 특히나 이호철은 인간성, 도덕성, 청렴함, 성실성, 솔직함, 용기, 겸손 등 좋은 단어란 단어는 다 붙는 인간적 품성을 요구한다. 사람이 능력은 뛰어난데 겸손하지 않은 것도 그의 눈에는 크나큰 결격사유였다.

그가 때로는 역사적 정체성보다는 근본적인 인간적 품성을 중시했다면, 나는 인간적 품성보다는 역사적 정체성을 강조했다. 나는 인간적 품성에 대해서는 융통성 있게 대했다. 돈은 약간 떼먹어도 그럴 만한 사정이 있는 일이라면 대충 넘어갔다. 오히려 내가 견디기 힘든 것은 역사적 정체성과는 인연이 없고, 인간적 품성으로도 뛰어나지 않은 사람들이었다.

참말 깨끗하고 원칙적인 이호철이 뚫어놓은 기준은 바늘구멍 같아서 이를 통과할 만한 사람을 찾기 힘들 정도이다. 그럼에도 불구하고 이호철 류의 맑음이 필요하다. 정치판에서 너무 물섞기를 하다보면 원래 갖고 있던 일말의 맑음조차 시간이 지나면서 혼탁해질 수밖에 없다. 그러나 변치 않는 맑음을 소유한 그의 곁에 있으면 내 몸이 정화(淨化) 되는 느낌을 받는다.

본인은 싫어하는 표현이지만, 참여정부 초기에 '맑은 영혼'을 가진 이들로 사정(司正)과 감시를 맡는 청와대 민정팀을 구성한 이유는 깨끗한 거울처럼 사람을 비춰달라는 대통령의 뜻이 담겨 있을 것이다.

그 맑음은 나 같은 범인(凡人)을 부끄럽게 만들기는 하지만 현실이 될 수는 없다. 도덕적 청렴성만으로 일을 하기에는 너무 힘든 것이 사실이다. 진보세력이 흔히 빠지기 쉬운 순혈주의는 사실상 현실에서는 너무나 무기력하다. 문제제기 수준만 가지고는 안 된다. 좋은 사람이냐 나쁜 사람이냐를 떠나서 유용한 사람이냐 아니냐는 것도 따져서 이들을 하나의 집단으로 만들어내는 힘이 결국에는 필요하다. 자기의 역사적 정체성을 확보하면서도 끊임없이 현실과 타협하면서 사람들을 모을 수밖에 없는 것이다.

영업자가 세일즈를 뛰다보면 때론 덤을 얹어주거나 가격을 깎아주기도 해야 된다. 물론 본사에서는 정해준 판매가격 기준대로만 장사하라고 한다. 하지만 그런 획일적 기준만 가지고는 시장에서 물건을 많이 팔 수가 없다. 그렇다고 영업상에 융통성을 발휘한다면서 원가를 깎아먹을 정도로 '후려치기'를 해서는 안 된다. 자연히 원칙과 융통성을 두고 본사와 영업자 사이에는 긴장관계가 발생할 수밖에 없다. 그런 긴장이 유지되어야만 영업자와 회사 모두 상생(相生) 할 수 있다.

이호철 류의 맑음은 마치 본사에서 제시한 원칙적인 판매가격 같은 것이다. 그러나 그가 있었기에 다른 사람들이 덤핑으로 세일즈하지 않고 상도(商道)를 지킬 수 있었던 것이다. 우리 조직 안에서도 10년 내내 이런 긴장관계가 유지되었다. 지금까지 그런 긴장이 존재하고 있지만, 이것을 '알력'이나 '암투'라고 부르는 것은 무지하고 무례한 일이다.

노 캠프의 특징: 실용성

우리 그룹의 특징으로 꼽을 수 있는 마지막 성향은 바로 실용성이다. 사실 민주화운동에 몸을 던져봤고 인간성도 좋다는 것만 고집해서는 제대로 일을 해낼 수가 없다. 역사적 정통성과 인간적 정체성은 현실을 반영하고 끊임없이 타협하며 실용성을 찾아야 한다.

우리 그룹에서 이런 실용성을 대표하는 사람이 앞서 말한 이광재이다. 1990년대 초중반을 지나면서 내가 정통성의 가치에 대해 방점을 둔 편이라면, 이광재는 현실적 유용성을 중심으로 사람을 만나고 개발했다. 그는 1993년부터 정보와 기술에 빠르고 경제력 있는 사람들을 중심으로 관계를 넓혀갔다. 그 덕분에 우리가 명분과 정통성을 떠나서 그룹의 외연을 확대해낼 수 있었다.

이광재는 개인의 역사적 정통성이나 정체성보다는 그 사람이 해당 업무에 최적인 사람인가 아닌가를 우선시 한다. 그 업무에 가장 효율적이고 가장 최적의 기술을 가진 사람이면 과거를 불문하고 쓰겠다는 마인드를 갖고 있다. 사실 처음에는 그의 이런 태도가 나와 많이 부딪쳤다. 아무리 유용한 사람이더라도, 인간적 품성과 역사적 정통성에 대한 평가는 기본적으로 있어야지 않겠냐는 것이 내 생각이었다.

이런 입장차 때문에 1990년대 중후반까지도 나는 심적으로 이광재가 꽤나 불편했다. 그가 어떤 일을 풀어나가기 위해 사람을 엮어서 조직을 만들면 아주 성과가 좋았다. 그럼에도 인간적 품성과 역사적 정체성이란 잣대를 고수한 나와는 코드가 안 맞았다. 그래서 선뜻 맘이 열리지 않았다. 1994년도인가 이광재와 내가 어떤 사람을 놓고 언쟁을 벌인 적이 있었다. 그때 그는 "이제부터 나는 네가 고집하는 룰을 떠나겠다. 정보와 기술과 해당하는 업무에 가장 효율적인 사람들을 찾다보면, 인간적으로 품성이 좀 모자라면 어떻고, 예전에 민주화운동 안했으면 또 어떠냐. 맨날 그런 것만 따지고 있을래" 라고 나를 비판했다.

그때도, 지금도, 나는 이광재의 말이 맞다고 생각한다. 내 기준으로만 사람들을 모아놓으면 우리 캠프는 어떻게 될까, 하는 걱정이 든 것이 사실이었다. 나 스스로 안타까운 점은 역사적 정통성과 인간적 품성을 갖춘 사람들이 해당과제를 수행할 능력도 뛰어났으면 좋겠는데 실상은 그렇지 못했다는 사실이다. 이광재가 추천한 사람과 내가 추천한 사람을 놓고 프레젠테이션을 해보면 이광재가 추천한 인물이 늘 나았다. 그래서 이광재가 추천한 사람을 쓰는 데 양해를 할 수밖에 없었다.

이광재의 실용적이고 실질적인 휴먼 네트워크가 노무현 캠프에 큰 견인차 역할을 한 것이 사실이다. 정통적 그룹으로부터 벗어나서 유능하고 현실적인 인재풀을 구성할 수 있었던 것은 전적으로 그의 공이다.

나도 이광재의 역할에 대해서, 이광재 류의 사고에 대해서 동의할 수밖에 없다. 사람은 좋은데 무능해서는 안됐다. 정통성도 있으면서 현실적으로 유능한 사람을 찾는 것이 최선이지만, 이것이 불가능하다면 정통성의 문제에서 다소 흠결이 있어도 유용한 사람을 찾는 것이 차선이 될 수밖에 없다.

이 부분에서 나와 이광재가 왼손과 오른손의 절충점을 끊임없이 모색해 나갔다. 나는 정통적 가치에 충실하면서 현실적으로 유능한 사람을 원하지만 그런 사람을 찾기가 늘 어려웠다. 이광재와 내가 출발 때부터 이렇게 하자고 의도하지는 않았지만 이렇게 서로 다른 스타일이 노무현 대통령을 통해서 잘 결합이 될 수 있었다.

나의 조직은 맛있는 칵테일

참여정부의 인적 구성도 마찬가지지만, 우리 캠프의 구성과 운영 역시 이런 역사와 현실의 타협으로 볼 수 있다. 나는 어떻게 보면 현실과 원칙 사이에서 중간에 서 있으려고 노력했던 것 같다. 원칙에 가까웠던 사람이 이호철 선배 같은 이라면, 현실에 가까운 사람이 이광재 의원 같은 사람이다. 나는 늘 '칵테일'을 생각했다. 이것저것 섞더라도 칵테일은 주스가 되어서도 안 되고, 그렇다고 알코올만의 술이 되어서도 안 된다. 아무리 주스화(化)된 술이라지만 먹으면 취해야 하는 것이 칵테일이다. 우리는 주스와 알코올의 비율을 잘 섞으려고 부단히 노력했다.

정체성 · 정통성 · 현실성의 갈등을 우리 스스로 어떻게 타협하고 조율해 나갔는가에 우리 그룹의 가장 큰 특징이 존재한다. 예를 들어, 1998년 보궐선거로 6년 만에 어렵게 국회의원이 된 종로를 포기하고 2000년 16대 총선에서 부산으로 출마하게 된 과정도 그렇다.

2007년 6월 2일
참여정부평가포럼 월례강연의 식전 행사인 〈노무현 대통령 사인회〉.

노무현 대통령의 최종결심으로 부산행을 택해 결국은 낙선의 쓴잔을 또 마셨지만, 당시 우리 내부에서는 격론이 벌어졌다. 우리 내부에서 역사적 정통성을 고수하는 사람들은 "지역정치의 벽을 넘기 위해서는 부산으로 가야 한다. 설사 금배지를 못 먹어도 그만이다"라고 했다. 그러나 "정치 1번지인 종로에서 6년 만에 재기한 영남출신 정치인이 훨씬 유리하지, 부산 가서 낙선한 국회의원이 리더가 될 수 있겠는가. 위험한 일이다. 역사적 명분과 가치가 있음을 알지만 그대로 종로에서 재선을 하는 게 중요하다"는 실용적 입장 역시 팽팽했다.

이렇듯 지난 10년간 살을 비비면서 우리는 현실에 대해 매우 열려 있고, 원칙에서는 매우 강경한 내성(內性)을 갖게 됐다. 원칙만 우겨서 실기(失機)하거나 비현실적 주장을 하지도 않았고, 그렇다고 타협한다고 해서 정체성을 훼손하지도 않았다. 이것이 사실상 우리가 끊임없는 화학작용을 하면서 만들어온 최적의 틀이다.

이는 도덕적 근본주의, 역사적 정통주의, 현실적 실용주의를 모두 갖추고 서로의 균형을 맞춘 노무현이란 중심이 있었기에 가능했다. 어느 한쪽의 경향이 어느 한쪽을 뛰어넘지 못하게 골고루 무게를 두고 존중해줬다. 그가 어느 한쪽에 치우치지 않고 중심을 잡아주었기에 역사적 정체성, 인간적 품성, 실무적 기술이란 세 가지 요소가 노 캠프에 공존할 수 있었던 것이다.

노무현의 지도력이 세 가지가 서로를 존중할 수 있는 아웃바운드를 만들어 주었다. 아무리 실무 기술력이 좋더라도 역사적 정체성과 인간적 품성이 어떤 아웃바운드를 넘어가면 그 사람을 고집하지 않도록 타협하는 것, 그 사람이 아무리 역사적 정체성을 갖고 있고 인간적 품성이 뛰어나다 할지라도 적재적소의 실력이 없다면 중심적 역할을 맡기지 않는 것이다.

노무현 대통령은 우리 집단에서 '이모셔널 센터'(*emotional center*), 즉 정서적인 중심 리더였다. 어떤 조직이건 잘 짜인 워킹 시스템이 필요한 것도 사실이지만, 그 못지않게 중요한 것이 이모셔널 센터이다. 이것이 존재하지 않는 조직은 무너지는 법이다.

나도 이제 많은 사람들을 만나고 조직을 꾸리는 마당에서 자꾸 지난 경험들을 뒤돌아보게 된다. 예를 들어 역사적 정체성만 강조하는 사람들을 보면 어떤 문제를 풀어야 할 상황이 왔을 때 꾀를 내주지 못할 것 같아 답답하다. 그렇다고 아무리 꾀를 잘 낸다고 해서 단독플레이를 하거나, 주변 평이 안 좋거나, 역사적 정체성이 부족한 사람만 득실대는 것도 곤란하다. 적당한 무게중심을 잡는 것은 분명 쉽지 않은 일이다.

참여정부 출범은 한국사회에서 비주류에 머물러왔던 개혁세력이 최초로 집권한 사례이다. 또한 김영삼의 3당 합당이나 김대중 대통령의 DJP 혼혈이 아닌, 자기 원칙을 고수하고 자기 정체성을 지키고 집권한 유일한 사례이기도 하다.

이제 역사적으로 정통성이 있는 사람이 현실적으로도 유용하다는 점을 입증해야 하는 과제가 남아 있다. 보수언론에서 '아마추어리즘'이라고 비판하는 것은 바로 이것에 대한 공격이다.

사실 이런 비판은 처음이 아니다. 일제에서 해방이 됐는데, 경험이 많은 순사출신들을 왜 중용하지 않는가, 아무 경험도 없는 독립운동가들은 아마추어가 아니냐는 공격이 반세기 전에 있었다. 그러나 여기에 타협한 결과가 어떠했는지는 새삼 이야기하지 않아도 될 것이다.

적어도 우리 캠프에서는 10년간 이런 문제만큼은 타협하지 않았다. 물론 타협을 하라는 압력이 도처에서 들어왔다. 그러나 우리는 '일제시대 때 잘나가던 사람이 해방 뒤에도 잘나간다'는 식의 그릇된 역사를 깨고 싶었다. 이를 위해서는 새로운 세력들이 현실적으로 유능하다는 사실을 입증하지 않으면 안 된다고 믿었다.

일부 사람들은 이렇게 이야기한다. 국가운영은 중도우파가 하는 것이고, 중도좌파는 감시 정도만 해도 충분하다고 말이다. 극단적으로 대응하면 안 되겠지만, 그런 논리라면 고기는 맨날 먹어본 사람만 먹어야 한다. 고기를 먹어보지 못한 사람은 맨날 보리밥만 먹으라는 이야기나 다를 바 없다. 나는 이것이 참여정부가 출범한 이래 언론과 야

2007년 9월 2일 충북 옥천에서 열린 조선일보반대 마라톤대회.

당에서 끊임없이 시비하는 '코드인사'의 핵심정서라고 생각한다.

태권도의 경우를 봐도 당장에는 태극 1장, 2장 기술을 먼저 배운 선수가 잘하는 것 같지만, 시간이 지나면 결국 기초체력이 튼튼한 선수가 가진 체력만큼 권법을 보여주는 법이다. 그렇기 때문에 그 사람이 어떤 재목인가를 가지고 판단해줘야지, 당장 경천동지(驚天動地)할 화끈한 결과를 내놓지 못한다고 비판하는 것은 옳지 않다.

민주주의는 책임정치를 기본원리로 한다. 선거에서 이긴 세력이 그 선거과정에서 약속한 국정운영 목표에 충실하게 팀을 짜고, 열심히 일한 결과로써 재집권을 호소하는 일은 자연스럽다. 코드인사니, 아마추어니 하는 비판은 정말로 한참 잘못된 삼국지식 세계관의 소산이다. 난 그렇게 믿는다.

2부

생각하기

폐부 깊숙이 작살 맞은 짐승 모양으로 절룩거리며 구치소에 들어와 살에 박힌 작살을 뽑으려고 노력하거나 아니면 내 몸 속의 일부로 인정하기 위해 짐승처럼 상처부위를 핥고 또 핥았다. 어떤 작살은 뽑히지 않았다. 어떤 작살은 살 속 깊이 박혀 내 몸으로 만들었다. 그러나 어떤 작살은 육화(肉化)하기도 어려운 상태로 박히다 부러져 꽂혀 있었다. 어떤 작살은 스쳐 지나갔지만 몸으로 받아낸 것보다 더 큰 상흔으로 남아 나를 괴롭혔다.

–2004년 1월 13일 ~ 12월 8일 감옥에서 쓴 일기 중 일부

2004년 1월 31일 土

한 개인의 생존투쟁이 아름다우려면…

한 개인의 생존투쟁이 역사적 의미를 가질 때가 있고, 개인의 한풀이에 머물거나 아니면 인간승리·기네스북 차원 정도의 의미를 가질 때가 있습니다. 지금 제가 4·15 총선에 참여하여 당선된다면 그게 어떤 의미일까요. 고향의 한 젊은이에 대한 동정과 격려로 많은 고향분들이 저를 승리자로 만들어 주실지도 모릅니다. 그러나 그게 무슨 의미가 있을까요. 전태일 열사 같은 투쟁일까요. 유로 사이클 5연승에 빛나는 인간승리로 기록될까요. 일단 저는 과거의 사람으로 빨리 묻히고 잊혀야 할 사람 아닐까요.

"대통령 선거를 차떼기에 대항해 쇼핑백으로 장하게 이겼다. 과거 수천억 들이가던 선거를 쇼핑백 수준으로 치렀다"는 사부심은 있습니다. 그러나 이런 평가, 이런 승부를 보자는 게 4·15 총선일까요. 그것은 아닐 것 같습니다.

나의 허물은 작은 것이었고 그나마 정당하다거나 아니면 잘못된 관행으로 점철된 정치현실에서 그것마저도 떳떳하고 당당한 일이었다고 주장한다면 우리 정치는 한 걸음도 못나갈 것입니다. 겸허히 반성하고 국민께 용서를 구하고 이것을 계기로 잘못된 정치문화 잘못된 정치관계법 제도가 개선되길 바라야 하지 않을까요?

저는 이번 총선에서 물러나 국민과 역사의 전진을 위한 '역사적 되새김질' 대상으로 남아 있어야지, 팔팔하게 살아 움직이며 개혁과 변화의 시대를 이끄는 주역이 될 수는 없는 일입니다.

2004년
2월 2일
月

알선수재범(?)이 되고 나서…

알선수재범이 되었습니다. 2003년 정치적 독립선언과 2004년 총선출마를 선언한 뒤, 출마예정자로서 주변으로부터 받은 도움이 알선수재(斡旋收財)라는 것이었습니다. 가슴이 철렁했습니다. 법정 다툼의 여지는 있습니다(알선수재에 관한 검찰기소는 대법원에서 무죄로 확정되었다). 그 다툼은 다툼대로 해야겠지요. 하지만 고상한(?) 정치자금법 위반범에서 알선수재범이 되고 나니 새삼 내가 지금 어디에 서 있는지가 보였습니다.

피하고 피해서 어떻게든 살아보겠다고…, 정치인으로서 정치자금법 위반은 겨우 용서받을 수 있겠지만 알선수재와 같은 범법자가 될 수는 없다며 수사과정에서 버티고 버텼습니다. 그러나 검찰의 기소는 막을 수 없었습니다. 나의 이런 발버둥… 수십억 원의 불법 정치자금으로 기소되어야 할 이 운명 속에서도 살아보겠다고 발버둥 쳐온 나의 노력이 얼마나 부질없는 짓인지 오늘 새삼 깨닫게 됩니다.

그렇습니다. 저는 살고 싶어 했습니다. 남은 죽더라도 나만은 살아야겠다는 마음이었습니다. 적장을 껴안고 떨어지는 논개가 적장은 죽이고 나는 살겠다고 생각한 것이었습니다. 그게 가능한 일이겠습니까. 그것이 참말로 부질없는 욕심이라는 것을 깨닫게 되었습니다. 여야 모두, 부정한 정치자금을 받은 주제에 그래도 나는 좀 다르지 않았느냐며 나 혼자만이라도 살아남아 보려는 욕심을 버리지 못했던 것입니다. 도토리 키재기라도 해서 살아남아 보겠다는 … 참으로 가소로운 일이었지요. 여와 야가 서로를 향해 무한대의 저주를 퍼붓고 있습니다. 너는 깨끗하냐, 나는 너보다는 낫다 … .

그러나 우리 모두는 역사의 절구통 안에 담겨 있는 곡식들이었습니다. 모두가 다 잘게 부서지고 빻아지지 않으면 안 될 운명들입니다. 서로가 서로를 밟으며 역사의 절구공이를 피해 자신만은 살아남아보겠다 애쓰지만 그게 모두 부질없는 짓이라는 걸 오늘 새삼 깨달았습니다. 국민과 역사의 절구질이 시작되었기 때문입니다. 순한 시냇물이 장마를 만나 콸콸 소리치며 내려갈 때 그 물은 소도 돼지도 떠밀어서 데려가는 것을 보았습니다. 국민과 역사의 흐름이 거역할 수 없는 힘으로 움직이면 거기엔 핑계도 이유도 변명도 다 부질없는 짓이지요.

낡은 정치관행과 문화를 평화적으로 바꿀 기회는 있었습니다. 그러나 낡은 지역정당 구조와 구태의연한 정쟁구조가 개혁과 개선을 위한 합의보다는 이전투구(泥田鬪狗)의 소란만을 만들어냈고 급기야 이제 국민과 역사의 태풍이 불어버렸습니다. 대통령이 권력기관을 동원해서 만든 일이 아니었습니다. 국민과 역사의 요구가 이 거역할 수 없는 흐름을 만들었습니다.

이 과정에서 살아남으려는 자들이 낡은 정쟁의 보도를 휘둘러보지만 칼소리만 요란할 뿐 결국 모두 자기의 폐부만 찌르고 말았습니다. 자기고백과 새로운 출발을 위한 대안을 만들어 민심의 결재를 받으려 하지 않고 물고뜯고 싸운 결과입니다.

이 흐름에서 상처 덜 입고 살아보려 한 나의 생각은 참으로 작고 초라한 것이었습니다. 그래 죽자! 철저하게 … . 청문회를 하든, 특검을 하든, 특검에 특검의 할아비를 하든 … 새 시대를 위해 부정되어야 할 과거가 내 안에 있다면 에이리언을 임신한 영화 속의 여주인공처럼 … 죽어야 한다.

왜 나는 용서받을 수 있고 그나마 정당했다고 생각하는가. 제도가 미흡하고 잘못된 정치관행을 탓한다고 될 일이었는가. 차떼기와 쇼핑백의 싸움이었으니 나는 피해갈 수 있다는 생각은 아예 하지도 말자. 난 죄인입니다. 모든 벌을 달게 받겠습니다. 다시는 이런 일이 반복되지 않게 정치사의 초라한 이정표가 되겠습니다.

2004년
2월 6일
金

대통령과 왕은 구분해야…

벌써 몇 해 전의 일이다. 국내 모든 신문의 외신면에 재미있는 기사가 소개되었다. 토니 블레어 영국 총리의 부인이 지하철 무임승차로 벌금을 부과받았다는 소식이었다. 불법 무임승차였고 벌금을 내야 하는 잘못을 범했단다. 하지만 이 소식을 전하는 국내외 어떤 신문도 이런 행동을 비난하지 않았다. 왜 그랬을까.

최고권력자의 부인이 지하철을 이용했다. 그것도 출근을 하기 위해서였다. 그리고 너무 바빠서 표를 살 여유도 없었다. 우리의 정치문화 속에서는 이 모든 일이 겪어보지 못한 처음 듣는 이야기여서 "야! 저게 민주주의 사회구나" 하며 부러워하기 바빴던 것 같다.

그런데 우리가 이것을 진정으로 부러워하는지, 이런 민주주의 사회로 우리가 가야 한다고 생각하는지 묻고 싶다. 국내 언론들이 부럽다는 듯이 보도한 토니 블레어 부인의 무임승차 사건의 감동요소는 무엇이었는가.

첫째, 특권이 없다는 것 — 총리부인이 지하철을 탔고 불법승차에 대해 승무원은 지체 없이 벌금을 물렸다. 둘째, 영부인도 자기 직업생활을 하는 평범한 시민으로 살고 있다. 이런 요소가 우리 모두에게 신선한 감동을 주었으리라….

특권은 특권을 행사하려는 사람이 없어야 하고, 특권을 통해 문제가 풀릴 수 있다고 믿는 많은 사람들의 잘못된 믿음이 사라져야 하고, 특권이 자행될 수 있는 법제의 허점이 없어져야 한다.

영국의 왕실재산처럼 무슨 재산이라도 있다면 대통령 측근과 친인척 관리를 해줄 수 있을 것이다. 괜히 돈 벌고 사업한다고 이런저런 구설에 휩싸일 일도 없고, 멀쩡히 다니던 직장이 갑자기 정권의 특혜를 받는 기업으로 오해받는 일도 없을 것이다. 그러나 특권을 바라고 어슬렁거리는 투기꾼들이 존재하고 그 특권이 통할 수 있다고 믿는 많은 사람들이 있는 한 대통령 측근과 친인척은 한국사회에서 정상적으로 사회생활을 하기란 매우 힘들다. 집안에 대통령 하나 등장하면 그 집안은 망했다고 봐야 한다.

헌법과 법률에 기초한 의무와 책임을 따지기보다는, 집권세력은 국정에 무한 의무를 져야 한다는 봉건적 장자(長子) 문화와 모든 사람은 법 앞에 평등해야 한다는 민주주의 시민의식이 서로 상충하고 있다는 생각을 지울 수 없다.

2004년
2월 7일
土

김용옥 선생님께

선생님 안녕하신지요. 저는 83학번 안희정입니다. 선생님께 1983년, 84년 두 해 동안 가르침을 받았던 고대 철학과 후배이자 제자입니다.

선생님께서 TV강의를 재개하신 후, 첫 강의에서 일갈하셨던 서구식 3단계 역사발전론 비판과 우리 역사이해에 관한 선생님의 말씀을 신문들이 대서특필, 지상중계하는 것을 보게 되었습니다. 참으로 공감했으며, 이 시대, 한국사회가 안고 있는 권력과 정치체계의 현 주소를 이해하는 데 선생님의 말씀이 귀중한 지침이 되었다고 생각합니다.

노예제 사회, 봉건 사회, 시민 혁명을 통한 민주주의라는 3단계론적 역사관으로 우리의 역사를 이해하면 안 된다는 말씀 … 정말 공감했습니다. 해방 이후 이승만 정권부터 지난 김대중 정권까지 우리는 대통령이란 이름의 왕권체제에 살았다는 지적도 충분히 공감할 수 있는 부분이었습니다.

주요 언론과 배웠다는 분들이 노 대통령이 불안하여 나라를 맡길 수 없다는 말들을 합니다. 이에 대해 선생님은 노무현 이후 대통령이란 이름의 왕권시대로부터 비로소 대통령이 통치하는 민주주의 시대가 되었다고 말씀하셨습니다. 노무현 대통령은 대한민국 역사에서 최초로 민주공화국의 대통령이 되려는 것이라고 말씀하셨습니다. 벙어리

3년, 귀머거리 3년, 장님 3년의 시집살이를 해야만 했던 여인네의 답답하고 억울한 마음을 한꺼번에 다 풀어주시는 듯했습니다. 정말 감사드립니다.

지난 100여 년 전의 인내천(人乃天) 동학사상이나 조선시대의 왕도정치(王道政治) — 민심은 천심이고 민심을 위반한다면 왕권도 천(天)의 이름으로 단죄할 수 있다는 정치관 —, 신권(臣權)과 왕권(王權)의 견제와 천심(天心)과 민심(民心)의 논리에 의한 re-booting과 같은 혁명론이 우리나라가 지난 600년 동안 채택해 온 사회정치 운영시스템이었다고 생각합니다. 신권도 왕권도 끝내 지도력을 상실하고 표류할 때 인내천 깃발 들고 민(民)이 나서서 나라를 지키려 했고, 일제지배를 거친 후 이식된 좌·우 이데올로기 싸움으로 지난 50년의 시간이 흘렀지요.

준비 안 된 자들이 정권을 잡아 나라가 어지럽고 혼란스럽다고 말하며 이 참여정부를 비난하는 분들을 볼 때마다 저는 속으로 묻곤 합니다. 갑자기 총칼로 잡은 전두환·노태우 씨 밑에서 수석하고 장·차관하던 당신들은 전두환·노태우가 준비된 지도자이기에 그들 밑에 들어가 일했습니까.

당신들의 그 지적은 객관적 근거도 없는 무책임한 혼란의 선동입니다. 우리 사회는 이미 자본주의 시장경제와 자유민주주의라는 커다란 기강을 갖고 있습니다. 이 기강이 위협받고 있습니까? 그렇지 않습니다. 오히려 자본주의 시장경제의 방해요소는 그 시장의 주역인 기업과 기업인들에 의해 만들어지고 있습니다. 기업회계의 불투명성, 소유와 경영의 건강한 긴장관계 미형성 등이 문제입니다.

20세기를 거친 21세기 자유민주주의의 기본과제는 인권·환경·평화·대외시스템의 재정비 등 모두 지금 우리가 직면한 과제들이라고 생각합니다. 그러나 이 숱한 과제에도 불구하고 현재 한국사회의 더 큰 과제가 있는데 저는 그것이 특권의 해체, 견제와 균형의 확립이라고 생각합니다. 사람들의 보편적 상식, 언론, 법과 제도가 정해놓은 규칙 등을 뛰어넘는 특권은 용납되어선 안 됩니다.

그런데 우리 사회는 그런 특권이 있다고 너무도 강하게 믿고 있습니다. 이 믿음이 깨지지 않는 한, 민주헌법에 따라 대통령선거를 100년 해도 다 헛일입니다.

대통령과 그 주변의 측근, 친인척은 5년 뒤 절대로 무사히 집에 돌아갈 수 없습니다. 감옥가거나 외국으로 도피하거나 해야 합니다. 친인척, 측근의 도덕성 문제가 아니라 특권이 있다고 믿는 사회적 믿음이 존재하는 한 이 사람들이 정상적으로 산다는 것은 불가능합니다. 몇 해 전 영국의 토니 블레어 부인의 지하철 무임승차와 그에 따른 벌과금 부여가 우리 사회에서 굉장히 신선한 소식으로 취급되었습니다. 우리 사회에서 이 일이 가능했을까요. 우리 사회에서 영부인이 대학교수직을 제대로 할 수 있을까요. 무임승차 사건이 발생한다면 영부인의 특권의식의 발로라고 비난하거나 영부인의 준법정신에 대해 엄청난 비난을 퍼부었겠지요.

직분, 직위, 명위에 따라 정확히 구분하지 않고 대통령이 되는 순간 대통령을 중심으로 한 반경 몇 촌, 몇 다리의 인간관계가 갑자기 왕실이 되어버리는 게 우리 사회입니다. 이 특별한 권력으로 시장질서, 법과 제도의 질서, 보편적 상식들이 깨지고 뒤바뀔 수 있다고 사람들이 믿으면 그만큼도 우리 사회는 전진할 수 없다고 생각합니다. 그래서 역대 대통령이 갖고 있던 초헌법적이고 초법적인 권력을 헌법과 법률이 규정한 대로 견제와 균형 위에 자리매김하려는 것이 지금 참여정부의 노력입니다.

이것을 선생님께서는 복잡한 설명 없이 왕과 대통령으로 나누어서 설명하시니 제가 어찌 감동하지 않을 수 있겠습니까. 좋은 손님이 좋은 종업원을 만들고 좋은 식당을 만들 듯이 좋은 국민이 좋은 공복(公僕)을, 좋은 나라를 만드는 것이라고 생각합니다. 이 점에서 선생님은 가장 근간이 되는 좋은 국민을 만드는 선생님 역할을 하고 계시니 가장 크고도 중요한 일을 하시는 것입니다.

선생님의 말씀을 직접 듣지 못하는 아쉬움이 있습니다만 글로나마 배울 수 있어 고맙습니다. 감사합니다.

2004년 2월 10일 火

나의 출발은

처음엔 단지 작은 불빛이었습니다. 밤하늘의 별처럼 변함은 없으나 먼 것이었습니다. 현실의 풍파 속에서도 살아남은 과거의 당위였습니다. 이제까지 그래야 한다고 생각했던 대의가 현실에 부딪혀 깨지고 깨졌지만 그래도 대의명분일 수밖에 없는 것들로 지팡이를 만들고 칼을 만들어 출발한 길이었습니다.

그 출발은 고통스러웠습니다. 당위의 작은 불빛이었기 때문이었습니다. 그 불빛은 작은 언덕에 올라설 때 환하고 크게 보였습니다. 하지만 계곡을 지날 때면 너무도 작고 멀리 보였고 심지어 사라져버린 듯했습니다. 그럴 때면 그 방향이었으리라 짐작되는 방향으로 마음을 비우고 걸어갈 밖에요.

어릴 적 저희 집엔 작은 샘물이 있었습니다. 저는 아침 일찍 일어나 펌프질을 해서 드럼통같이 생긴 큰 시멘트통 안을 가득 채워야 했습니다. 요즘처럼 추운 겨울, 아침 일찍 일어나 눈곱도 떨어지지 않은 몸으로 차가운 철근으로 만들어진 펌프질 손잡이를 잡고 낑낑거리며 매달려야만 겨우 물을 토해내던 빡빡하고 힘든 펌프질이었습니다. 올렸다 아래로 누르면 피스톤의 상승작용에 따라 펌프기의 몸통에 고인 물이 쏟아져 나오고 다시 손잡이를 위로 올리면 피스톤 바닥에 찬 구멍으로 물이 스며들면서 펌프기의 둥그런 몸통과 피스톤의 고무패킹이 밀착되는 그런 과정을 통해 물을 끌어올리는 구조였습니다. 펌프기의 둥그런 몸통, 그 안에 고무패킹으로 된 피스톤, 그 피스톤에 지렛대 원리로 연결된 손잡이로 연신 펌프질을 해야 하는 일이었죠.

졸린 눈으로 낑낑거리며 시린 손에 면장갑을 끼고 차가운 펌프기의 철봉 손잡이를 잡고 하염없이 들었다 눌렀다의 힘겨운 피스톤운동을 하는 일은 초등학교 내내 계속됐습니다. 이게 싫어 징징거리고 울면서 펌프질을 하노라면 어머니께서 서운함을 내비치셨지요.

"엄마는 매일 빨래하랴 뭐하랴 정신없이 일하건만, 네들은 아침에 일어나 물 한 통 퍼놓는 게 그리 억울하냐, 야속한 놈들아…."

하지만 아침에 졸린 눈을 비비고 추운 바람을 맞으며 그 큰 통(아마 드럼통 1.5~2개 크기의) 시멘트 녹깡(왜 이렇게 불렀는지는 모르겠으나 시멘트로 만든 커다란 저장탱크를 우리는 다 '녹깡'이라고 불렀다)에 물을 채운다는 것은 영원히 채워지지 않을 불가능한 임무처럼 생각됐습니다. 그만큼 어린 것이 거의 손잡이에 매달리다시피 해서 물을 끌어올리고 다시 낑낑거리며 손잡이를 들어올리는 일은 엄청난 노동이었습니다. 그런데 이런 노역의 시간들이 계속되면서 나는 이 펌프질을 즐겁게 해낼 수 있는 방법을 깨닫게 되었습니다.

우선 녹깡통을 보지 않아야 합니다. 그 큰 빈 공간을 쳐다보면 내가 힘껏 펌프질한 한 번의 물 양이 코끼리 비스킷처럼 작은 양으로 생각됐고 순간 나의 아침노동은 더할 수 없는 고통이요, 중노동이 되더라는 것을 깨닫게 되었지요.

그래서 눈을 감고 그저 무심히 숫자를 헤아렸습니다. 우선 100번만 펌프질 해보자, 그렇게 100번을 하고 눈을 떠보면 졸린 눈은 말끔히 생기를 되찾아 빛났고, 아침 햇살에 비친 마당 구석구석이 생기를 머금은 채 다가왔습니다. 그리고 덩더꿍 덩더꿍 춤을 추듯 펌프질을 하면 리듬이 생겨 펌프질하는 것 자체가 재미있어지고 펌프질을 통해 팔과 다리, 온몸에 열기가 생겨 마침내는 이 리듬에 맞추어 노는 건지 일하는 건지 모를 재미를 느낄 수 있었습니다. 일단 이 단계에 오르면 그 큰 녹깡이 문제가 아니라 온종일 더 큰 통도 다 채울 수 있을 것만 같았습니다.

나는 어릴 적 계속되던 그 아침행사를 통해 고통스럽던 노동이 어떻게 즐거워지는지를 배웠습니다. 그래서 지금도 고통스러운 순간이 다가오면 그 고통 속에서 내가 즐길 수 있는 리듬, 내가 숨 쉴 수 있는 빈 공간을 얼른 찾아내 그 빈 공간과 그 리듬 속에 나를 맡기려 노력합니다. 그리고 그 속에서 새로운 출발, 탈출의 전기를 확보하려고 합니다.

힐끗 보아놓은 지향과 방향에 대한 믿음을 잃지 않고 열심히, 그리고 무심히 노를 젓자. 얼마나 왔는지 얼른 얼른 성과를 보려하지 말고 계속해서 문지르고 또 문지르자. 그러다 보면 어느 사이 빛나는 보석을 손안에 잡을 수 있다는 것을 깨달았습니다.

순간순간 오차나 오류를 조절하려 해선 안 됩니다. 일단 설정해 놓은 단계까지는 무조건 가봐야 합니다. 그 전에 수정하거나 변경하는 일은 궁극의 목표, 좌표 자체를 상실할 위험이 있습니다. 오류를 확실히 느낄 만큼 전진해야 좌표수정도 정확히 할 수 있습니다. "이 길이 아닌개벼!" 하며 수시로 후회하고 시도 때도 없이 수정하다 보면 끝내 어두운 암흑에 빠져 버립니다. 실패든 성공이든 분명해지는 순간까지는 일단 착수한 일에 작은 변동을 주면 안 된다는 것입니다.

여름에 가장 지겨운 일은 고추밭을 매거나 고추 따는 일입니다. 그 긴 밭고랑을 어느 세월에 다 맬 거냐. 언제 다 딸 거냐. … 우리는 살아오면서 이런 종류의 절대절망은(초등학교 저학년인 나에게 드럼통 2개 분량의 펌프질이나, 아이들은 깡통차기놀이 하자는데 400평 가까운 고추밭 매기는 영원히 끝나지 않을 고통이었습니다) 무수히 맞닥뜨리게 됩니다. 그럴 때면 난 항상 어릴 적 그 순간들부터 체득해 온 방법을 통해 정면돌파를 했습니다. 벗어날 수 없다면 뛰어들어라! 그래서 다 포기하고 그 상황을 현실로 받아들여 그 상황에 맞는 작은 성취목표, 리듬, 재미를 만들어 작은 구멍을 내고 그 구멍이 일단 뚫리면 그것을 자꾸자꾸 키워서 구멍을 뻥 뚫어버리고 그 구멍을 통해 탈출해 나오죠. '일하기 싫은 나'와 '해야 할 일'이 서로가 서로를 잡아먹게 만드는 법을 그렇게 저는 배웠습니다.

정말 준비되었는가

현재 속에 살기, 과거에서 배우기, 미래를 계획하기라고 한다. 20년 뒤 나는 무얼 하고 살까.

사실 1980년 이후, 난 구체적 나의 인생프로그램을 정한 적이 없다. 그저 의리, 양심, 정의에 따라 정치투쟁, 권력투쟁이라는 길 위에서 눈감고 성실히 걸어왔을 뿐이다. '무엇이 이득인가'가 아닌 '무엇이 옳은가'를 중심으로 살았다.

정치영역에서 정치를 직업으로 삼는 것이 내 인생의 유일한 선택일 수밖에 없다고 결론내렸었다. 그래서 사회적, 역사적 가치를 중심으로 정치적 선택을 계속했고 남들이 걷지 않는 길이라도 두려움 없이 걸었다. 당연히 우리에게는 노무현이라는 정치지도자가 있었다. 그 때문에 가능한 길이었고 그 때문에 걸어올 수 있었던 길이었다. 중간중간 그의 낙담과 좌절, 참모로서 내가 대신할 수 없는 영역에 가슴 아파하면서 나는 그저 묵묵히 그를 도와 그의 곁을 떠나지 않고 자리를 지켰다.

2004년 2월 —

17세 어린 나이에 혁명을 하겠다며 피끓던 아이가 24년 뒤에 감옥에 앉아 생각한다. 이제 내 나이 41세. 60세까지 딱 20년이 남았다. 이 20년 동안 무엇을 할 것인가.

만인으로부터의 동의, 칭송, 지지를 받는 권력이란 존재할 수 없다. 권력은 늘 부패한다. 그래서 모든 권력은 불신의 대상일 뿐이었다. 이 때문에 지도자는 늘 위태로운 외줄을 탄다.

대통령 말씀처럼 시대와 역사에 대한 소명의식, 신내림이라도 얻지 않고선 솔직히 못해먹을 노릇이다. 지도자에게 현실의 기쁨은 존재하지 않는다. 이솝이야기에 나오는 신하의 발길질에 등창이 터져 죽은 원숭이나라 임금처럼 ….

내 직업으로서의 정치는 이제 더 이상 없다. 내 인생의 방편으로서의 정치도 이제 더 이상 아니다. 시대와 역사, 국민 앞에 모든 것을 던질 거냐 말 거냐를 시험받고 있다. 선택의 기로다.

참모는 직업일 수도 있다. 그러나 실명의 대중정치인에게 참모와 같은 자유는 없다. 철저히 대중의 요구에 따라 자신을 던져 넣어야 한다. 그럴 것인가? 정말 그럴 준비가 되어 있는가?

2004년
2월 14일
土

상처 입은 들짐승들의 응급처방, 그 징그러운 생명력

그것이 경미한 통증이든 치명적인 상처든 일단은 위기의 현장을 벗어나야 한다. 은신처를 찾는 그 과정에도 머릿속으로는 수도 없는 생각이 왔다 간다. 부러진 걸까. 큰 상처는 아니어야 하는데 ….

그리고 적의 눈에 띄지 않는 곳에 앉아 조심스럽게 혓바닥으로 상처부위를 핥는다. 일단 통증이 가라앉아야 한다. 정신이 혼미해지고 호흡이 끊어질 듯한 이 통증이 사라져야 일단 뒷수습이 된다. 통증을 달래기 위해 호흡을 끊고 조절하며 혓바닥으로 상처부위를 핥고 또 핥는다.

지난 두 달의 순간이 나에겐 늘 이랬다.

폐부 깊숙이 작살 맞은 짐승 모양으로 절룩거리며 구치소에 들어와 살에 박힌 작살을 뽑으려고 노력하거나 아니면 내 몸 속의 일부로 인정하기 위해 짐승처럼 상처부위를 핥고 또 핥았다. 어떤 작살은 뽑히지 않았다. 어떤 작살은 살 속 깊이 박혀 내 몸으로 만들어버렸다. 그러나 어떤 작살은 육화(肉化)하기도 어려운 상태로 부러져 꽂혀 있었다. 또 어떤 작살은 스쳐 지나갔지만 몸으로 받아낸 것보다 더 큰 상흔으로 남아 나를 괴롭혔다. 한 마리 겨울 산짐승 같은 외로움과 쓸쓸함이 통증과 함께 항상 몰려온다. 그리고 그 자리에 떠오르는 내 처자식에 대한 회한(悔恨) 어린 그리움이 밀려온다. 상처에 뿌려지는 소금처럼 회한어린 가족에 대한 그리움은 겨우 버티고 앉았던 몸을 짚더미처럼 널브러지게 만들었다. 뜯긴 풀잎 끝에 풀잎의 체액이 덮이듯이, 잘린 솔가지에 송진액이 피막을 만들 듯이 이렇게 실신하듯 쓰러져 버리는 날들이 지나고 나면 그 끈끈한 점막질이 질긴 피부가 되었다.

나는 이 모진 생명력에 늘 감탄하고 늘 징그러워진다.

우리는 그렇게 배우고, 그렇게 반성하고, 그렇게 다시 태어나고, 그렇게 살아가게 되는 것인가 보다(추가 혐의로 조사받고 구치소로 돌아오던 날).

2004년 2월 18일 水

경건함 — 삶과 인생에 대한 경건한 자기성찰, 하고 있나?

즐거움에 들떠, 괴로움에 지쳐 '살아가는 것, 살아있음에 대한 진지한 자기성찰'을 해본 지 오래다.

어릴 적 중학교 3년 내내 박명(薄明)의 새벽이면 … 나는 2킬로미터 가량 떨어진 할아버지 산소에 아침운동을 나갔다.

동네 형, 친구들과 패를 묶어 앞산에 올랐다. 오르는 데 한 20분 걸리는 해발 200~300미터 고지의 작은 산이었다. 산 정상에는 훈련소 군인들이 파놓은 참호가 정상을 빙 둘러 파여 있었다. 그곳에 오른 꼬맹이들은 어둔 박명의 동네를 향해, 그 너머로 넓게 펼쳐진 논산평야를 향해 "야~호"를 외쳤다.

겨울이면 매서운 눈보라가 몰아쳤고 살을 에는 추위도 있었지만 이 행사는 이 또래 집단의 그 누군가가 — 나보다 한참 위의 형으로 기억됨 — 리더 역할을 중단(?)함으로써 중지되었다. 아마도 그 형은 조무래기들과 더 이상 놀기가 싫어졌었나 보다.

이 꼬맹이들의 — 초등, 중학생 — 아침 야호소리에 동네 개들이 제일 먼저 화답했고 잠시 뒤 야트막한 초가집 지붕 위 굴뚝에선 밥 짓는 하얀 연기가 피어올랐다.

'야호' 행사가 끝나면 정상 근처의 동굴로 향했다. 일제시대 금광개발을 위해 파다 만 길이 5미터 되는 동굴에 가서 세수를 했다. 5미터 가량 들어간 동굴 속에는 작은 물웅덩이가 있었는데 어릴 적 난 그 연못이 지구끝까지 깊이 들어가 있을 것이라고 생각했다. 자칫 한 번 빠지면 영원히 살아 돌아올 수 없으리란 공포감을 가졌다. 대보름도 한참 지난 깜깜한 밤중에 서낭당을 지나갈 때처럼 무서웠다.

죽을 수도 있다는 공포감을 주는 곳은 이 동굴뿐만이 아니었다. 오싹해지면서 내가 잘못한 것은 무엇인지 반성케 하고, 살아있음을 감사하게 만든 것은 산 옆에 있던 공동묘지 언덕도 마찬가지였다.

우리 초등학교 교장선생님 관사 뒷문으로 통하던 하산로는 서늘한 산기운을 느끼게 해주었다. 한여름이 되면 이 산기슭 그늘의 시원함을 느끼곤 했다. 정자나무 밑 그늘보다 산자락 그늘이 더 시원하다는 느낌이 신기하곤 했다.

그늘, 그림자에도 '질'(質)이 있구나. 동네 싸움꾼형의 주먹과 다른 형의 주먹세기에 차이가 있듯이 … . 동굴에서 아침세수와 냉수마찰을 끝낸 꼬맹이들은 열을 맞추어 학교관사를 통해서 학교운동장으로 뛰어 내려가 두 패로 나뉘어 공을 찼다.

아! 등산길에는 우리가 붙여놓은 몇 가지 이름이 있었다. 유격훈련하듯 상체를 잔뜩 구부리고 앞사람의 희끗한 옷자락만 따라가던 그 등산길 중간에는 작은 돌부리가 있었는데 그 돌부리를 계단처럼 밟으면 힘이 난다 하여 '힘을 주는 돌'이라 불렀고 하산길 급경사를 뛰어 내려가다가 급경사 어느 지점엔가 서 있던 나무는 이름 붙이길 '생명의 나무, 구원의 나무'라 고 이름 붙였다. 그 나무가 아니면 급경사를 뛰어 내려오다 급기야는 앞으로 고꾸라질 판이었기 때문이다.

이 아침행사가 언제부턴가 패가 깨지면서 — 아마도 리더들이 상급학교에 진학하는 바람에 또래그룹이 와해되었을 듯하다 — 한동안 아침운동을 할 수 없었다. 그러다가 다시 시작한 게 할아버지, 할머니 산소에 새벽 성묘가기였다.

혼자서 시작한 일이었다. 새벽 여명을 뚫고 2킬로미터 가량을 뛰어 조부모 산소에 갔다. 아침이슬이 맺혀있는 풀밭을 지나 산소에 절을 하노라면 서늘한 산기슭의 아침기운과 함께 뭔지 모를 기운이 땅에서 올라왔다. 절을 하려 엎드린 손바닥과 온몸에 느껴지던 땅의 기운들 … 묵묵히 서 있는 두 봉분과 그 봉분 어딘가로부터 뻗쳐 나와 "할아버지 할머니 열심히 성실히 살겠습니다"라며 나를 절하게 만들던 그 기운이 지금도 분명히 느껴진다.

"敬" — 이 글자가 상형문자라는 것을 알았을 때였다. '어두운 한밤중에 천둥번개에 놀란 듯이 몸을 웅크리는 사람 모습'을 나타낸 것이라고 한다. 나를 낮추어 다시금 나의 출발과 존재에 대해 되묻는 행위 … . 이게 우리가 신 앞에 엎드리는 일이요, 조상 앞에 엎드리고 서낭당과 장독대 접시 물에 엎드린 이유 아니었을까.

성장의 방종기에 조부모 묘역에 가서 나를 엎드려 나의 출발점과 나의 지향점을 묻고 답했던 어릴 적 그 시절의 추억 … .

절대백지, 절대여백 위에 나의 그림자를 찍었고 그 모습을 반성하고, 그 모습의 왜소함에, 그 모습의 부끄러움에, 그 모습의 부족함에 반성하고 그래서 더욱 삼가고 삼가서 인생의 길을 걷게 했던 그 경건한 의식이 필요하다. 그것이 예배당이든 절이든 조상묘이든 서낭당이든 선방이든 뭐든 좋다.

2004년
2월 20일
金

대통령을 생각한다

위대한 분이다. 그 많은 현자들, 이론가들이 말한다. 당신의 리더십에 문제가 있다. 당정의 문제, 대국회 '3권 분립', 대통령 권력에 대한 견제와 균형, 권력기구의 독립 …. 모두가 이상적 미래를 이야기하지만 내놓는 현실의 실천프로그램이란 책임만 돌아올 뿐이다. 누이 좋고 매부 좋은 식의 현실성 없는 충고만을 내놓을 때 대통령은 뚜벅뚜벅 새로운 대한민국을 향해 걸음을 옮기고 있다.

모든 비난은 이러한 실천이 있고 난 후에야 의미 있는 평론일 뿐 노무현 대통령과 같은 수준에서 문제제기된 지적을 난 아직 보지 못했다. 있다면 김용옥 교수의 왕권과 대통령에 관한 일갈뿐이었다. 온몸에 고슴도치와 같은 벌떼들의 공격, 쏟아지는 화살을 맞으며 뚜벅뚜벅 대통령은 역사의 미래를 전개해내고 계시다. 어떤 때 보면 전율이 느껴진다. 저 확신, 저 순교자적 신념은 어디서 나온 것일까.

힐러리 클린턴이 그의 자서전 서문에 클린턴 집권 2기를 마친 후 다음과 같이 말했다.

Throughout Bills tenure, We encountered political opposition, legal challenges and personal tragedies, and we made our fair share of mistake.

But when he left office in January 2001, America was a stronger, better and more just nation, ready to tackle the challenges of a new century.

(그 많았던 공격들, 개인적 고통들 … 이것들에 대해 솔직하고 정당하게 책임져 나왔다. 그러나 임기가 끝난 후 강해지고 새롭게 정의로운 미국, 새로운 세기의 도전에 잘 준비된 미국을 볼 수 있게 되었다 ….)

말이 좋아 we made our fair share of mistake … 지, 그 고통이 이루 말할 수 있었겠는가.

오로지 현실의 임무, 미래를 향한 비전, 끊임없는 반성적 직로(直路) 속에서 한 걸음 한 걸음 뚜벅뚜벅 걸어가는 힘. 이거야말로 위대한, 가장 강력한 대통령이 아닌가.

우리는 진정한 의미의 민주공화국으로 향하고 있다. 그것이 우리 사회의 도약을 가능하게 하기 때문이다. 누군가가 대북 퍼주기라고 비난했다. 그러나 그것은 단순히 민족애, 이념적 가치 등의 퍼주기가 아니다. 우리의 활로개척을 위한 비용으로 봐야 한다.

지금도 마찬가지다. 개혁을 위해 개혁하는 게 아니다. 우리나라의 도약을 위한 조건이기 때문이다. 왕권과 다름없는 대통령 권력, 이 권력을 정점으로 입법부의 낙후성이 조장, 방치되고 국가기구의 효율성 제고가 방치되고 정경유착, 기업지배 구조의 후진성이 온존 유지되어 왔다.

한국사회의 새 출발은 삼각형 꼭지점, 피라미드의 정점이 되었던 대통령 권력이 견제, 균형, 효율의 무게중심으로 위치이동함으로써 시작된다는 흔들릴 수 없는 확고한 믿음으로 대통령은 뚜벅뚜벅 한 걸음씩 움직이고 있다.

자신이 이미 잡아놓은 — 기득권이든 아니든 — 자리를 이동시키는 일이니 모두가 새롭게 배정받거나 아니면 새롭게 자리잡아야 하는 자기자리 때문에 심기가 불편하고 불안할 것이다. 왜 다들 조화롭게 대화하면서 풀지 못하느냐, 왜 이렇게 준비 없이 하느냐고 말하지만 사실 누구나가 다 합의하는 변화가 인류역사에 과연 존재했는가.

"맞는 걸 두려워 말라. 그러나 왜 무엇을 위한 것인지는 분명히 해둬라."

대중사회의 공인이 된다는 것. 말밥에 오르고 칭찬보다는 씹히기가 기본법칙일 수밖에 없는 대중사회에서 좋은 평가만을 신경쓰면 결국 아무것도 하지 않겠다는 것일 수 있다. 그러나 대중의 여론을 아예 무시하는 것도 대중사회의 실명가가 취할 도리가 아니다. 두들겨 맞든 칭찬을 받든, 대중의 동의를 얻어 어떤 산맥을 넘을 것인지는 분명히 생각해두어야 한다. 이런 준비 없이 두들겨 맞을 때마다 불안, 초조해 한다면 그것은 배가 뒤집히는 불상사도 초래할 수 있다.

매우 예민하게 두 귀 쫑긋 세워 민심을 들어라. 그러나 거기에 일희일비(一喜一悲)하지 말라. 내가 지금 무엇을 하려 하는지만 생각하라. 바둑은 결국 끝내기다. 돌을 던질 때까지, 집을 다 헤아릴 때까지 어느 한 수로 상황이 종결되거나 시작되지 않는다.

2004년
3월 1일
月

너무 늦게 깨달았습니다.
그러나 아직 늦지는 않았다고 생각하겠습니다

2002년 12월 14일. 저는 무명의 참모였습니다. 그러나 그날 이후 저는 나라종금으로부터 2억 원을 받았다는 주홍글씨를 등에 붙인 채 대중 속의 실명이 되어버렸습니다.

겸양의 마음으로, 이름이 알려지거나 알려지지 않았거나 제 스스로 뭐가 달라질 게 있으랴 싶었습니다. 그러나 그것은 잘못된 생각이었습니다. 더욱 더 삼가고 삼가야 했습니다. 이제까지 누군가로부터 도움을 받을 때, 저는 무명의 한 젊은 정치인일 뿐이지만 타인으로부터 선의의 투자를 받을 정도의 가치와 신념은 가진 정치인이라는 자부심은 있었습니다.

이름도 없고 빽도 없는 사람에게 누군가가 도움을 준다면 도와줄 만한 가치와 신념이 있는 것이라는 자부심 말입니다. 그러나 이런 자부심은 계보의원 하나도 없고, 대통령선거에서 승리가능성을 아무도 예측하지 못하던 그런 정치인의 참모였던 순간까지만 유효했습니다. 이것을 저는 빨리 깨달아야 했습니다. 대통령 후보가 되고 대통령선거에서 이긴 후부터 제가 받은 과거의 그 도움은 '선의'로만 보일 수 없다는 사실을 저는 너무 늦게 깨달았던 것입니다. 수천억 들던 선거를 적은 돈으로 치렀다는 긍지는 있습니다만, 이것은 뒷날의 시간과 사람들이 평가할 문제로 남겨 놓아야 합니다.

대통령 측근으로서 청와대에 가보지도 못하고 이리저리 불려 다니며 조사받아야 했습니다. 5년 뒤 더 이상 측근의 부패를 보지 않기 위한 예방주사였다고 생각합니다. 원망·억울함도 많았습니다. 젊은 정치지망생으로서 한 가정의 가장으로서의 역할도 해야 했습니다. 그러나 현실에서 이 길은 참으로 어려웠습니다. 집사람이 교편생활을 해서 그나마 버틸 수 있는 시간들이었습니다. 대통령 측근으로서 측근노릇 한 번 변변히 못 해보고 선거가 끝나자마자 지난 1년간을 언론과 검찰과 특검으로부터 쫓겨다녀야 했습니다. 대통령 선거에서 이기고 난 후 단 한 번도 어깨펴고 다녀보지도 못한 터여서 억울한 마음이 항상 밑바닥에 깔려 있었습니다.

하지만, 지난 100일에 가까운 검찰수사와 1년여에 걸친 언론의 조명, 특검수사를 통해 걸러지고 걸러지다 마음 속 투명하게 느껴지는 것이 있었습니다. 이것은 시련이 아니라 제 개인에게 더할 나위없는 훈련이고 기회라고 생각하게 됐습니다. 수형생활을 통해 이 시간의 의미를 되새겨보도록 하겠습니다.

젊음의 힘은 반성에 있다고 생각합니다. 공인이 되려는 자들이 지녀야 할 엄격한 책임과 자세에 대해 검증받는다는 생각으로 이 시간을 정리하고 있습니다.

밀려와 부딪히는 끊임없는 파도의 쇄도는 상수(常數)로, 언제나 지속될 일로 받아들입니다. 그 파도에 씻겨 깨져야 할 것들에 대해 안타까워하거나 부끄러워하며 쓰러질 수는 없습니다. 씻겨가고 부서져 나가면서 '나다움, 나의 것으로 지켜야 할 실체들'에 대해 정신 잃지 않고 부여잡으려 합니다. 그 깨져나가는 것, 부끄러움의 조각들 말고도 나는 스스로 가꾸고 지켜나가야 할 소중한 가치들을 갖고 있다고 생각하려 노력합니다.

2004년
3월 6일
土

우리 역사에서 서양 역사의 혈액형을 찾으려 하지 말라

우리 역사에 근대화, 민주화의 맹아(萌芽), 자생적 발전가능성 운운하며 우리 역사를 우리 역사의 자체발전 과정으로 보지 않고 서양사의 발전법칙, 서양사의 근대화 이행기라는 도식으로 우리 역사를 보아선 안 된다는 도올 김용옥 교수의 지적에 깊이 공감한다. 서양의 3단계 논법에 따라 우리 역사가 지금 어느 발전수준이라고 상정하고 그에 따른 사회운동과 전망을 습관적으로 내놓던 행태 … 참으로 잘못된 태도다.

우리 역사는 우리 역사 나름대로 인간의 역사가 찾아가는 — 물이 높은 곳에서 낮은 곳으로 흐르듯이 — 그 당연한 흐름대로 가고 있기 때문이다. 조선 500년의 역사가 있었고, 짧은 대한제국의 역사가 있었고, 일본의 강점기를 거쳐 해방 후 60년에 이르는 흐름이 있었다. 이 긴 역사가 결국 어떤 교훈을, 어떤 과제를, 어떤 한을 품고 왔었는지 깊이 있게 성찰할 일이다.

남의 나라 역사를 자꾸 곁눈질하며 우리의 역사적 과제를 살피려 하지 말자. 옆에 누운 환자의 표정을 보면서 나도 따라 아픈 척하고, 다 나은 척하는 꼴이 아니겠는가. 이 조국강산에 총 맞고, 칼 맞고 쓰러져간 조상들의 원혼이 무엇을 말하고 있는지 … 보고 또 보아야 할 일이다.

패배의식 — 이 의식은 우리의 숙명 같은 의식이다. 패배의식으로 우리 역사가 단절되는 듯하지만 난 역으로 패배의식만큼 역사적으로 큰 절규는 없다고 생각한다. 기회가 되면 내가 얼마나 용감한지 눈에 핏발서고 일어서서 입증하려 할 것이기 때문이다. 그런 점에서 우리 역사는 패배, 절규의 한풀이를 꼭 해야 한다. 이기는 역사, 민초가 이기는 역사를 완성시켜 봐야 한다. 사기당하지 말고….

조선경국전(朝鮮經國典) 정보위(正寶位)에 나타난 정도전의 조선 건국철학은 서양의 봉건영주와는 확연히 다른 우리식의 민주주의 발전역사였다. 자연의 법(法)·덕(德)이 만물의 생(生)에 있듯, 민심·민의가 치자(治者)보다 더 우위에 있음을 선언한 것은 우리 민주주의 역사의 극명하고 명백한 시원(始原)이었다.

그러나 민(民)이 주인임을 선언하고 민심은 천심이라고 선언한 우리의 역사는 이것을 제도화하는 데 결정적 한계를 노출시켰다. 치자(治者)의 도덕성·경각심을 강조할 뿐이었다. 자임(自任)하는 군자(君子), 그 군주에 의해 간택된 신하, 그 신하들의 죽음을 건 군주 견제장치….

이러한 시스템은 왕족을 동족상잔의 피비린내 나는 싸움판으로 몰아넣었고, 각종 사화(士禍)나 사화(史禍)로 수많은 신하, 민초들을 죽음으로 몰아넣었다. 친친(親親), 종종(宗宗), 현현(賢賢)의 법칙만으로 왕권과 신권의 안정적 시스템은 만들어질 수 없었다. 자임(自任)하는 권력, 도덕적 자기강제만을 기초로 한 권력은 반드시 부패하고 망한다는 것을 조선 500년의 역사는 보여주었다.

민(民)이 주인되는 제도, 민심을 가장 효과적으로 반영하는 제도, 민이 졸(卒)이 아닌 주인이 되게 하는 제도의 완성이 조선 500년사의 숙제였다. 민심이 곧 천심이라 했으면서도 민심은 위정자들의 당쟁용 논리로 사용될 뿐이었고, 집권용 이용대상이 되었을 뿐이었다. 사색당파(四色党派)의 싸움에 이용되었고, 왕권의 강화를 위한 장식용으로 이용되었다.

조선말기, 대한제국의 시기에 민(民)이 직접 나서 국가의 위기를 극복해 보려는 시도가 있었으나 집권자들이 외세를 동원해 오히려 제나라 민중을 압살해 버렸다. 정쟁을 위한 도구로서의 민심은 인정해도 민(民)이 정말로 주인이 되는 것을 그들은 원하지 않았다. 1884년 대한제국 성립기와 멸망기의 개혁파든, 민이든, 대원군이든 모두가 민을 이야기하나 그들은 민의 주인됨을 이야기하는 것이 아니라 자기의 돛에 힘을 제공하는 바람으로서의 민심만을 바랐다.

서양의 시민군처럼 평민이 주인되어 국가권력을 정하고 왕권을 상징적 뒷방세력으로 밀어붙이고 시민・평민이 평등한 주인으로서 국가의 운명을 정한 역사가 우리에겐 없었다. 모두가 실패했고, 그래서 사람들은 "계란으로 바위치기"라는 말로 역사적 패배주의, 허무주의에 젖어 살아왔다.

그러나 지금 노무현 대통령은 살아도 민심에 따라, 죽어도 민심에 따라 결정하겠노라고 선언했다. 집권하면 민의보다 기득권 질서내의 타협과 나눠먹기로 권력을 유지해온 게 우리의 역사였다. 하지만 노 대통령은 오직 국민과 나라의 승리만을 이야기할 뿐, 불의와 국민이익에 반하는 어떤 기득권과도 타협하지 않았다.

정파적 이익보다는 오로지 국민과 나라의 이익만을 위해 자신을 던지겠노라는 대통령의 원칙적 행보가 모든 거짓과 위선세력, 국민의 대표성을 가장한 기득권 지배세력의 반민주적 본질을 천하에 드러나게 하고 있다.

그들은 자신들의 이득을 위해 120년 전에는 청나라, 러시아, 프랑스를 끌어들여 제 동포를 암살케 했고, 일본의 앞잡이가 되어 '대동아공영권'을 선창했으며, 친일 · 쿠데타 정권의 앞잡이가 되어 '반공과 반북 친미'의 논리로 국민을 어르고 뺨때리며 자신들의 이익을 채워왔다.

국가와 민족의 이익은 공존 · 공영 · 평화에 있음에도 제 자식 군대 하나 안 보내본 자들이 반북 · 친미 · 냉전을 강요한다. 반북 · 반공 · 친미라는 뺨때리기, 국민 어르기로 자신들의 기득권 체제를 유지해 온 자들이 이 주술 같은 구호가 21세기 정보화 시대에 더 이상 먹혀들지 않자 그들은 지금 자기분열증에 빠져 있다.

국민과 국가, 민족의 이익이 어디에 있는지, 오로지 이 기준만으로 판단하고, 오로지 이 목표만으로 살아보라고 하면 잘 돌아가는 트랙터 엔진처럼 국가가 잘 돌아갈 것이다. 하지만 자신들의 기득권 질서를 유지하기만을 바란다면 지역감정도 이용하고, 색깔론도 이용하면서 온 나라를 지저분한 막춤판으로 몰아넣을 것이다.

국민이 더 이상 속지 않고, 대통령이 그런 위협에 굴복하지 않겠다고 선언했다. 16대 국회, 16대 정치지형은 국민의 심판을 받고 다시 태어나라! 그러면 타협하겠다. 그래야 대화하겠다. 이게 국가와 국민이 승리로 가는 길이다!

대통령을 생각하며

당신을 모셔왔던 지난 10여 년 동안.

왜 그러셨을까, 뭔가 잘못 판단하고 계신 것은 아닐까…. 이런 의문이 들었던 건 몇 번에 불과했지요. 아마도 대부분의 경우 난 당신의 결정 — 그 결정의 과정과 그 결정이 도달하려는 목적지까지 — 을 나의 결정으로 받아들였고, 많은 경우 그것은 서로 일치했습니다.

한국 주류사회, 기득권질서, 수구기득권 체계와 타협할 수 없다는 비타협 투쟁의 정신과 자세가 당신을 닮았기 때문일 것입니다. 배를 주릴지언정 무릎 꿇고 구걸하거나 타협하지 않겠다는 마음가짐, 마음의 쓰임새가 비슷했다고 저는 기억합니다. 그리고 그런 당신의 본능, 정신을 닮으려 부지불식간에 노력했고, 그러다 보니 내 기질이 원래 그런 것이었다고 말할 만큼 비슷해졌지요. 정교함, 앞뒤를 정확히 계산하는 기술능력, 국민의 정서와 역사의 흐름을 읽는 힘 등을 배우려 노력했지요.

그런데 지난 해 2월 취임식 이후, 한때 저는 심각한 혼란에 빠져야만 했었습니다. 당정간의 문제, 선거공신과의 문제, 권력기구들의 제 위치잡기 위한 조정의 문제, 사회 개혁세력을 결집시켜 내기 위한 전략적 조직작업 등에서 다른 느낌을 — 지금 생각하면 나 역시 조·중·동의 여론조작에 포위되어 버렸지만 — 갖게 되었습니다.

상황이 심각해지고 어느 것 하나 혼란스럽지 않은 곳이 없는데도 청와대만 자신만만해 하고 용기백배해 있는 모습이 이해되지 않았었습니다.

· 설득과 이해를 구하는 것이 기본임에도 당신께서는 일방적으로 감행하실 뿐이었습니다. 참으로 이해하기 난감했습니다.
· 참여정부의 구성과 운영에 대하여 '의원들과 상의하지 않으니' 모두가 뒤돌아섰습니다. 그 '강행과 일방통행(?)'에 어떤 깊은 뜻이 있는지 다 헤아리기 전에 거듭되는 정국의 요동이 걱정되었습니다.
· 언론권력과의 싸움도 긴장관계만 존재할 뿐 어떻게 지내자는 해결책 없이 냉전상태만 지속되었습니다.
· 권력기구는 그 기구를 방임시켜 버렸습니다. 선출된 대통령 권력이 국가기구를 통제하거나 지휘할 길 없이 요동치는 바다 위의 쪽배처럼 흔들렸습니다. 우리 스스로의 허물이 어느 정도인지 가늠해 볼 길 없이 독 오른 뱀 같은 검찰권력에 모든 것을 다 던졌습니다.
· 대 의회관계, 대 여당관계를 어떻게 디자인할 것이냐는 디자인 개념이 애초 없었습니다. 지역주의 정당구조는 깨져야 한다는 대전제 아래 17대 총선에서 지역정당 구조가 깨져야 한다고 주장할 뿐이었습니다.

당신의 엄청난 원칙, 개혁의 대 목표를 향해 일점 전진하는 그 보폭에 저는 놀라고 당황스러웠습니다. 그러나 그러면서 본의 아니게 당신을 떠나 있어서 생긴 저의 이해부족을 깨닫는 데는 그리 긴 시간이 필요하진 않았습니다.

· 지금의 민주당으로 안 된다. 집권여당이 될 수도 없다. 당정분리의 원칙을 지킨다. 민주당의 환골탈태를 촉구한다.
· 새로운 정당지형, 새로운 정치지형 안에 집권여당이 형성되기 전에 집권세력의 당정협조 시스템, 공유협업 시스템은 모두 17대 총선 이후의 과제로 보겠다. 정치권, 정치판을 바꾸는 데 전념해 달라. 이 정부는 그때까

지 당정분리의 냉정한 원칙 위에 서 있겠다.

· 권력기구들은 과거와의 단절을 위해 노력해야 한다. 검찰을 권력이란 이름으로 통제하지 않겠다.

결국, 이 부메랑 같은 검찰의 칼날이 정치권을 습격했습니다. 그 칼날에 당신의 측근들이 얼마나 베일지 가늠하지도 않으셨습니다. 기존의 부패한 정치문화 속에서 우리도 맞아야 할 것이 있다면 그냥 맞을 각오하자! 가을 타작마당의 도리깨질처럼 8개월에 걸친 검찰의 매타작이 정치권과 경제계를 강타했습니다. 모두가 도리질 칠 만큼 치도곤 당했습니다. 누가 돈 준다면, 도망갈 지경이 되어버렸습니다.

그러나 총선을 앞두고 호남과 영남의 지역정당 지도자들이 마지막 발악을 했습니다. 당신을 탄핵한다고 합니다. 탄핵사유가 되느냐고 물을 만한 경미한 것이었습니다. 당신께서는 탄핵이라는 이 중대한 문제가, 납득할 만한 이유도 없고 설명도 안 된 채 정치적으로 타협되고 조정되어야 한다고 하는 주변의 권고에 분명한 반대의사를 표시했습니다.

잘 다려진 바지주름처럼, 당신의 결정을 듣노라면 꾸겨진 바짓가랑이가 깔끔하게 펴지고 그 위에 정갈한 기준이 될 주름이, 그어놓은 선처럼 세워집니다. 적당한 정치적 타협, 그에 상응하는 적당한 정치적 공갈과 협박 …. 이 모든 것을 헌법적 원칙, 법률과 제도의 원칙에 따라 명명백백하게 처리해 보자는 당신의 생각. 사법고시를 준비하시면서 보았을 헌법과 민주주의의 역사에 대한 건강하고도 굳건한 믿음과 상식이, 잘나고 많이 배운 자들, 노련하다는 자칭 경륜가들을 부끄럽게 만들었습니다.

"나도 국민의 요구를 쫓아가기 바쁘다"고 한탄하시던 당신의 깊은 시름과 탄식이 기억납니다. 그 국민과 역사의 요구가 분명함에도 나의 게으름, 나의 기득권, 나의 부족함, 나의 결함, 나의 용기부족으로 부응하지 못할까 걱정하시던 당신이십니다.

"국민과 역사는 항상 승리하는 길로 나아가야 한다"던 광주노사모에 보낸 편지글 — 그 말씀 속에서 저는 제가 걸어갈 길이 보였습니다. 달게 꿋꿋하게 걸어가겠습니다.

2004년
3월 13일
土

탄핵

국회의 탄핵 발의, 대통령께서는 헌재까지 가보자는 생각이실 게다. 국정중단이라는 이 중대한 사태를, 발의한 국회가 옳은지, 정당한지 타협 없이 헌법이 정한 대로 판단해 보자는 생각이실 게다. 국민과 역사에, 헌법이 정한 심판절차에 다 맡겨 적당히 타협하여 기존의 낡은 기득권을 온존시키지는 않겠다던 … 그 분의 의지다.

내 문제가 단 몇 마디, 몇 초라도 궁색한 해명을 하게 해드렸으니 죄송한 마음뿐이다 … .

모질고 모진 시간이 흐르고 있습니다.

'소지'가 취장의 긴급소식이라며 탄핵가결 사실을 알려줬다. 저녁에 TV가 나오지 않아 수용자들이 나 때문에 안 틀어주는 거 아니냐며 시끄러웠다. 아마 TV 오조작으로 누전이 된 모양이다.

모든 사람들이 나의 안색을 살핀다.

내가 혹시 잘못되지나 않을지 … .

2004년 3월 19일 金

우리 시대의 신념, 이념, 이데올로기

인간의 부족함과 권력의 위험성에 대한 제도적 안전망보다는 장자(長子)에게 무한위임(無限委任)을 맡겼던 역사였다. 그러다가 문제가 발생하면 장자(長子) 하나에게 모든 책임을 뒤집어씌우고 나머지 모두가 면죄부를 받는 참으로 한심하고도, 무책임한 사회문화와 정치제도를 우리는 갖고 있었다.

신뢰하지 않으면서 무한위임을 하는 사회. 성군(聖君)의 출현, 왕도, 덕치에 목을 맬 뿐 제도로 견제시켜 부패와 위험을 막으려 하지 않았다. 장자(長子)에게 모든 책임을 맡기고 그리면서도 그 장자에게 충성도 하지 않는 사회.

이러다보니 누구나가 다 사회지도층이 되려 하고 사회적 성공을 꿈꾸지만 아무도 그 계층을 마음으로 존경하지 않는 사회가 되었다. 일단 그 계층에 들어가면 그 지도층이 공동체 전체의 이익보다는 그들만의 이익에 몰입한다는 것을 잘 알고 있으면서 겉으로는 모두가 다 고상한 이야기를 하면서 그 지도층이 되고 싶어하는 사회였다.

이 지도층의 특권을 거부하고, 부정하고 국민의 뜻으로 재편성하는 일. 그래서 지도층이 특권이 아니라 존경과 명예의 대상이 되어 공동체를 위해 헌신하는 사회로 만들자는 시도는 뜻대로 되지 않는다.

이제 한국사회는 지배계급과 피지배계급의 이 영원한 이율배반의 역사를 깨야 한다. 누구나가 다 감독관이 되고 싶어 하면서도, 모든 사람은 다 감독관의 특권을 비난하는 사회. 이 블랙코미디 같은 구조가 바로 우리의 봉건시대, 식민지시대 잔재다.

이는 국민이 자신의 지도자를 주인답게 선택해 보지 못했기 때문이다. 식민지시대의 지배계급이 피지배 민족에 의해 선출될 리가 있었겠는가. 가렴주구, 탐관오리가 들끓던 조선왕조의 몰락 속에서 지배계급은 민중의 공복이었을 리 없다. 말로는 공복이요, 종이지만 그것은 구두선일 뿐, 타고 누르는 특권층이요, 지배자였을 뿐이다. 사회적 리더십, 사회의 재배계급이 진정으로 국민에게 그 권위가 존중받고 국민에 의해 선출되는 사회로 우리는 지금 가고 있고 가야 한다.

어두운 방에 촛불 심지 밝히듯…

아무도 아는 이 없는 객지, 역앞…
누구나 다 타인이었다.
찬바람 쌩쌩 부는 냉담과 무관심의 타인일 뿐이다.
이 낯선 배경을, 익명의 그 공간을
손때 묻고, 이름 불러 정겨운 것으로 만들어가는 작업…
세상사는 이치고 의미다.
어두운 방에 호롱불 켜지듯이
어둔 새벽 여명이 미지의 모든 것들을 밝혀주듯이…
어둔 밤에 세상의 모든 것은

나의 발등을 찍고 내 눈을 찌르고

나의 발을 걸어 자빠뜨리는 위험물들이지만

어둠을 몰아낸 그 실명의 공간에선

모든 것이 정답다.

2004년 3월 22일 月

혁명이 아니라면 우리가 걸어온 길이 최선이었다?

나. 1980년대 혁명을 꿈꾸던 개혁주의자.

1990년대, 사회주의 노선의 패배·시장 인정·자본주의 시장질서의 수용을 선언했다면 그리고 이 속에서 한국사회 개혁세력의 집권을 꿈꾼다면…. 아마 우리가 걸어왔던 길이 최선의 수순이었을 것이다.

노동자 계급정당을 하겠다? 집권하지 못해도 좋다? 그렇다면 그건 별개의 문제다.

1970~1980년대, 아니 해방 후 60년 가까운 역사 속에서 친미·군사 독재·반공냉전주의·친일파·반민주세력들에 대항했던 민주진영·평화진영·통일세력·민족자존세력·민주주의세력·사회적 약자·소수에 대한 인권주의자….

이 땅의 개혁세력의 정체성을 사실 한 마디로 규정하기란 힘들다. 반(反) 박정희·반(反) 전두환 전선에 모인 세력들이 워낙 다양해서 일단 이 전선이 무너지니까 계급주의자에서 환경주의자, 민족주의자, 자유주의자, 종교적 평화주의자에 이르기까지 이 땅의 개혁세력이라는 사람들의 스펙트럼이 공중에 흩뿌려 퍼지는 산탄처럼 1990년대의 공간에 쏟아져 나왔다.

1990년 그 10년의 지랄 같은 방황…. 방위개념도 사라지고 앞과 뒤, 적과 동지도 사라진 것처럼 보여 아무하고나 제 편하고, 이익가는 대로 붙어먹어도 좋을 것만 같았던 시간들 … . 그 혼란의 시대가 지나고 나니 마치 노아의 홍수 때 쓰던 배가 히말라야 중턱에 처박혀 있었다는 이야기처럼 엉뚱한 사람들이 군사정권의 본류당에 들어가 앉아서는 합리적 보수, 개혁적 보수를 외치며 미쳐 날뛰는 꼴이 만들어졌다.

양 김씨가 분열하고, 홧김에 YS가 불륜을 저지르고 호남이라는 천형 같은 억압에 밀려 DJ마저 DJP란 이름으로 피를 섞다보니, 뭐가 옳고 그른지 어디가 동이고 서인지 구분하지 못한 어리석은 중생들이 무리를 지어 정치랍시고 하는 꼴들이라니 … .

386·개혁을 이야기하는 자들이 산중턱에 처박힌 배처럼 엉뚱한 곳에서 공천받고 줄서서 개혁을 외치고 있다. 동서남북, 제 위치는 이제 분명히 찾자.

상식과 합리, 민주주의 원칙에도 어긋나는 지역주의 정치와 패거리 정치의 공생 메커니즘을 깨고 다들 그만 세정신을 차리자. 그리고 다시 묻고 물어라! 내가 왜 정치하는지? 내 소신과 신념이 무엇인지? 그래서 그 정책과 노선, 신념과 원칙으로 볼 때 나는 누구와 어떻게 정치를 하고 당을 만들어야 하는 것인지 이제 좀 거르자!

혁명, 전민항쟁(全民抗爭)이 아니라 한다면, 사회주의 또는 계급정당이 지고지순한 목표가 아니라 한다면 이 땅의 개혁세력이 걸어야 할 최선이 수순과 철통으로 우리는 여기까지 걸어왔다. 현실정치 속에서 원칙을 섞거나 꺾지 않으면서, 우리 역사에서 극복해야 할 대상들과 피를 섞지 않으면서 최선을 다해 최고의 수순으로 집권했다!

권력은 한 개인의 입신출세 기회가 아니다

모든 세력, 모든 위정자들이 다 보국위민(保國爲民)을 이야기했다. 그러면서 개혁을 했다. 그러나 개혁이 자기 스스로를 향할 땐 항상 그 개혁을 피했고 오로지 정적과 경쟁상대를 죽이는 데만 개혁을 사용했다. 시간이 흐르면서 민의에 의한 개혁은 결국 도둑놈들 자리바꾸기로 끝났다. 그래서 민(民)은 항상 졸(卒)이 되었고 이용만 당해서 역사와 혁명에 대한 허무, 패배의식만을 간직하게 했다.

대통령은 집권·취임하자마자 대통령의 권력, 대통령의 발치부터 개혁의 대상으로 만들었다. 대통령 권력부터 제자리 찾기에 나섰고, 대통령과 함께해 온 지난 시간 속의 모든 것이 혹독한 검증과 사법적 심판대상이 되어버려 결국 나는 피고인석에 앉아야 했다.

새정부를 지지해 준 그 국민의 뜻에 따라서만 길을 갈 것이며 그 길이 나를 불구덩이에 집어넣는다 해도 피하지 않고 걸어나갈 것이다. 배반당하지 않게 할 것이다. 국민의 역사가….

2004년 3월 28일 日

한국사회에서 진보주의, 개혁주의자는 누구인가?

못된 시어머니 밑의 며느리가 또다시 못된 시어머니가 되는 악순환의 단절. 민심을 핑계로 집권해서 다시 민(民)을 타고 앉아 지배하는 이 이율배반의 역사를 끝장내는 일.

지배계급이 특권이 아니라 무한한 봉사, 헌신의 길이 되게 만들어야 한다. 특권은 그 임무를 수행하기 위한 수단에서 예외적으로 허용될 뿐, 자기일신의 안일을 위해 특권이 쓰여선 안 된다.

권력에 특권을 부여하는 사회는 그만큼 룰, 시스템보다 개인·지배자의 개인적 덕치를 강조하는 낡은 체제의 사회다. 무늬만 민주주의일 뿐, 봉건왕조의 붕괴이유를 자각하지 못한 미개한 수준임을 보여준다.

권력자 개인의 특권적 지위에 국가와 사회의 운명을 방임하지 말라. 망한다. 망해왔다. 사회주의 소수정예 전위당이 망했고, 절대왕정이 망했고, 독점경영·황제경영이 망했다.

모든 권력을 견제와 균형의 선 위에 세워놓고 제도와 규칙으로 그 권력이 행사되도록 하는 것! 이게 21세기 대한민국 민주주의, 역사의 현 단계 과제다!

무한권력을 위임해 놓고, 그 무한권력에 혜택을 입거나 아니면 극한의 박해를 받는 사회제도. 누구나가 '도 아니면 모'의 도박게임으로 인생을 팔자소관으로 이해하고 그러한 의식이 지배하는 사회운영을 받아들였던 우리의 역사. 운수소관이요, 팔자소관이요, 잘난 놈, 권세 잡은 놈의 특권이 배 아프면 '억울하면 출세하라!'고 충고하던 사회. 그래서 누구나 "출세하자, 이기는 게 장땡이다!"라는 신념과 상식을 갖게 했던 사회 … . 왜 그런가.

권력 — 그것이 집안 곳간 열쇠를 쥔 시엄씨 권력이든, 나라 곳간을 쥔 국가권력이든, 구멍가게 사장이든, 대기업 주식회사의 사장이든, 항상 의무와 봉사보다 '특권, 군림, 지배, 제맘대로'와 동의어가 되었던 사회. 이 권력의 특권을 없애고 룰과 시스템, 견제와 균형 위에 권력을 세워놓는다면 … . 나누어 먹을 이익이 적으니 인간성 다 내 팽개치고 오로지 '꿩 잡는 게 매'고 '이기는 편 우리편'이라던 기회주의의 역사가 사라지게 되는 것 아니겠는가.

국민 서로가 서로에게 이런 불신, 한탕주의, 출세주의로 살아가는 사회가 선진국이 될 리 없다. "조선놈은 팽이처럼 때려야 한다"는 잘못된 상식이, 아직도 골목길 선술집에서 급하면 튀어나오는 격언으로 남아 있는 사회 … . 이 상식들을 뒤집고 깨는 일 — 21세기 우리의 과제다.

가족주의 — 용서와 포용만이 존재하는 조직 — 그래서 적당주의가, 패거리식 관용과 집단주의가 상존할 수 있는 위험이다

그러나 모두 가족주의를 그리워한다. 어머니 품과 같은 따뜻함을 … . 경쟁과 낙오, 책임과 평가 그리고 패배, 추락 … . 좀 부족해도 바꿔 쓰지 않는다. 고쳐 쓴다. 개선하려 같이 노력하고 불편을 함께 감수한다.

난 이게 좋다. 단, 외부의 새것에 보수적, 수구적 태도를 지니지 않는다면 더 넓은 가족으로 '우리'를 끊임없이 확대하려 노력한다면 세상은 한가족으로 사는 게 옳다. 하지만 세상은 낙오와 패배 그리고 추락이 상존한다. 세상은 이렇게 '새것, 더 좋은 것, 더 효율적인 것'에 대해 구성원들의 끊임없는 자기개혁을 요구한다.

사회생활을 하는 동안 나는 나 스스로가 대상화되고, 감시받고, 짜여진 경쟁시스템 위에서 비교되면서 일하길 거부했다. 그것은 우리 내부의 자발적 노력경쟁이었다. 회사문을 나가면서 그 경쟁 속에서 외로워지고 인생이 고달파지는 그런 시스템에서 살아오진 않았다. 경쟁은 신뢰와 우정을 전제로 시행되었다. 견제와 균형은 나를 죽이고 걸러내기 위해서가 아니라 나를 증진시키고 발전시키기 위해 작용했다. 걸러내기 위한 경쟁과 견제는 기본적으로 사람의 인성을 삭막하게 만들고 인간의 우정을 갉아먹는다. 우정에 기초한 연대 — 가족주의 인간관, 조직관의 기본이다. 커뮤니티(공동체)의 기본원리는 용서와 포용, 우정과 연대의 정신이다.

물론, 이런 태도가 한국사회의 패거리(*sectionalism*)화로 작용할 수 있다는 것을 잘 안다. 우리편에는 한없이 너그럽고 상대편에 대해선 한없이 가혹한…. 나 스스로에게는 한없이 너그럽고 타인에 대해선 한없이 가혹한….

이제까지의 나는, 나를 포함해 우리 모두에게 가능하면 너그럽게 — 부족한 인간이 너무 자학하거나 지키기 어려운 규칙으로 고생시키지 않으려 했다. 상대와 타인에 대해서도 너그럽게…. 이 너그러움이 항상 공동의 이익으로 전환되도록 그렇게 살아왔다.

2004년 4월 11일 日

인력으로 안 되는 일, 진인사대천명…

혁명적 낙관주의, 기우, … 연륜…

누군가가 이야기했다. 젊은 시절에는 패기와 열정으로 시간을 뛰어넘으려 하지만 나이 들면 시간을 모든 일의 구성요소로, 상수로 인정하고 계획에 시간을 넣어 계산하게 된다고… .

인력으로, 지금 내가 고민한다고 해서 안 되는 일은 시간과 하늘에 맡기는 여유를 가져라! 방법은 끝까지 찾고 또 찾아야 하나 마음은 여유 있게 가져야 한다.

사실 걱정하는 마음, 걱정에 쏟아 붓는 마음의 에너지를 느긋하게 하여 '수'를 찾는 곳에 몰두하면 오히려 많은 문제는 쉽게 풀린다. 대부분 걱정, 노심초사(勞心焦思)는 그 자체의 염려와 고민으로 힘을 소진시킨다. 십중팔구는…, '수'를 찾고 '방법'을 찾는 것은 노동이므로 이것은 노심초사, 걱정, 근심과는 다른 과정이요, 상태일 뿐만이 아니라 전혀 다른 결과를 가져온다. 전자가 정력낭비, 신경쇠약, 잡념 속의 방황을 가져다준다면 후자는 실천적 오류를 남기거나 휴식을 가져다준다.

고민하지 말라. 문제를 푸는 재미를 가져라! 모든 것은 탈출구가 있는 미로일 뿐이다. 앉아서 근심, 걱정할 거면 쉬어라! 푹!

반듯함의 기본!

이번 구속기간 내내. 공인이라는 이유로 허명(虛名)이 세상에 알려진 그때부터. 대선승리 후 구 기득권 세력의 집요한 시비를 받은 이래 쭉 생각하고 또 생각하게 되는 것!

기본을 반듯하게, 하나하나 탑을 쌓듯이 반듯하게 세우지 않으면 무너진다는 사실이다. 더욱이 이미지, 여론정치를 거부하고 역사와 민중의 폭풍우를 불러일으켜 항해하고자 하는 개혁가들이라면 반듯한 기본부터 다질 일이다.

수구기득권 세력의 저항은 갈라진 틈을 찾아 찬 바람이 새들어 오듯 놀랍고 가공스러운 것이다. 개혁은 이해 당사자들간의 줄타기, 흥정으로 되는 것이 아니다. 개혁은 분명 역사적 단절이고, 미래라는 불확정성을 선택하는 위험한 행위이기 때문에 작은 의심에도, 터럭 같은 불신으로도 반(反)개혁의 선동은 항상 유효하게 작용했다.

이 반(反)개혁의 선동 중에서 가장 근본적 공격 포인트는 개혁세력의 도덕성 공격이 그 첫째다. 두 번째 공격 포인트는 변화가 속성으로 갖고 있는 혼란과 무질서 상태를 침소봉대하여 대중의 불안을 선동하는 것이다. 불안선동과 안정의 논리인 것이다.

추운 겨울 손바닥을 비벼 열을 내듯이, 민(民)의 바다를 출렁이게 하여 역사의 에너지를 만드는 일. 정치, 역사 지도자들의 몫이었다.

민의 바다는 역사축적에 따라 수온상승하고 끓어 넘치는 주기가 있는 것은 사실이다. 어느 한 개인의 선동으로 민의 바다가 출렁이지는 않는다. 하늘과 땅의 기온이 기압을 형성하고 바람을 만들어 바다를 폭풍의 에너지로 들끓게 하듯이 민(民), 역사의 바다 역시 주기적으로 끓어 넘친다.

이 끓어 넘치는 민(民), 역사의 에너지가 신내림과 같은(천지간, 천시와 인시) 합일의 자기 정화를 이루어내면 역사는 선순환하지만 이것을 못해내고 흘리다만 땀처럼 되면 그 역사는 꼬이고 퇴행적 순환 사이클에 빠지게 된다. 동학농민 전쟁의 실패 · 개항기의 좌절이 일제의 식민지로, 다시 4 · 19의 실패가 현대사 50년의 질곡을 가져왔다.

평화 · 개혁 · 민주공화로의 길!

합리 · 효율과 민주공화국 가치의 길!

극우 · 수구기득권 세력으로는 민주공화국의 선순환은 없다.

억압과 권위주의 억압질서 · 안보냉전 이데올로기에 입각한 강압체계 ….

조폭들이 자신들이 지배하던 읍내질서가 얼마나 효율적이었고 질서 있었는지를 설파하면서 읍내질서 유지를 위해 청결하려 하고 있는 것이다. 개나 소나 모두 날뛰는 것보다는 그 조폭적 질서가 더 안정적이었다며 순진한 사람들이 찬동하기도 한다.

시대의 개혁을 이야기하는 자, 민(民)과 역사의 높은 파도를 에너지로 삼고자 하는 자는 명심해야 한다. 기본이 반듯하게 정립되어 있지 않으면 — 도덕과 철학, 신념과 노선 — 산처럼 높은 파도에 익사당할 것이다. 개인의 죽음뿐만이 아니라 반동세력이 그 민을 기만하여 역사의 반동기를 초래하게 된다. 이 점을 개혁의 리더들은 명심해야 한다.

2004년
4월 13일
火

실천가능한 문제를 고민하기

'고민'. 지나온 과거의 일이 대부분이다. 닥쳐올 일도 결국 지나온 과거의 이유 때문이다. 결국 고민은 지나간 과거에 대한 애끓기일 뿐이다. '오류'가 파악되었다면, 깨달음을 얻었다면 빨리빨리 버려라. 과거가 되돌릴 수 없다면 각주구검(刻舟求劍) 하지 말라!

나의 작위(作爲) 영역이 아님에도 근심하고 번민한다. 정성과 사랑이 어찌 위(爲)의 영역에 머물겠는가? 하지만 근심과 번민은 아니다. 기원하고 축원하고 정성을 올리는 일과 근심하고 번민하는 일 … 동전의 앞뒤와 같은 것일 게다.

나의 주관, 나의 집착의 영역은 우주, 자연의 법칙에 비교할 때 얼마나 부질없는가. 시비(是非), 집착을 버리고 오로지 진리의 길에 매진하면 번뇌와 고민은 사라진다.

번뇌와 고민은 작위(作爲)로 위(爲)를 이루려 하기 때문이다. 번뇌와 고민은 아(我)의 고집이다. 자연, 우주의 본성대로 산다면 번뇌와 고민은 사라진다. 무위(無爲)의 위(爲), 자연 속에 내가 나답게 사는 일이다. 나답게! 소 잡는 백정의 칼처럼 "빈틈과 사이만을 비집고 다니기에 소를 수없이 잡아도 내 칼은 날을 버릴 일이 없습니다" 하던 … 빈틈과 사이의 질서.

내 젊은 날의 의리와 명분을 고수하는 일!

나다움을 찾는 자아실현의 길! 밥 벌어먹고 살아야 하는 노동자의 삶!

내가 하고 싶은 일, 자아실현! 1993년 정치권 복귀를 고민할 때 내린 결론!

"난 뽕환자다. 사회적 진보, 사회적 가치의 문제로 사회변화에 기여하지 않고는 내 인생의 보람을 찾을 수 없을 것 같다. 밥 벌어먹고, 경제적 여유로 안락과 쾌락, 휴가와 레저가 쥐어져도 그게 나를 행복하게 만들 수는 없다. 사회진보와 변화의 현장에 서 있지 않으면 난 행복해질 수 없다. 이미 난 범부로 살기엔 코 속에 바람이 들어가 버렸다. 내 개인의 행복추구보다 사회의 가치로 큰소리치며 살아야 생의 보람을 느끼게 돼먹어버렸다. 이 점에서 우리 모두는 일종의 뽕환자다!"

그런 마음으로 10년을 달려왔다. 2년 생업에 충실해 보고, 돈도 몇 푼 모아봤지만, 먹고사는 일만 해 갖고는 사는 보람을 찾지 못하겠다는 자성(自省) 위에 다시 돌아온 곳이 정치권이었다. 혁명은 아니더라도 사회적 가치를 다루는 직업이기에 …. 더구나 노무현 의원과의 연구소 활동이니 금상첨화, 최적격의 직장이고 활동공간이 아닌가.

10년 …. 공인(公人), 유명(有名), 상징(象徵) 자본, 무대 뒤 무명의 얼굴 없는 참모가 아니라 스스로가 나서야 할 때!

아! 이건 좀더 생각해봐야 한다! 나 스스로 준비되어 있는지, 나 스스로 대중 앞에, 투명 유리상자 안에 들어가 살 수 있는지, 능력 · 자격 · 적성 · 취향에 제격인지 생각해야 한다.

물론, 정치는 불의에 대한 정의감의 분출이요, 플라톤의 정의처럼

'나보다 못한 자들에게 지배당하는 벌을 받지 않기 위함'이라고는 한다. 그래서 언젠가 이대로 보고만 있을 수는 없다는 생각에 두 주먹 불끈 쥐고 고함치며 소용돌이 속으로 뛰어들 것이다.

그러나 그 상황이 내가 되고 싶은, 가고 싶은, 살고 싶은, 그래서 그걸 목적으로 해서 노력해야 할 것이라고는 생각하지 않는다. 난 그 싸움을 웬만하면 피하고 싶고, 누군가가 대신해 주길 간절히 바라며, 그런 사람이 있다면 그의 참모가 될 것이다. 하지만 그 자리를 내가 하고 싶은 마음은 추호도 없다. 나를 행복하게 하는 것. 이 전쟁이 끝나고 평화가 오면 내가 꼭 하고 싶은 것, 되고 싶은 것이 따로 있을 거라고 생각하기 때문이다.

정치, 권력은 개인의 행복을 위해선 도망가면 갈수록 좋다! 야생마, 거친 황소 등에 올라타 오래 버티기를 하는 로데오 경기처럼 정치와 권력 — 이것이 국가권력이든 NGO(단체) 권력이든 — 게임은 항상 '나다움'의 자연스런 발산보다는 '나와 다른 이질적 요소'들을 끊임없이 흡수하거나 제압하거나 중화시켜야 되는 일이기 때문이다. '나'가 없어도 안 되고 '나'만 주장해도 안 된다. 그러니 '나다움의 자연발화'라는 기쁨을 얻기 힘들다.

대통령 취임식을 볼 때마다, 취임식장에 울려 퍼지는 예포(禮砲) 소리를 들으며 웅장한 식전행사와 의례를 볼 때마다 신의 제단에 올려지기 직전 목욕시키고 머리에 꽃술로 치장하는 소를 보는 듯하다.

'무한책임, 최종책임' — 어떻게 되든 무한대표로서 흔들리고 밟힌다. 직무규정에 따라 일했다고 책임이 면해지지 않고, 그런 세세한 직무규정도 없다. 포괄적 위임은 항상 그러하듯이 위험하고 잔인하다.

여론과 민심의 심판에 벗어날 수가 없다. 이 죽음의 제단에 오르기 위해 왜들 그리 난리들인가.

조선왕조 500년 동안 지금 이름이라도 기억되는 임금이 몇이나 되는가. 개명천지의 이 시기에 축재(蓄財)를 할 수도 없고 무한권력이 주어지지도 않고 5년밖에 못하는 그 자리를 무엇 하러 자꾸 도전하는가.

절절한 그 무엇, 어쩔 수 없는 시대와 역사의 등 떠밀기, 그리고 거듭거듭 도리질치며 면류관(冕旒冠)의 영광보다 십자가에 못 박히는 고통의 시간임을 생각할 일이다.

2004년 4월 14일 水

아이들과 자연 속에서 일과 놀이를 하는 시간을 갖고 싶다

삽으로 땅을 파고, 채소를 가꾸고, 개를 키우고, 톱과 망치로 집과 가구를 고치고, 낚시를 하고, 강가에 어항을 놓아 피리를 잡을 거다. 겨울이면 군불을 때고 장작불 때는 부엌아궁이에 군고구마를 구워 먹으리라.

가까운 근교에 농가를 한 채 구입해서 주말농장으로 사용하리라. 주말에 아이들 친구들을 함께 데리고 15소년 표류기처럼 모험을 떠날 것이다. 허름한 오두막에 들어가 밥을 짓고 불을 때며 먹을 것을 직접 챙겨서 뜰 마루에 올라앉아 밥을 먹고 캄캄한 밤하늘의 별을 세고 싶나.

2004년
4월 15일
木

108배

새벽, 난생처음, 108배를 드렸다. 오늘이 선거일이다. 불교도는 아니지만 내가 지금 할 수 있는 일은 이것뿐이다.

저녁 7시 30분…. TV를 보다가 껐다! 최종 확정결과를 기도하며 기다린다.

마음을 비우려 명상을 합니다.
그런데 그 명상이 자꾸만 기도가 됩니다.

참말이 진정성 있게, 진실하게 정직하다. 그분의 반듯함 때문이다. 기술이 아니라 일관된 마음의 진실, 철학, 신념이고 정직한 마음, 소박하고 성실한 마음에서 우러나오는 표현이다.

비록 죄인이 되어 이 자리에 섰지만, 부끄럽지 않게, 특권을 누리거나 방종하지 않고 살아왔다는 자부심은 있다. 새로운 대한민국으로 나아가는 데 행여 내가 걸림돌이 되고 누를 끼치게 될까 노심초사했다.

저녁 10시 현재,

1위 지역	129	101	5	4	2	1	1 (243곳)
	우	한	민	자	민노	무	21

잘하면 150석을 넘길 수 있다고 한다. 이제 징역을 살아도 보람 있게 살 수 있겠다.

평범한 서민의 소망, 민심, 여론…
너무나도 간명한 저 민심이 왜 그렇게 이해하고 읽기 힘든지…

어느 직원의 이야기…. 국민은 총선에서 이미 다 정리했다.

우리는 수구기득권 특권질서라는 역사의 대기권을 돌파했다.
… 대기권에 진입한 로켓의 연료통은 떨어져 태평양에 떨어지는 것이다

"'한국정치사'라는 역사무대 위에서 내가 맡은 배역이 끝났다고 생각한다."

"새로운 대한민국을 향한 역사의 큰 드라마에서 나에게 주어진 배역은 이제 다한 것 아닌가 생각한다."

2004년
4월 16일
金

152 : 121 : 10 : 9 : 4 : 1 : 2

과반의석 확보에 감사!

영남권의 30%대 지지율 감사!

민노당 진출에 감사!

조·중·동으로 대변되는 수구 냉전세력들, 극우세력들의 망동을 어찌해야 하나…? 극우가 나라를 망치고, 경제를 망친다는 사실을 어찌 알려야 하나!

2004년 4월 17일 土

난 한 번도 남을 원망한 적 없다. 나는 항상 나였다

나의 무능 때문이든, 재수가 없었든… 나의 처지가 궁색해지고, 바라는 바대로 일이 되지 않을 때, 난 그것을 남의 탓으로 돌리며 나를 위로하지 않았다. 내가 차별대우를 받았다고 불평하거나, 누군가가 끼어들어 일을 망쳤다거나, "너 때문이야" 라고 말하는 순간 우리의 인생은 중심을 잃어버린 배처럼 표류한다고 믿기 때문이다.

그 곤란한 상황을 반드시 뚫고 나와야만 나는 마음속 미움의 대상들을 이기는 것이라고 믿었다. 반드시 그 역경을 뚫고 일을 성공시켜야 하며, 나의 슬픔과 비통, 원망하는 모습을 예상하는 사람들 앞에서 꿋꿋이 걸어가는 게 그들 모두를 조롱하며 내가 이기는 길이라고 믿었다.

이런 태도는 초등학교 어린 시절부터 지녀온 태도였다. 어릴 적 이순신 장군 위인전기에서처럼, 발이 부러져도 버드나무로 처매고 꿋꿋이 시험에 임했듯이, 모든 장애물, 방해꾼들은 극복하고 헤쳐나가야 할 대상일 뿐이라고 생각했다. 모든 책들 속에 나약한 자들, 비겁한 자들은 그 장애물을 핑계 대고, 욕하며 인생을 탕진했다.

나의 인생에서 만나는 모든 역경, 나에게 주어진 모든 임무를 죽는 한이 있어도 내 책임하에 끝내겠다는 생각이, 이 자존심, 이 영웅심이 어릴 적 부모님의 훈육 때문인지, 위인전기의 소산인지, 아니면 커오면서 사회운동, 조직운동을 하며 학습된 것인지 난 알 수 없다.

그러나 The buck stops here이야말로 가장 영웅적 삶의 태도라고 생각한다!

386 당선자들이여! 여의도, 국회를 민주광장의 난장터로 만들라!

넥타이, 검은 양복, 위선어린 권위 … 다 깨고 평범한 시민의 한 사람으로, 평범한 386의 한 사람으로 권위주의 문화를 깨고 국회의사당을 학생회관처럼, 노조집행부 사무실처럼 문턱도 없고 가증스러운 위선과 권위도 없는 민주토론의 자유광장으로 만들라!

자전거 타는 수상처럼, 지하철 타는 총리의 부인처럼, 그것도 급해서 표 안 사고 타다가 걸리기도 하고, 벌금도 내면서 그렇게 평범한 대표시민들의 직장, 일터가 되게 하라!

궁중법도를 따르다 보면 국회의원은 권력자가 된다. 머슴, 일꾼들의 문화로 권력자들의 문화를 쫓아내라! 웬만하면 편한 차종으로 손수 운전하고, 주말이면 청바지에 면티셔츠로 출근하라! 국회의원님과 비서쪼가리의 관계로 사무실을 만들지 말고 노조위원장과 노조원의 관계로 지내라! 국회사무처는 공공기관의 운영, 관리의 의무를 지녀야 한다.

궁중법도를 내세워 새내기 국회의원 군기 잡지 말라! 권력자 국회의원에서 이웃, 친구, 머슴, 공복, 일꾼들의 모임으로 국회가 다시 태어나려면 그 놈의 권위적 법도, 의식과 의례를 깨야 한다.

점심 먹고 나른한 오후면 남녀의원들과 근무자들이 국회마당에서

족구도 한 판씩 해라. 대한민국 권위, 체면 운운하며 몸가짐, 행동거지에 점잖아야 한다는 말로 스스로를 대중과 서민으로부터 차별, 격리하지 말라! 특별한 지위, 특별한 예우, 그에 따른 특별한 권위문화가 일꾼을 권력자로 변질시키고, 스스로 특권자의 문화에 포섭됨을 잊지 말아야 한다.

허전함, 쓸쓸함… 2003년 2월에도 그랬다

대선이 끝난 후, 10년 동지·벗들이 모두 청와대·정부로 떠나고 나 혼자 여의도에 남았을 때도 그랬다.

다시 1년 뒤 여전히 난 혼자 감옥에 앉아 있다. 증인소환, 추가기소건 등을 남겨놓은 채…. 한편으로 승리의 기쁨, 내 혈육 같은 동지들의 승리에 기뻐하며 한편으로 내 신세의 고달픔에 마음이 자꾸만 감상에 빠진다. 정말, 장엄한 영웅적 마지막 대사 한 줄을 남긴 배우처럼 … 남들 다 밥 먹는데 나 혼자 밥 못 먹고 있으면 서럽다. 배가 고프지 않아도 그 금식(禁食)이 자의에 의한 것이 아니라면 더더욱 서러워질 수밖에 없는 일이다.

역대 대통령 중 가장 민주적이고 개혁적인 대통령이 휘하의 검찰조직에 수모를 당하고 정적들에 의해 직무가 정지된 대통령의 수모야 말해 무엇하겠는가. 내가 도움이 되면 되어야지 행여나 누(陋)가 되어선 안 된다. 새털 같은 부담도, 장애요소도 되면 안 된다. 역사에 대한 충성심, 사명감 때문에 그분과 일했다. 그 마음으로 지금의 내 처지를 이겨내야 한다.

2004년
4월 19일
月

검치 … 큰아들이 치과에 가서 작은아들하고만 통화했다

수사검사에게 어렵게 허락을 받아 집에 전화를 했다.

"아빠! 아빠 보고싶을 때마다 전화할 테니까 전화번호 알려줘요."
"아빠 있는 곳에 전화가 없구나. 다음에 아빠가 또 전화할게!"
"그럼 아빠 내 생일날 못 오겠네요. 아빠 생각에 언제쯤 오실 수 있을 것 같아요?"
"글쎄, 아빠 일이 자꾸 늦어져서 … 아마도 여름방학이 지나야 알 것 같구나."
"아빠! 아빠 우리 이사한 집 찾아올 수 있어요?"
"그래, 걱정마. 엄마랑 통화해서 잘 알고 있다."

지난 해 12월, 갑작스런 나의 부재를 아이들은 출장간 것으로 알고 있다. 자식이 뭔지, 아이들이 정말 보고 싶고, 나의 부족한 아빠 노릇에 후회하고 아이들한테 미안하고 … .

2004년
4월 25일
日

열흘 동안 아무 일도 못했다

미역국, 고깃국을 양푼으로 먹지 않는 산모에게 젖이 강처럼 넘쳐흐르지 않을 것이다. 단식(斷食)하는 자에게 배설의 욕구가 생길 일 없을 것이다.

지난 열흘 동안 아무것도 하지 못했다. 왜 그랬는지 모른다. 총선결과로 마음도 설렜던 것 같고, 헌법재판소의 증인출석도 사람을 심란케 했다. 월요일 검치, 화요일 헌재, 수요일 검치, 목요일 재판, 그리고 금·토·일이었으니 이번 주에 제대로 독서와 명상의 조건을 갖지 못했다. 세상에서 가장 큰 확대경으로, 장기간 샅샅이 뒤짐을 당하고 있다.

내 허물과 잘못이 자취방 곳곳에 숨겨놓은 빨랫감처럼 적발되어 마당에 쌓였다. 나름대로 깨끗하고 청결하게 산다고 살았지만, 생활의 땟자국이 어디 새집만 하겠는가. 쓸고 닦고 하지만 세월은 곳곳에 먼지앉은 자리와 손자국을 남기게 마련이다.

대통령에 대한 탄핵심판이 하루속히 종결되어 맘 편해지길 바라고 바란다.

2004년 4월 29일 木

어릴 적 어머니의 부엌…

그 도깨비굴 속 같은 곳에서 어머니는 세상에서 제일 맛있고 영양가 있는 음식을 만들었습니다.

우리의 삶이 비벼지고, 포개지고, 쌓여지고, 난장(亂場)터의 혼돈 속에 빠진다 해도 결국 인생은 그 속에서 값진 진주를 만들어 낸다. 뒹굴고, 푹 썩어라, 너 자신을 버려라!

17대 새내기 의원님들! 길들여지지 않길!

· 체면, 관행, 점잖음이란 이름의 지배이데올로기 '당의정'을 조심하시라!
· 특별대우 문화를 버리자—사람으로부터 섬김을 받는 문화는 버리자!

노무현 시대… 측근은 이 시대와 함께 피었다 지는 것! 착각하지 말라

나 스스로 장작불처럼 스스로 타고 오래 타고 크게 타고…. 재목인지 아닌지는 아직 알 수 없고, 관심조차 없다. 다만, 노무현 시대의 배경 때문에 지금 활활 타오르며 화력 좋게 보이지만 그게 내 힘, 내 재력, 나의 능력이라고 보면 곤란하다. 모기업(母企業)인 노무현 시대가 끝나야 나의 객관적 정치적 위치는 제값찾기를 할 수 있을 뿐이다. 오로지 노무현 시대의 성공을 위해서 생각하고 고민하고 뛰어야 한다. 거기에 우리의 승패가 걸려 있을 뿐, 측근에게 다른 선택의 여지는 없다.

2004년 5월 8일 土

'나'

내가 누구인지, 내가 어떤 사람인지 정의하려 하지 말라. 나는 아무것도 기여한 바 없다. 다만, 현실이 고통스럽다면 내 과거의 죄업 때문일 뿐이고, 다가올 미래를 위한 적덕(積德)일 뿐이다.

내가 뭘 크게 기여하고, 업적을 쌓고 있다는 생각이 나를 망하게 하고 나를 괴롭히고 내가 이루고자 하는 것들을 망치게 한다. 나는 아무것도 아니며 나라 말할 수 있는 것도 없다. 나는 그냥 흐르는 물처럼 흘러갈 뿐이어서 딱히 뭐라고 규정하여 나를 나라고 부를 수조차도 없다.

콩나물시루의 물은 그저 바가지에서 바닥그릇으로 흘러내려 가지만 콩은 쑥쑥 자란다. 물은 아무것도 하지 않고 바가지에서 바닥에 떨어졌을 뿐이다. 좋은 콩나물을 키운다는 생각조차도 없다. 그냥 흘러내렸을 뿐이다.

2004년 5월 9일 日

'감옥의 일상'

아무런 생각도 하지 못하고 시간이 갔다.

맑고 화창하고, 평화롭고 고요하여 하루하루가 보람차게 흐르다가 언젠가 갑자기 물결이 일고, 바람이 불어, 비오는 날 처마 밑에 날개 접고 앉아있는 제비처럼, 아무런 일도, 아무런 생각도 없이 시간이 흘러가 버린다. 아침, 아니 어제처럼.

몇 시간에 걸쳐 김훈 씨의 자전거여행 행선지를 지도 위에 표시하며 김훈 씨의 글을 다시 감상했다. 섬진강, 만경강, 문경새재, 돌산도, 진도, 안면도, 영일만, 양양…. 지도 위를 따라가며 김훈 씨의 글을 읽고, 국토를 느끼고, 지도 위에 점으로 존재하는 내 자신을 내려다보았다.

어깨와 목 근육이 뻣뻣하게 굳어와 계속 스트레칭을 해주지만 잘 풀리지 않는다. 집필도 독서도 하기 어려울 정도로 어깨와 목 근육이 뻣뻣하고 아프고, 이렇게 글을 쓰다 보면 뭐라 말할 수 없는 근육통으로 마음이 급해져 글쓰기가 안 될 정도다. 아픈 것도 아니고 그냥 갑갑하고 빼근해서 책상자세를 편안하게 취할 수가 없다.

2004년
5월 22일
土

녹음테이프 재생기, 커피, TV, 신문, 볼펜, 노트, 책, 난방…

많은 것들이 허용되었다. 1988년에 볼펜, 집필자유, 신문열독을 요구하며 싸울 때를 생각하면 감개무량할 지경이다. 많은 분들이 영치금도 넣고, 책도 넣어 책이 방안 가득하다.

오늘 오후에 드디어(?) 신청한 노래 테이프가 들어왔다. 노래를 들으며 가만히 생각해 본다. 어릴 적 자전거를 타지 못할 때의 일이었다. 자전거를 빨리 배우면 더 이상의 소원이 없을 거라고 생각했다. 5리 길인 읍내도 20리 길인 군청에도, 50리가 넘는 부여 낙화암에도 자전거를 타고 가리라. 자전거는 나에게 하늘을 날 수 있는 새의 날개와 같은 것이어서 저 산너머 미지의 세계를 내 인식 안으로 끌어들이게 하는 것이었다.

그래서 피나게(?) 자전거타는 연습을 했다. 지금의 어린 아이들은 양쪽에 보조바퀴를 단, 작은 체형에 알맞은 사이즈의 자전거를 선택해서 연습하기 때문에 과거보다 훨씬 더 쉽게 배우는 듯하다. 그러나, 나는 짐 자전거라는 무거운 자전거로 배웠다. 발도 제대로 닿지 않아 높은 안장에는 앉지도 못한 채, 안짱다리로 페달에 몸을 실어 균형 잡는 훈련을 해야 했다. 때문에 그 큰 자전거와 함께 땅으로 수없이 곤두박질치는 공포와 고통을 수없이 감수해야만 자전거 타기는 완성된다.

덩치도 어느 정도 커가는 중학생이나 되어야 자전거 타기가 가능했다.

그렇게 어렵고도 소망스러운 자전거타기를 마스터한 후, 나는 자전거를 타고 산너머로 사라지는 신작로(新作路)의 끝을 확인하러, 저 멀리 지평선으로 사라지는 농로(農路)의 끝을 확인하러 쏘다녔다. 자전거 안장에 앉아 나무, 수풀, 거리, 사람, 집, 바람을 보고 느낀다는 것은 참으로 큰 기쁨이었다.

그러나 어느새 자전거타기가 나에게 주었던 그 가슴 설레던 기대와 꿈은 사라져버렸다. 걷지 못하던 시절, 걷기를 배우고 달리기를 배웠던 것처럼 자전거는 내 인식과 내 활동의 반경을 넓혀 주었으나, 그것이 더 이상의 가슴설렘은 아닌 것이 되어버렸다. 자전거로 넓혀진 세상은 또다시 갑갑한 현실로 전락했기 때문이다. 비우면 채우고, 다 차면 다시 넘쳐 또 다른 빈 공간을 채우는 물의 흐름처럼, 우리는 항상 미래의 희망을 현실의 것으로 완성하려 노력한다. 그리고 현실은 항상 또 다른 미래의 희망을 위해 과거가 돼버린다.

취(取)하는 순간, 그것은 더 이상 어떤 영감도, 설렘도 아니다. 그저 당연히 존재하는 현실이 되어버린다. 오로지 가능성으로만 존재하고 아직 현실화되지 못한 것들에 대해 우리는 항상 도전한다. 그래서 투쟁하여 쟁취한다. 쟁취한 그 모든 것들을 소중하게 잘 사용하며 감사해야 한다.

그러나, 소중하고 감사해 하는 마음과 함께 항상 우리 마음은 항상 more and more, 점점 더 향상된 것들을 찾는다. 이 마음이 진보의 동력이기도 하나 현세기 인류의 과소비의 원인이기도 하다. 다산(茶山)이 똑같은 재료로 음식을 이리 만들고 저리 만드는 것은 "다만 입을 속이기 위함일 뿐이다"라며 입에 들어가면 다 똑같은 것을 왜 낭비(?)하느냐고 나무란 적이 있다. 모든 존재, 모든 현실에 감사해 하고 그것을 음미하고 그것을 더욱 더 완벽하게 즐기고 이용해야 한다. 그래서 항상 감사하는 마음이 마음가짐의 첫째다.

하지만, 쟁취한 모든 것들은 한 걸음 오른 계단의 층계처럼 — 더 이상 감동적이지도 않고, 우리는 또 다른 계단을 향해 오르려 한다. 그래서 자유를 향한 투쟁이 탐욕을 향한 채워질 수 없는 욕망은 아닌지 갑자기 의심스러워졌다. 방안에서 집필하고, 서신, 독서, 신문구독의 자유를 위해 얼마나 싸웠던가. 그러나, 갇혀 있다는 조건 속에서 그 무엇으로도 제약된 자유를 대신할 수는 없다.

그러나 넓게 보면 유일한 생명, 유한한 권능 속에서 갇혀 사는 게 인간 아닌가. 생활의 편리, 잘 먹고, 보고, 듣고, 만지고, 맡고 … . 코, 눈, 귀, 입, 촉각 … 등을 만족시키기 위한 모든 편리가 '편리와 효용'에 머무는 한계선은 어디인가. 그게 조금만 넘쳐버리면 편리를 위한 모든 이기의 소유는 인간을 오히려 눌러 타고 앉아 억누르기 때문이다.

2004년
5월 26일
水

염전의 소금굽기와 생각굽기

바닷물이 햇볕에 익고 익어 마침내 물 속 어딘가에서 소금이 맺히듯이 마음 속 어딘가에 무념(無念)의 생각이 쌓이고, 맺히고 맺혀 한 번씩 토해낸다. 굵은 결정의 수정(水晶) 같은 것도 있고, 설익어 꼴도 채 갖추어지지 않은 잡념들도 있다. 조산(早産)하여 사산(死産)해 버린 생각들도 있고, 이틀 밤낮을 우려낸 뼈 국물 같은 뽀얗고 예쁜 생각들도 있다.

그것이 일기가 되기도 하고, 편지가 되기도 하고, 재판정의 진술이 되기도 한다. 솜사탕 만드는 아저씨의 손놀림처럼, 둥그런 마음의 빈 공간에 앙상한 나무젓가락을 휘휘 저어 눈부신 생각의 꼴들을 만들고 싶지만 그게 뜻대로 안 된다. 솜사탕 기계에 설탕 집어넣듯이 독서 등의 수단을 통해 많이 보고, 듣고 하면 쉽게 뭔가가 맺힐 것이라 생각하지만 사실은 그렇지 않다.

고래가 플랑크톤을 삼키듯이 수십 톤의 물을 들이켜야 되는 경우도 있고, 가마벽 데우듯이 끊임없이 졸이고 치대야 하는 경우도 있다. 그러나 생각의 결실이 맺히는 것은 바닷물에 소금 맺히듯이 끝없는 농밀(濃密)의 과정이다. 압력과 온도처럼 같은 고통과 열정의 크기가 결국 생각의 품질을 결정한다.

금강경을 일컬어 김용옥 선생은 진리의 번갯불로 자신을 내리치는 말씀이라고 설명했다. 고통과 열정의 뜨거운 번갯불로 자신을 지지고 굽고 내리쳐서 얻어지는 깨달음! 그런 생각의 결과물을 조금이라도 얻었다 싶은 날은 이 징역도 보람있다 싶다!

2004년
5월 28일
金

인간사(人間事)

흑·백, 선·악의 구분처럼 인간관계의 시비가 말끔하게 결론 나지는 않는 것 같다. 대부분 시비가 묘연한 상태로 한몸이 되거나, 시비로 구분되기 전에 결별해 버리거나, 그 시비의 구분이 부질없는 상태가 되어버리곤 한다.

이음매를 찾을 수조차 없이 연결된 밧줄처럼 "네가 내가 되고, 내가 네가 되고", "미움도 원망도 사랑도 기대도", 모두 하나가 되어 섞이고 섞여 분리되었던 각각의 과거의 모습, 그 정체성을 모두 상실하지 않고선 전진하지 않은 게 역사인 모양이다.

"선과 악의 싸움, 절대적 승리, 제압!"

혁명이라면 쉽겠지만 평화 시기, 기득권세력이 강력한 주도권, 물리력을 잃지 않은 상태에서 일방의 완벽한 승리란 불가능해 보이기도 한다.

사회, 역사의 가치와 철학의 문제! 선과 악, 도덕과 부도덕, 정의와 불의를 놓고 다투는 싸움은 분명 그 사회의 수준을 한 단계 전진시킬 것이다.

아이가 성장을 위해 심한 열병치레를 하듯이 어느 사회든 정치와 권력투쟁의 주제가 심각한 사회적 가치의 문제, 그로 인한 정의와 불의의 싸움으로 첨예해질 때 그 사회는 질적으로 비약하게 된다.

정치가 치열해지지 않는다면 정치는 정치엘리트들이 민심을 핑계삼아 벌이는 정치적 쇼가 될 것이다. 짜고 치는 레슬링 게임처럼 선수들이 서로가 서로의 안전을 보장하면서 언제나 끝이 뻔한 격투를 벌이며 관중을 흥분시킨다.

그러나 레슬링 경기와 달리 국가권력을 주제로 한 정치투쟁이 선수들끼리 예의(?)를 갖추며 민심 앞에 쇼를 벌인다면 그 정치는 불신 당한다. 유권자는 투표장에 오지 않을 것이며 그 사회는 곧 활력을 잃을 것이다. 정치적 견해의 다름이 정치적 소신과 신념, 노선이 다름으로 존중받고 그 전제에서 대화와 타협의 정치적 해법을 내놓기도 한다. 매우 바람직한 일이다.

예를 들어 미국의 대외정책이 민주당과 공화당 간에 서로 다를 수 있고, 집권한 부시 정부가 강경노선을 선택할 수 있다. 이것은 정당한 것이다. 그러나 이 정치외교 노선의 숨은 목표가 정치투쟁을 했던 대외명분과 다를 때 이 정치적 행위는 도덕적 문제로(선과 악의 문제)로 제기 되어야 한다.

민주공화국의 헌법적 목표와 가치를 제치고 기득권 유지를 위한 사적 이익과 동기에 입각한 정치노선은 철저하게 공격당해야 한다. 존립근거 자체에 대한 뿌리 깊은 공격으로 그들이 민주공화국의 헌법정신으로 돌아올 것을 촉구해야 한다. 존재 자체를 부정하지는 못한다. 다만 민주공화국의 구성원으로 의무이행을 촉구할 뿐이다.

2004년
5월 31일
月

많이 보고 듣고 생각하고 대화하는 것!

양이 넘쳐 언젠가는 결실을 맺겠지만, 모든 것이 다 몸에 이로울 리 없듯이 무조건 많이 보고, 듣고, 읽고, 말하고, 경험하는 게 능사는 아닐 것이다. 침묵이 필요할 때도, 잡다한 양의 축적도 모두 필요할 것이다.

공허한 침묵, 농밀한 침묵, 충만한 침묵.

소요(逍遙).

독서 · 학습의 진도가 나가지 않고, 생각의 줄기와 갈피들도 정리되지 않고, 먹지도, 소화작용도 없는 '멍'한 상태가 상당기간 계속되고 있다.

상기(想起)도 아니요. 아무 생각도 없이 마음만 편하고 고요해지는 … 그러나, 무엇을 깨달았다는 보람(?)도 없는, 생각의 주제를 이리저리 갈피잡아 학습과 사색을 통해 깨달음과 지식이론을 얻어내지 못하고, 그저 멍하니 평화롭게 앉아 있기만 한다.

선방(禪房)의 승(僧)들처럼…, 온갖 잡념에, 생각의 쓰레기더미에 묻혀 결국 아무 생각도 못하는 괴로움을 거쳐 이제 아무 생각도 갖지 않고, 마음 편하게 앉아 있으나 그것이 깨달음의 경지를 이룬 것이 아님은 분명하다.

난 아직 깎여나가야 할 철갑(鐵甲)이 너무 두텁기 때문이다. '때', '죄업'을 안으로 밀어넣고 구겨넣어 겨우 '때 없는 체' 하고 있을 뿐이다. 내 죄업을 닦고 닦기 위해 이제 겨우 구정물 가라앉은 물 밑바닥을 또다시 긁어내야 할 것이다. 망각(忘却), 스스로조차도 속이고 타협시켜 버리는 망각 속의 편안함을 일깨워 긁고 긁어 어지간한 분탕질에도 흙탕물이 일지 않는 깨끗하고 굳건한 마음을 만들어야 한다.

이 길은 마음의 밑바닥에 가라앉아 있는 온갖 낡은 것들을 들어내고 반성의 햇빛에 널어 말리는 일일 것이다. 들어내고 또 들어내어, 지난 여름 내내 성장의 풍요와 방종 속에 흩뿌려져온, 바닥에 쌓인 때를 걸러내야 한다. 이게 '생각하기'의 목적일 것이다.

인간(人間)과 인류(人類)

육신에 실망한다고 해서 인간에 대한 희망을 버리지 말라. 똥싸고, 아귀다툼하며, 욕정에 시달리는 부족한 인간의 육신에 실망하지 말라. 이 실망이 역사의 진보에 관한 신념을 무너뜨린다. 그렇고 그런 인간들이 모여 사는 것, 적당히 타락하고, 적당히 타협하면서 사는 것이란 하향평준화 믿음으로 성인이 된다.

그러나 인간의 모습이 욕구에 시달리는 육신으로 말미암아 비틀거려도, 뜻과 말씀으로 걸어가는 가치의 지향, 정신이 있지 아니한가. 개별자로서의 인간은 세 살 버릇 여든까지 가지만, 뜻과 정신으로 움직이는 인류의 역사는 늘 진보한다! 육신의 역사, 정신의 역사가 만들어내는 변증법이다.

개체를 뛰어넘은 전체로서의 인류와 역사는 육신의 제한성이 아니라 정신, 신념, 뜻이 수증기처럼 떠올라 커다란 구름덩어리로 만들어진 것이기 때문이다.

나의 말 중 진정 나의 말은 얼마나 되는가

멋진 경구로 임시방편 땜질한 도배지가 아니라 온전한 나의 사색을 '나'라는 그 흐름, 지향, 선후에서 모순이 없고 잘 짜여진 그런 말을 하고 사는가.

지나고 나면 부분 멋있는 말들로 뒤범벅되어 있으나 결국 전체로 보면 단 한 장의 그림도 안 되는 그런 중구난방(衆口難防)의 낙서 같은 생각으로 살아가지는 않는가. 이 생각 저 생각, 이 말 저 말, 이 문장 저 문장이 멋있다는 이유로 섞고 섞다 보면 결국 검정색이 되는 3원색 혼합처럼 …. 부분부분 멋있지만 섞여 돌아가다 보면 시커먼 암흑이 되어버리는 생각의 잡탕들 ….

곱게 밀어낸 반죽처럼 사색의 밀대질을 계속해야 한다. 그래서, 나누어 보아도, 밀리서 전체를 바라보아도 아름다운 생각, 말들을 하고 살아야 한다. 내 인생, 내 생각의 부품들 하나하나가 떼어놓아도 멋있고, 결합하여 짜 맞추어도 이가 맞고 이빨 빠진 자국이 생기지 않는 생각들 ….

유행에 빠질 일이 아니다. 하나의 사건, 문제, 고민을 임시방편으로 때우거나 망각해 버리지 말고 가마 짜듯이, 베틀에 걸린 씨줄과 날줄처럼 촘촘히 성실하게 짜 나가자.

2004년
6월 2일
水

하루 단상

호철 兄, … 정말 따뜻한 사람, 육친적 애정을 주는 사람

민들레 키 크는 걸 보지 못했어요. 경주마처럼 앞만 보고 달렸어요.

이제 길가 키 작은 꽃, 이름 모를 잡초가 눈에 들어옵니다. 성장의 나이에 깨닫지 못했던 것들입니다.

아내가 웃고 간 날엔 징역이 즐겁다(?)

과시하려는 마음 … 정말 부끄러운 마음이다.

알량한 지식, 깃털같이 가벼운 권위 …

비단길 위에 서 있든, 자갈길 위에 맨발로 서 있든 내 무게는 똑 같거늘 … 길 따라 마음이 바뀐다.

벗겨진 알몸으로 살아갈 일이다. 벗겨진 알몸으로 사람을 대하고 세상을 대하라.

2004년
6월 4일
金

소나무의 생존본능

이른 아침, 소나무 밑을 보면 소나무 밑동 널따란 반경에 분가루를 뿌려놓은 듯 흰 가루들이 원형으로 뿌려져 있습니다. 자신의 영역에서 어떤 도전도 허용치 않는 소나무의 영역수호 행위입니다. 제초제 같은 그 분말가루는 소나무가지 아래로 떨어져 스스로가 뿌리박고 있는 반경을 철저히 자신의 영역으로 만들어 버립니다.

함께 살아가며 함께 성장하는 자가 있고, 철저히 유린하고 이용하여 짓밟아 서는 자가 있고, 아예 곁을 주지 않고 고립을 선택하는 자들이 있습니다.

사방 몇 미터의 생존공간을 확보하려는 소나무의 영역수호 노력은 인간의 탐욕에 비하면 솔직히 용서받을 만합니다. 사람의 탐욕은 온 신을 통째로 집어삼키려 하기 때문입니다. 소나무의 사방 몇 미터라면 인간세가 그리 각박한 싸움을 하지 않아도 될 것입니다.

끊임없이 꿈꾸는 것 — 그리하여 궁리하고 실천한다.

이렇게 되었으면 좋겠다고 끊임없이 바라고 꿈꾼다. 그 꿈을 아주 구체적으로 그려보고, 그려본 그 꿈이 확신으로 설 때 반란(— 모든 현실의 개선행위는 결국 반란일 수밖에 없다)을 획책한다.

2004년 6월 5일 土

부모님의 지혜

부모님 눈엔 모내면 피 뽑아줘야 하는 일처럼 사태가 분명해 보이는 모양이다.

"어쨌든 네가 고생을 해야 한다. 다른 수가 없다. 상대가 있는 것이므로 너만 먼저 나올 수도 없고, 대통령 측근이니 더더욱 특혜를 입기도 어렵다. 마음 단단히 먹고 지내거라!"

땅 위를 걷는 자에게는 발바닥에 느껴지는 황톳길의 느낌만큼이나 세상은 단순명료한 듯합니다. 허투르게 위로하신다고 '금방 끝날 것'이라거나 '다른 묘안'이라도 찾을 수 있을 것 같은 말씀을 하지 않으십니다.

그런데 참으로 묘하게도 이 엄연한 현실의 직시가 나를 강하게 만듭니다. 어떤 위로나 격려보다도 이 어쩔 수 없는 현실을 인정하고, 이 운명 속에 갇힌 자식을 위해 눈물을 흘리시는 부모님의 그 태도가 나에게는 가장 강력한 격려가 됨을 느낍니다. 내가 어디에 서 있는지, 나의 현실이 무엇인지를 명료하게 만들어 나의 각오와 의지를 키우게 만듭니다.

어릴 적 부모님은 말씀하셨습니다.

"네들이 복이 없다고 생각해라, 이렇게 능력 없는 부모 만난 것도 다 네들 복이니 누굴 원망하지 말라."

"위만 쳐다보고는 못사는 거다. 항상 발 아래를, 자신보다 더 딱한 처지의 사람들을 보며 살라."

이제까지 평생 들어본 부모님의 후렴구(?)입니다. 이런 말씀들이 굴종의 삶을 강요당한 민초들의 패배의식이라고 생각했었습니다. 10대나 20대까지 부모님의 이 말씀은 부모된 입장에서 해달라는 대로 다 못 해주는 안타까움의 표현이자 분발을 촉구하는 말씀이라고 생각했었습니다.

그런데 지금 부모님의 이런 태도가 강한 자식을 키웠다는 생각을 하게 됩니다. 내가 걸어야 할 길 위의 고독, 두 발로 서는 자의 공포는 결국 누구도 대신할 수 없는 것이기에 진심으로 염려, 걱정은 되나 차가운 땅 위에 두 발을 내딛게 하지 않으면 그 아이는 걷기를 배울 수 없습니다.

오늘도 부모님은 눈물을 한 바가지 쏟아놓으시며 내가 걸어가야 할 현실을 직시하게 했습니다. 그 길이 아무도 대신해 줄 수 없는 길이기에 부모님의 마음은 찢어집니나. 들판의 곡식이 농부의 발자국 소리를 듣고 큰다면 나는 어머니의 눈물 속에서 커왔습니다. 그 뉴물이 자식의 고통을 대신해 주지 못하는 안타까움의 눈물이기에 그 눈물은 나를 강하게 만듭니다. 그 눈물은 누구도 대신할 수 없는 운명적 현실의 인지·인정이기에 도전과 출발의 시작점을 만들어 줍니다.

사랑한다는 것!

내가 해줄 수 있는 게 아주 보잘 것 없다는 것을 인정하고 직시하는 것. 그래서 본인이 걸어야 할 그 길 위의 현실에 서게 해주는 것.

부모님이 내게 주시는 힘입니다.

2004년 6월 6일 日

우리는 얼마나 더 가져야 하지?

필요 · 편리에 따라 하나하나 효용될 만한 것들을 늘려갑니다. 티벳고원의 원주민들은 소유한다는 것이 고통스러운 것임을 하늘과 가까운 고지대의 깨달음으로 갖고 있다고 합니다. 그러나, 편리를 추구하는 인간세의 흐름이 무소유와 내핍을 받아들이지 않습니다. 산촌의 소박한 생활을 선택하고, 편리한 이기보다는 자연적 수단을 선호하는 삶들이 추천되고 있습니다만, 아직까지 내핍을 국정목표로 하는 지도자는 존재하지 않습니다.

16년 전의 감옥생활에 비해 볼펜 · 노트 · TV · 신문 · 카세트 등의 살림살이가 참 많이 늘었지만 — 갇혀 있는 자의 고통을 감안한다 해도 — 갖는 것이 불편함임을 느끼게 합니다. 어느 수준까지가 편리 · 효용이고 어느 경계지점부터가 번잡과 포만인지 참으로 구분짓기 어렵습니다.

기울어지는 대칭저울의 경계 위에 추를 얹어 놓는 일이 사는 지혜인지도 모릅니다. 추운 겨울밤, 외풍이 센 시골집에 앉아 책을 보는 일과 같습니다. 발이 시려 발치를 아랫목 이부자리에 살짝 밀어넣다가, 이불을 무릎에 덮다가, 아랫목 이부자리에 들어가 책을 보다가, 그러다 잠이 들어버립니다.

몸의 불편함, 마음의 욕구를 어느 선에 풀어놓고, 들어줄지 늘 고민입니다.

글을 쓰든 말을 하든…

많이 떠들고 많이 쓴 날엔 마음이 허전해집니다. 젖을 빨린 애 엄마처럼 가슴 허전해서 맥없이 뭔가를 들이키고 집어삼켜야 합니다. 침묵의 되새김질 속에 그 무언가가 가슴 속에 맺힐 때까지 익히고 숙성시켜야 합니다. 익지 않고 어설픈 생각들을 떠들어댄 날에는 여물지 않은 벼 모가지 쳐들기처럼 가슴이 아리고 부끄러워 괴롭습니다. 말과 행동(言·行)이 모두 괴로움을 쌓는 일입니다. 물론, 그 가벼운 언행이 고통을 증가시켜 결국 사람을 키우는 역설 또한 사실입니다. 모든 음식은 낙(樂)이면서 동시에 독(毒)인 것처럼, 사실 고통만이 성장판을 형성하는 것이라고 생각합니다.

모든 기억되는 역사, 문학, 예술은 고통의 기록입니다. 1990년대 이래 아니 20세기 후반에 들어서면서 문학의 권위가 쓰러져가고 있습니다. 난 그게 고통의 부재 때문이고, 현실의 부정을 통한 투쟁과 도전의 정신이 쇠퇴해져가기 때문이라고 생각합니다.

고통은 매우 수동적인 것이지만 또한 매우 적극적인 어떤 행위의 결과입니다. 때문에 죄를 짓고 당하는 고통이건 이떤 고통이건 그것은 마음속의 심각한 맷돌질입니다. 도덕·가치·이데올로기·관행의 대립물끼리 맷돌질을 해대기 때문입니다. 그 고통이 능동성 때문에 온 것이든 아니면 수동적으로 당하게 된 고통이건 그 고통은 모든 창조와 생산의 전주곡입니다.

그리고 사람들은 이 고통의 결과물보다는 이 고통 자체를 더 추억합니다. 고통은 창조의 원재료이기 때문입니다. 모든 살아있는 것이 죽음을 피할 수 없듯이 뱉어내고, 표출하는 모든 행위는 사실 고통입니다. 의미 있는 고통, 즐거운 고통을 위해 가다듬고 다듬는 것이 중요한 일입니다.

완전한 말, 천의무봉(天衣無縫) 같은 말은 없습니다. 다만, 살이 퉁퉁하게 붙어있어 여러 명이 달라붙어 뜯어먹어도 좋을 말이 있고, 동네 똥개도 건드리지 않을 앙상한 뼈다귀 같은 말이 있을 뿐입니다. 오랫동안 익히고 익혀 가을의 추수 같은 말과 글을 뱉고 싶습니다.

개혁이든 혁명이든 변화든,
이 모든 것은 낡은 믿음, 상식, 미움, 불신의 벽 · 체계를 깨는 일이다

한나라당이 영남사람들에게 선택되고 있다. 지역주의를 이길 미래를 향한 새로운 의제나 이슈가 없으면 한나라당과 민주당은 영·호남에서 살아남을 것처럼 보인다. 지역정서를 깰 강력한 불빛을 비추지 않는 한, 지역정치라는 어두운 달빛이 세상을 지배한다.

영·호남의 지역정치 구도를 깨는 일은 지금 시기 대한민국의 헌법을 지키는 일이다. 국가를 수호하는 일, 민주공화국을 수호하는 일….

참으로 안타깝고 괴롭다.

2004년 6월 11일 金

노무현 시대의 부속품입니다

나의(개별 운명은,) 본령은 이 시대가 끝나봐야 알 수 있다고 생각합니다. 서운하다는 마음도, 기뻐하는 마음도 없습니다.

역사투쟁은 결국 자신의 임무를 다하고 소리 없이 스러져가는 수없이 많은 배역의 결집이기 때문입니다. 묘비가 있든 없든, 이름이 있든 없든 그것은 중요치 않습니다. 봄바람에 봄꽃 피듯이 자신이 이해하고 자신이 사랑했던 역사적 가치의 전진 속에서 산 자도, 죽은 자도 하나가 되기 때문입니다.

단 몇 주일, 단 몇 년도 못 가서 빛바래버릴, 기억 속에 지워져 버릴 허명이 무슨 큰 소용이며, 하루살이의 날갯짓 같은 부귀와 권세가 뭐 그리 대수란 말입니까. 돌이킬 수 없게, 돌이킬 수 없는 현실로 나의 염원을, 이 세상을, 이 시대를 바꾸어낸다면 그 바뀐 시대 속에서 우리 모두는 영원한 승자가 될 것입니다.

4·15 총선, 당선자들의 청와대 만찬…. 갇힌 몸으로, 더구나 부정부패 정치인으로 공격당하고, 주홍글씨가 문신이 되어 등짝에 붉게 물들어 있는 나의 처량함…! 총선승리의 기쁨에 울고, 나의 처량함에 울었습니다.

그러나 한국사회에서 노무현 시대가 갖는 역사적 의미를 생각하며,

운동권 빵잽이로서 새로운 대한민국의 첫장을 열었다는 그 사실 하나만으로도 나는 만족합니다.

나는 적어도 노무현 시대에서만큼은 내 배역이 끝난 무대 뒤의 배우입니다. 아프지만 이 사실을 인정함으로써 비로소 나는 행복해질 수 있었습니다. 노무현 시대가 대한민국 역사에서 갖는 그 꿈과 희망의 코드를 성공시키기 위해 노력할 뿐 정치인 — 대중정치인 안희정의 배역은 없는 것입니다.

밀봉된 벽을 뚫어 한 자락의 봄볕과 한줄기 봄바람을 맞이했고, 17대 국회에 광화문 네거리에 수많은 촛불이 봄꽃처럼 피었으니 범부로 태어나 이런 희열을 맛본다는 게 얼마나 큰 영광인지 모릅니다. 나에게 맡겨진 '총 맞고 쓰러지기'의 이 짧고 보잘 것 없는 단역이나마 큰 사고 없이 소화(?) 한 것을 스스로 자축(自祝) 하며 난 행복해지려 합니다.

2004년 6월 12일 土

벽이 거울입니다

무감어수(无鑒於水), 난감어인(亂鑒於人).

면벽(面壁)의 미학입니다. 거울은 사물을 쉽게 비추지만 깨달음보다는 욕심을 더 많이 가르치는 듯합니다. 가는 곳마다 벽에 가로막혀 항상 벽 앞에 서 있어야 하는 수인(囚人)은 그 벽을 통해 욕심보다는 회한과 반성의 마음을 배웁니다.

모든 요리는 먹을 것을 갖고 입을 속이는 일이라고 합니다. 콘크리트 벽이건 토담 벽이건 그 벽은 세상과 타인과 나를 격리시켜 나를 대면하게 만듭니다.

요리가 색(色)·형(形)·미(味)·향(香)·촉(觸)·성(聲)을 바꾸는 일이라고 생각합니다. 결국 장(腸)에 들어가면 원재료 음식의 성질에 따라 분해되고 흡수되건만….

벗기고 벗겨내는 적외선 망원경, 전파 망원경, X-ray 투시기처럼 … 벽은 나를 가장 단순한 형태에서 바라보게 해줍니다.

면벽경(面壁鏡)의 미학(美學)입니다.

신록의 산을 보면서 백설이 하얗게 덮인 나뭇가지 앙상한 지난겨울 산을 떠올리지 못합니다. 겨울산을 보면 여름산을 기억 못하고 그 반대도 기억하지 못하는 인간의 머리는 붕어머리임에 틀림이 없습니다.

2004년
6월 17일
木

서른, 잔치는 끝났다. 시인 최영미 선생께 보내는 나의 독백

16년 만에 다시 돌아온(?) 구치소에서 당신을 10년 만에 다시 만났습니다. '비둘기장'이라 속칭하는 검찰조사 대기장소인 구치감 독방에서 겨울 차가운 바람과 시린 가슴으로 멍하니 앉아 있을 때였습니다. 16년 만의 귀환이 주는 남다른 감회를 삭이는데 방구석 모퉁이에서 당신이 1994년에 출간한 그 문제의 시집 《서른, 잔치는 끝났다》를 보게 되었습니다.

1987년 대투쟁이 1990년 3당 야합과 1992년 문민정부 등장, 동구권의 붕괴로 더 이상 재야, 민족민주전선 등의 개념이 설 수 없게 되었고, 전선은 붕괴되어 날마다 참전한 인텔리겐치아들의 귀환소식 …. 귀환 이후 뒤떨어진 사회적 처지를 극복하기 위한 뒤늦은 재기노력들 …. 혁명의 열정으로 결혼한 이들이 혁명과 이념의 시대가 가고 나니 더 이상 서로를 붙들 힘이 없어 속속 절단나는 가정이 늘어가던 그런 황망하고 우울한 시간에 당신의 시는 우리를 때렸습니다.

당신이 노래한 많은 희망과 사랑에도 불구하고 당신의 시는 20세기 마지막 이념운동가, 혁명가들의 패배의 노래로 통했습니다. 바로 그때 나는 1994년 중부당 사건 때문에 절친한 선후배들이 다시 장기복역수로 구속되는 상황을 봐야 했습니다. 그들의 그 노선에 동의할 수 없었지만, 우리 역사가 계속 전진해야 한다는 믿음이 없어진 것은 아니었습니다.

나는 당시 10년 만에 학교에 복학하고 노무현 대통령과 함께 연구소를 만들어 활동을 재개할 때였습니다.

"우리의 역사투쟁은 아직 끝나지 않았다. 우리의 현실 때문에 운동이 시작된 것이지 이념 때문에 운동이 시작된 것은 아니다. 조국과 자신이 속한 공동체의 정의와 이익을 위해 자신을 던진 이들이 이처럼 냉소적으로 '잔치는 끝났다'고 선언할 순 없다."

물론, 20세기 이념투쟁의 시대, 그 기준으로 본다면 우리의 혁명노선은 실패한 것이었습니다. 나는 이 낭패감으로 1988년 안기부 수사실에서부터 1990년 초까지 거덜 난 사람처럼 퀭한 눈으로 밥 벌어먹고 살았을 뿐이었습니다.

전선이 무너지고 조직이 붕괴되면서 '동지애'로 버티던 외로운 인생의 고집마저도 찬바람 맞는 낙엽처럼 시들어 버렸습니다. 내 가까운 이들 중에 이 시기의 고통으로 정신병원에 입원하는 이도 생겼고, 늦게나마 사회생활에 뛰어들어 어렵게 호구지책을 운영하며 모질고 모진 인간세계를 절규하는 이가 태반이었습니다.

우리의 1980년대는 제3세계 종속이론이든, 민족해방이론이든 한반도라는 약소국에 태어난 20세기 청년이 조국을 향해 할 수 있던 최선의 시간이었습니다.

왜 이들의 애국심, 정의감, 인간애가 펴보지도 못하고 새파란 청춘의 나이에 조락(凋落)해야 하는가? 나는 이 현실에 동의할 수 없었습니다. 당신의 시는 이런 시대, 이런 청춘, 이런 인생에 내려쬐이는 강력한 자조와 자탄이었습니다. 당신의 시는 이 패배의 슬픈 한을 그대로 드러내어 역설적인 위로가 되었습니다.

우리의 이 청춘과 역사가 사살(射殺) 되기 전에 나는 투쟁하여야 한다고 생각했습니다. 이념이 패배했다고, 이념의 시대가 사라졌다고, 전선과 조직이 무너졌다고 내가 동의할 수 없었던 자들의 부정한 권력이 없어진 것은 아니기 때문입니다. 저들보다 우리가 건강한가, 우리가 대안이 될 수 있는가라고 수없이 반문해 보았습니다. 어떤 때는 '그렇다'라는 확신이 들었고, 어떤 때는 '우리'라고 할 수 있는 역사적 실체가 존재하는가, '우리'도 별수 없는 세력 아닌가란 회의가 반복되었습니다.

하루아침에 입장을 바꾸어 한나라당에 입당한 사람들이, 그리고 재야입당파 정치인들이 정치현실에서 덜떨어진 '기교', '이미지' 정치나 배워가는 것을 보며 '우리'라는 역사적 실체에 실망했고 패배감은 자꾸만 커져갔습니다. 양김이 분열하고, 그중 한 김이 투항하여 3당 야합해버린 시절…. 독재 대 민주의 전선도 사라지고, 그런 정의감조차도 비난받고 아직도 정신 못차린 덜 떨어진 인생으로 조롱받던 시절 … 참으로 산다는 게 모욕이었고 괴로움이었습니다.

가장 큰 고통은 패퇴하는 군대의 초라함이 아니었습니다. 더 큰 고통은 이런 일그러진 삶들의 허둥댐과 비틀거림을 보아야 하고, 보고도 그것을 꾸짖거나 나무라지 못한다는 데에 있습니다. 진보운동가, 혁명운동가들이 처음엔 현실을 위해 이념이 필요했음에도 이념이 무너지니 현실에서 더듬이가 잘린 개미처럼 뱅뱅 도는 꼴을 보며 참으로 부끄러웠습니다.

"일단, 고상하고 고매하고 인류역사 만만세를 이어갈 위대한 예언도, 말씀도 그리고 논리도 필요 없다. 아침에 해뜨면 일어나서 저녁 해지면 자듯이, 현실의 기득권 세력들이 민중의 염원, 민족의 염원을 기만하고 국가와 민족의 안위와 발전을 가로막고 있는 이상 우리의 싸움은 계속되는 것이다.

집권해야 한다. 국가와 민족, 민주주의와 공화국의 이상을 실현해야 한다. 계급과 민족적 투쟁, 전선의 투쟁이 종언을 고했다고 해서 실망하지 말자. 21세기 민주주의 혁명을 계속해야 한다. 사상과 이데올로기란 거대담론이 있어야만 움직이던 몸을 악에 바친 현실의 집권투쟁으로 전환시켜 내야 한다. 우리가 딛고 서 있는 현실은 그 선과 악이 분명함에도 오로지 관념적인 언덕너머의 무지개만 보며 달리던 그런 덜 떨어진 이념시대의 투쟁을 지양하자."

이런 20세기 투쟁, 1970~1980년 한국 민주화운동의 혼돈과 혼란 속에서 새로운 다짐을 하던 때 당신의 시가 우리 모두를 울렸습니다. 나는 당신의 시가 던졌던 그 쓸쓸하고 우울했던 자조가 역사의 현실이 되지 않아야 한다고 다짐했고, 오늘 제가 여기 있는 이유가 되었습니다.

16년 만에 다시 온 이곳에서 당신의 시를, 편한 마음이 되어 옛날이야기처럼, 우리의 어려웠던 시절로 이야기할 수 있어 정말 기쁩니다.

치통

지난밤에 치통으로 밤새 앓았다.

어금니(사랑니) 하나의 뿌리뽑힘이 이처럼 세게 아플 줄이야….

'앓던 이 뽑은 시원함', '생니 뽑히는 고통'이라는 말이 있듯이, 생니를 뽑아서 통증이 심한가 보다.

2004년 6월 27일 日

쌓이는 먼지처럼

간밤에 모처럼 새벽까지 책을 보느라 잠을 설쳤습니다. 그래서 낮잠을 시간 반가량 잤습니다. 일찍 자고 일찍 일어나는 생활패턴이 역시 훨씬 건강한 생활을 보장하는 듯합니다. 10시 이전에 잠자고 6시 이전에 일어나는 생활패턴이 건강패턴일 겁니다.

손바닥만 한 방바닥에서 티끌 같은 먼지는 끊임없이 나옵니다. 깨끗한 방바닥으로 보이지만 눈에 보이지 않는 그 터럭들이 손바닥으로 쓱쓱 쓸어 모으면 한 움큼씩 잡힙니다.

제 마음 속도 마찬가지입니다.

마음의 작은 방바닥을 매일같이 마른걸레질로 쓸고 닦아봅니다. 그러면 마음의 윗목 아랫목에서 손바닥에 느껴지지 않을 작은 먼지들이 긁어모아집니다. 모으는 족족 마음의 구들 위에 올려놓고 태워 없앱니다. 하지만, 어디에서 솟는지 떨어지는지 방구들 저 아래에서 스며드는지 끊임없이 미움의 티끌들이 만져집니다. 닦고 닦아 손가락 지문이 없어질 때까지 쓸어 모아 불질러 버립니다.

매일 매일 태웁니다. 이제 깨끗하겠지 싶어지면 그러나 반드시 어딘가에서 시퍼렇게 살아올라 옵니다. 쓸고 닦는 손걸레질로 마음은 온통 시뻘건 상처투성이가 됩니다. 오늘 지은 업이 마음의 창고에 아무런 쓰레기도 남기지 않는다면 부처라고 했습니다.

쓰레기를 남기지 않는 식사, 배설하지 않는 식사, 발자국 없는 눈밭의 산책이 가능하겠습니까만 지나온 시간의 발자국들이 무서운 눈빛으로 나를 내려보고 있습니다. 포맷되었으면 좋겠습니다.

"때가 앉을 그 어떤 것도 원래 없는 것이거늘 어디에 때가 낀다는 말이냐"고 일갈한 육조(六祖)의 대구가 귓전에 생생합니다. 하늘 나는 신선이야 그럴 만하겠지만 땅바닥에 발을 붙이고 걷는 자의 슬픔을 어찌 초월의 대구로 없앨 수 있겠습니까.

2004년
7월 2일
金

주인(主人)이고 싶다. 그렇지 않으면 나서선 안 된다

분위기에 맞추고, 상대방의 기분에 맞추고, 어쩔 수 없는 체면치레에 따르다 보면 정작 나는 누구인가 묻게 된다. 무거운 말, 삭히고 삭혀서 잘 곰삭은 말. 분위기, 상대의 처지, 인정, 온정에 얽매여 체면에 눌려 스스로 제어하지 못하고 내뱉는 언행은 참으로 사람을 힘들게 한다. 돌아서며 스스로에게 "미친 놈, 왜 이리 중얼거려?! 주절주절 떠드는가" 하고 욕하고 싶어진다.

언행의 주인이 되는 길을 찾아야 한다. 말은 참으로 아끼고 아껴야 하는데, 대중에게 다가가는 일은 말로써 하는 일이니 난감하다. 그것도 그냥 말이 아니라 주술 같은 열정으로 내뱉는 말이다.

건너면 버려야 하는 뗏목같이, 전하고자 하는 것과 가리키고자 하는 것을 분명히 하고, 이를 위해 말과 행동을 골라야 한다. 전하고자 하는 목적 없이, 그 목적이 불분명한 상태에서 봉사 문고리 잡듯이 하는 언행에서 항상 사고는 생긴다. 전할 바가 분명치 않으면 입을 닫아야 하고, 행동을 삼가야 한다. 어색한 침묵과 긴장을 견디지 못해 그 상황에 끌려 떠드는 언행은 결국 상황의 수동자나 노예가 되게 한다. 상황의 수동태는 결국 여론이란 이름의 대세 앞에 늘 나약하게 굴복하게 만들 것이다.

바위같이 굳건한 마음, 내 인생의 주인이 되고자 하는 노력! 그게 개혁자의 기본토대일 것이다. 모든 것은 작은 일에서 출발한다.

지난 1년여의 시간을 잊지 말라

그 공포를 잊지 말라. 수치심에 온몸이 부들부들 떨었던 그 많은 날들을 기억하라. 편법, 타협의 결과를 잊지 말라.

돈, 권력 그 무엇도 인간을 도울 수 없다. 진정한 유산, 평생 써도 없어지지 않는 재산, 그래서 꼭 물려줘야 할 것은 근검이라는 정신임을 강조하던 다산(茶山)의 언명.

모든 불행은 변화와 진보의 동력이다. 스스로 돕는 자를 돕는다는 자연의 순리에 따라 살아야 한다.

2004년 7월 3일 土

"비교하는 마음은 발전의 동력임과 동시에 발전의 한계다"

세상사는 일은 비교다. '비교를 통한 수평(水平) 맞추기'이기도 하고, '모방'이기도 하고, '경쟁'이기도 하다. "갖다 대보는 행위다."

갖다 대보고, 모자라면 가슴 아파하고, 남으면 기쁨에 뿌듯하다. 그 비교의 마음이 좀 덜 괴로울 수는 없을까. 타인의 우위에 기쁘게 박수쳐 주며, 모자란 자신의 것에 대해서도 깊은 사랑으로 여유로울 수는 없을까.

링 위에 서는 권투선수는 상대와 싸우는가, 자신과 싸우는가. 이 세상의 승리는 상대에 대한 투쟁인가, 자신이 추구하는 가치와의 싸움인가. 상대를 넘어뜨려도 그 상대는 쉼 없이 얼굴을 바꿔 나타나고, 경쟁자를 물리쳐도 자신이 살아야 할 인생의 목표가 완성되는 것은 아니다.

좁은 비교는 '작은 나' 때문에 생겨난다. 길가다 업혀야 될 상대를 만나면 업히고, 업어야 할 상대가 나타나면 업으면 그만이다. 자신이 걷고자 하는 길의 분명치 않음을 걱정하지 않고, 한 발자국 앞서가는 자 때문에 마음 강퍅해지는 작은 마음으로는 큰 정치, 새 정치를 할 수 없다.

동네 골목길의 꼬마들의 치기 어린 키재기가 태양을 향해 발돋움하는 민들레의 키재기처럼 성장의 동력이 된다. 그러나 그것만으로 인생이, 우리가 살아가고 투쟁하는 사회적 가치가 완성되는 것이라면 얼마나 좋겠는가.

역사투쟁의 성공은 그 작은 키재기로는 도달할 수 있는 게 아님을 알아야 한다. 난쟁이 민들레가 홀씨를 뿌릴 때가 되면 모가지를 늘리고 늘려 기린 목이 된다. 좀더 높은 위치에서 홀씨를 날리기 위함이다. 민들레의 그 키재기는 홀씨를 뿌려 또 다른 투쟁을 시작하기 위함일 뿐 경쟁도 질투도 아니다. 비교하는 마음에 머물러 권력투쟁을 하고 정치를 하고 인생을 산다면 개인도, 역사도 승리의 문에 도달하지 못한다.

선 · 악에 대한 호 · 불호의 분명함이 미숙함이 되는 사회

'점잖음'이라는 건 집단주의의 최면이고, 봉건적 지배이데올로기이다. 내가 동의할 수 없는 사람의 행위에 대해 난 얼마나 신축성을 가실 수 있고 가져야 하나.

인간의 논리 — 용서와 사랑, 설득과 감화 — 가 정치인에겐 어떻게 실현되어야 하는가. 내가 동의할 수 없는 가치에 대해 타협할 수 없고, 더욱이 그 동의할 수 없는 것이 현실의 권력으로 존재할 때 나는 그 권력을… 관용, 용서, 이해할 수 없다.

단호해야 한다. 다시는 보지 않겠다는 각오로 단호해야 한다. 너무 세게 말해 놓았다가 나중에 아쉬울 때 손해보기 싫어서 사람들은 단호해지지 못한다. 자신의 인식에 대한 겸손함일 수 있으나 대부분의 경우에는 탈출구, 기회주의의 비상구를 남겨놓고 싶기 때문이다. 소신과 신념은 배수진을 치지 않으면 세워지지 않는다.

난 어때왔는가. 무분별한 온정주의(溫情主義), 인간의 논리로 진실을 질식시켜 오진 않았는가. 사람을 사랑하는 것과 불의를 용서치 않는 것과는 전혀 별개인데 현실에서 불의와 악은 인간의 얼굴을 들이밀며 타협, 온정, 공생공존을 요구한다. 이 가면을 벗겨 사람을 구하고 불의를 쫓아내는 일이 참으로 어렵다.

2004년
7월 9일
金

완전한 일치를 바라지 말라

완전한 일치는 없다. 물이 만났다 헤어지고, 헤어졌다 만나면서 대해(大海)로 가듯 그런 경향에 기뻐하라. 다양성 존중, 개성 존중! 일치는 자칫 다양성을 죽이고 개성을 죽여서 얻어낸 이미 영양분이 다 빠져나간 인스턴트식품 같은 것인지도 모른다. 죽어버린 진실이고 위험한 진실이다.

일치보다는 다소의 차이와 불협화음이 불편해도 큰 경향성 속에 포용하여 함께 키워 나갈 수 있는 힘이 민주역량일 것이다. 그러기 위해선 내 마음이 여유로워야 한다. 이것이 개성과 다양성의 충돌인지, 양보할 수 없는 진리의 싸움인지 ….

그리고 대부분의 차이는 말싸움 속에서 발견되는 것이므로 결정과 집행 단계에서의 사분오열만 아니라면 — 그 결정과 집행의 일관성, 결정력만 보장된다면 — 말싸움에서는 얼마든지 다양한 의견이 부딪히도록 허용해야 한다. 결정과 집행 단계에서는 생각의 차이에도 불구하고 고난도, 영광도 함께 하는 사람이 진정한 동지이기 때문이다.

다양한 의견개진 과정에서의 다름, 차이, 튀는 견해 등에 대해 예민하게 논쟁하는 일은 바보 같은 일이다. 논쟁하게, 말하게 내버려 두라. 너무 큰 견해의 차이라면 동의할 수 없다는 의사표시만으로 내 의

견표시는 충분하다. 수정하고 수정하여 결론을 더 검토할 것이고, 설령 내가 고민 끝에 다른 결정을 내려도 충분히 논의하고 발언했다면 그 결정을 승복해 줄 것이기 때문이다. 대장이 나한테 그렇게 했듯이… 들어라!

2004년 7월 17일 土

나와 다름에 대한 뿌리 깊은 증오심

하나의 대상을, 하나의 세상을 바라보고, 이해하고, 해석하는 것의 차이는 개성의 다양성 때문이기도 하고, 세상 자체가 다면적이기 때문이기도 하고, 장님이 코끼리 만지는 듯한 우리 인간의 부족한 인지능력 때문에 생겨나는 것이기도 하다.

사물이든, 현상이든, 상황이든 우리 모두는 각자가 경험해 온 그 모든 이성과 감성의 총합으로 생각을 만든다. 선천적으로 타고 난 것이든, 후천적으로 개발된 것이든 각자의 경험과 인식의 총합으로 개성있는 판단을 하게 되는 것이다. '다름'은 생명과 이 세상이 우리에게 부여한 개성 때문에 만들어지는 것이다. 종(種)의 다양성이 이 세상을 생명의 보고(寶庫)로 만들었듯이 다양성이, 개성이 이 세상에 인간의 존재를 아름답고 고귀하게 만드는 것임을 깨달아야 한다.

이 세상의 진실을 훔쳐내는 완벽한 리트머스 시험지는 존재하지 않는다. 다만, 아주 부분적으로만 잡아내는 단편적인 우리의 인식이 있을 뿐이다. 이 세상은 그만큼의 다면체다.

그런데 왜 서로의 다른 생각에 대해 분노하고 적개심을 갖는가. 적개심과 증오심을 갖지 말고 그 '다름' 속에 담겨 있을지도 모를 진실 하나라도 놓치지 않으려 노력할 일이다.

다만, 속이 훤히 보이는 자신의 이해관계로 세상을 뒤틀리게 받아들이는 자에겐 세상이 뒤틀린 게 아니라 자신의 처지가 배배 꼬여 있고, 마음의 거울이 욕심으로 이리저리 꼬여 있음을 보여주어야 한다.

'차이'가 이 세상 진실의 복잡성, 개성의 다양성, 우리 인식의 부족함 때문에 온다는 것을 인정하고 너그러워져야 한다. '차이'를 가장한 뒤틀린 심사와 공격에 대해선 그 마음이 세상의 진실을 담으려는 것에 있지 않고 오로지 공격하기에만 있음을 폭로하여 부끄럽게 만들어야 한다.

먼저 차이를 적대적 태도로 받아들이려 하지 말자. 그리고 그 '차이'를 가장한 과도한 비난이 결국엔 이 세상의 진실과는 아무런 상관없는 '멱살잡이'이고 '시비걸기'임을 대중 앞에 드러내야 한다.

'적대적 차이'라고 규정하기 전에 차이는 그냥 차이로, 이 세상의 다양성으로, 개성의 다양성으로, 우리 모두의 부족함으로 이해하려는 노력! 민주공화국 구성원이 가져야 할 생활의 기본태도일 것이다.

2004년 7월 19일 月

운동권 연고주의, 각종 인연에 빠지지 말라

그것은 과거의 흔적이고 족보다. 우리의 뿌리이고 정체성의 증거임은 사실이다. 그러나 그 인연이 집단적 이기로, 특권적 이해관계의 기득권 질서로 작동하는지 항상 살피라.

모든 연(緣)은 미래를 향할 때 긍정성을 발휘한다. 죽어 있는 과거의 족보로 현실과 미래를 재단하거나, 보증하거나, 무임승차하려는 자들이 항상 과거의 전통을 값싼 것으로 변질시킴을 잊지 말라. 자랑스러운 과거의 전통 속에 모두를 경각시키고, 일신우일신(日新又日新)의 근거로 작용하느냐, 기득권을 지키려는 집단적 특권질서로 기능하느냐 늘 살피라!

전통 속에 오늘을, 과거를, 미래를 기념하는 행위는 좋다! 그러나 사람의 노선과 신념은 현실의 실천과 투쟁으로만 평가해라! 그 누구도 과거의 인연 하나만으로 현실의 공정한 경쟁을, 미래를 향한 발전적 경합을 회피하려 해선 안 된다. "그건 그거고, 이건 이거다!"

안면(顔面)사회의 인연주의(因緣主義), 연고주의(緣故主義)에 빠지지 말라! 그러기 위해 연고조직을 그 자체로 어떤 현실운동의 주체로 삼지 말라! 늘 현실의 목표와 미래의 전략적 가치를 세우고 그 목표와 가치에 부합되는 사람들의 단결이 현실의 주동세력이 되게 하라!

길을 걷다 항상 그 길 위에서 새롭게 사람을 만나라! 옛 애인은 가슴 속의 추억이다. 그 추억이 아름다워야 할 뿐만이 아니라 그 감정은 진실로써 기억되어야 한다. 그러나, 현실의 투쟁 속에서 길동무를 구해야 한다. 바라보는 곳이 다르고, 구하려는 목표가 다른 것이 명백함에도, 한 할아버지 밑의 자손이라는 이유로, 과거에 함께 투쟁했다는 이유만으로 봉건적 귀속을 강요하지 말라. 일도 안 되고, 관계도 놓치고, 역사도 망가지기 때문이다.

그러나, 과거를 헌신짝 취급하지도 말라. 찢어진 부대의 깃발은 깃발 하나만으로 전 부대원의 용기를 규정한다. 자랑스러운 조상의 뿌리가 후손의 삶을 규정한다. 전통과 역사 속에서 다져온 역사적 가치 지향을 늘 갈고 닦으라.

결론은, 연고주의로 조직하지 말라는 것이다. 항상 현실에서 출신, 계급, 성별, 지역 따지지 말고 미래를 향한 가치로 열린 자세를 유지하라는 것이다! 여기에 남은 어려움! 약삭빠르게 업종변경해서 달려드는 기회주의자들, 기술자들 때문에 역사적 정통성의 가치는 중요하다!

2004년
7월 20일
火

벽(壁)

면벽(面壁)의 시간이 흐르고 있다. 하루 24시간을 벽 앞에 서 있고 싶은데 그러기가 쉽지 않다. 소리로 되돌아오고, 모양으로 되돌아오고, 마음으로 되돌아오는 무수히 많은 거울 앞에서 나는 내가 누구인지 찾지 못하고 있다. 유리거울 앞에 서면 사십에 들어 선 어느 한 사내가 나타나 씩 웃는다.

저게 나구나….

접견장에서 만나는 무수한 인경(人鏡)은 그 사람들의 처지마다 자기 편하게 나를 비춘다. 무한히 비추어, 결국 아무런 소리도, 맛도, 모양도 볼 수 없는 어머니 거울이 가장 신기하다. 어머니 앞에 서면 두 개의 거울을 마주 세워 놓은 듯 내가 실종되어 버린다. 한 어미의 자식일 뿐이나. 핏덩이 자식, 핏덩이 생명일 뿐이다.

수많은 사람들의 눈길 속에서 나는 수천억 개의 작은 신호조각으로 잘려 버린다. 그 혼란스러운, 희미한 반사파들 속에서 나를 온전히 찾아 재구성하기란 불가능하다. 어차피 나는 그 무수히 많은 거울 속에 존재하는 인상의 파편들이지만 그것의 총합이 그렇다고 나일 리는 없다. 그래서 그 거울들 앞에 서서 나를 찾으려, 비추어보려는 짓은 정말로 부질없는 짓이다. 시커먼 콘크리트 덩어리.

벽!

이 벽 앞에 서면 비로소 나를 찾아갈 문을, 입구를 찾을 수 있다. 유리거울에, 사람들의 눈빛 속에, 사람들의 기억 속에서 나를 찾지 말라.

벽이 나를 비춘다. 그 벽 앞에 소리 내지 말고 조심조심 내 안으로 들어가는 문을 찾으라.

2004년
7월 26일
月

떠들고, 그 떠든 소리의 반향, 그 속에서 나를 찾는…

주 5일 근무가 적용되기 시작한 7월 들어 주 이틀의 휴일(토·일)이 갇힌 자에겐 곱징역을 선사한다. 빛이 없는 어둠 속에 존재하듯이 말하지 않고 닫힌 방에서 이틀을 보낸 월요일 아침이면 마음이 텅 비어 편해지기도 하고, 반송파(搬送波)를 잡지 못해 위치, 방향을 상실한 박쥐처럼 멍청한 공백상태가 무기력을 수반하여 나타난다.

실날같은 반송파 — 접견자와의 대화! 그 작용, 반작용을 통해 자신의 위치를 확인하여 긴장하고, 타이르고, 절제하고, 충전하는 메커니즘! 나를 위해 울어주는 사람들, 가슴 아파하는 사람들. 그 사람들의 위로와 격려 속에 겨우 내 마음의 평화를 유지하는 나! 참 천박한 내공이 아닐 수 없다.

나는 스스로 타올라 빛을 발하는 별이고 싶다. 별빛을 되쏘아야만 겨우 찾아지는 나이고 싶지는 않다. 주변이 조금이라도 추워지고, 습해지면 꺼져버리는 별이 되고 싶지는 않다.

2004년 8월 8일 日

고통

아내와 아이들 걱정으로 이틀 내내 아무 일도 못했다.

간밤에, 더위로, 꿈인지 생시인지 모르게, 자다 깨다를 반복했다. 이빨을 깨물며 잠을 청하다, 그러다 설핏 잠들다, 그러다 꿈인 듯 깨다가 밤새 반복했다. 더위, 두고 온 아이들, 아내에 대한 걱정 … .

정말로 지옥 같은 고통이다.

2004년 8월 11일 水

파트너들이 나를 비난할 자유를 주느냐, 안 주느냐는 민주적 리더십의 핵심 키 중 하나다

자유롭게 말하고, 자유롭게 자신의 소신을 말하고 개진하고 비판할 자유를 주지 않고 사회자 마음대로 기분 나쁜 자의 마이크를 꺼버리거나, 말하기 어려운 분위기를 조성한다면 그 회의체는 조만간 동종교배(同種交配)의 한계에 직면할 것이다. 발언자의 형식, 태도, 비유 등에 최대한 관용을 베풀려 하지 않는다면 그 회의는 부지불식간에 사회자 중심으로, 사장 중심으로 흘러갈 것이기 때문이다.

개성, 문화적 태도, 발상의 차이로 비난하거나, 면박주기나, 괘씸하다는 생각을 갖지 않는다면 그 회의에서 누가 이야기하고 싶지 않겠는가. 사회를 보는 위치에 있는 사람들은 늘 명심하라. 말할 자유, 자유롭게 생각하고 의견을 표현할 자유를 보장하라. 훈계하거나 가르치려 하지 말라. 오직 토론 후의 결정과 행동으로 스스로 자각하고, 스스로 발전하게 하라.

자석으로 판 위의 철가루를 이동시키듯, 너무 빠르지도 느리지도 않게 결정하여 움직이면 세상의 모든 것은 움직여진다. 지적하거나, 총론으로 충고하거나, 말로 한 수 가르치려 하지 말라.

다양한 표현, 사고, 언행의 차이를 개성으로 존중하고 그 취지만을 곱씹으라. 다소 건방진 태도, 배타적 태도, 비아냥거리는 태도, 심각할 때의 가벼운 농담조… 보는 수준과 들은 정보의 차이에서 오는 의견의 차이를 수준의 차이라고 생가가지 말라. 밥통 위장에서 음식 소화하듯이 이 사람 저 사람의 모든 의견이 미지의 세계를 만들어 가게 하라.

파트너를, 사람을 제압하려 하지 말라. 황금알을 낳는 닭의 배를 가르는 것처럼 바보 같은 짓이다.

대통령이 근 20년의 연배 차이에도 불구하고 손을 끌어주셨듯이, 어린 손자의 효심에 할아버지가 이끌리듯이 세상의 지혜는 사랑과 열정으로 얻는 것이지 죽어 있는 경험과 지식쪼가리로 얻는 게 아니다. 자유롭게 사고하고, 말하고, 실천할 자유!

거기에 다소 의심쩍어도 손을 내밀고 눈을 감고 따라가자. 그러면 우리는 동지가 되고, 협업을 완성하고 무(無)에서 유(有)를 창조하게 된다. 사람을 굴복시키고, 제압하려 하지 말라!

2004년
8월 14일
土

사람, 인연

옷장 깊숙이 차곡차곡 개어 있는 옷가지처럼
사람들은 마음속 깊이 시간의 끝없는 비단 폭들을
쌓고 또 쌓습니다.
그 끝없이 쌓인 시간의 두루마리 뭉치 속에는
무수한 사연들이 적혀 있지만
시간은 그 기록들을 지워버리고
그저 결 고운 시간의 비단폭만 남깁니다.
그것마저도 쌓이고 쌓이노라면
망각의 가위질로 잘라버립니다.
하지만 그렇게 빛바래 지우고
가위로 싹둑 잘라 망각의 무덤에 묻어버리지만
스쳐 지나는 바람결 속 향기 한 줄로도
우리는 그 모든 기억을
추억이란 이름으로 복원하곤 합니다.
생생하게 만져질듯 가깝게 …
살며 맺게 되는 그 모든 인연의 소중함이 이 때문일 것입니다.

2004년 8월 15일 日

TV 리모컨을 주지 않는 이유

분쟁은 선택에서 시작되고, 선택은 의사결정을 요구하고, 의사결정은 1인이든 다수든 합리적 절차를 세워야 하는 수고를 요구한다. 이 합리적 의사결정은 반성적 사고력 = 역지사지(易地思之)의 정신, 지성을 요구한다. 반성적 사고, 입장 바꿔 생각하기 위한 대화와 토론의 기술과 문화가 필요하다. 그리고 그 속에서 최상의 효용을 찾아 결정하는 승복을 위한 결정시스템을 요구한다.

구치소에 텔레비전은 지급되었지만 리모컨은 각 방에 지급되고 있지 않다. 리모컨이 방안의 다툼이 되고, 분쟁의 씨앗이 되고, 불평·불만세력과 지배세력·지배자의 존재를 확인시켜 줄 것이기 때문이다. 이 다툼은 관리자에게는 엄청난 잡무의 증가일 뿐이다.

수용자·재소자들도 이런 다툼이 싫어 구치소에서 채널선택권을 독점하는 것에 이의를 제기하지 않는다. 젊은이들이 있는 방에는 쇼프로그램을, 경제범들이 있는 곳에선 뉴스나 기타 다큐멘터리 프로그램을, 나이 드신 분은 가요무대나 전국노래자랑을… 제각각의 채널 선택요구가 있음에도….

갇힌 자들에게 TV 채널권이라는 게 뭐 그리 큰 문제가 되겠는가만 —쉽게 구치소의 채널독점권을 인정하는 게 우리 사회가 이제껏 해온 민주주의였다. 손가락, 발가락이 제각각 움직인다고 해서 우리가 서 있는 게 불가능한 것도 아니고 오히려 더욱더 정교한 착지나 물건집기가 가능하듯이 분권과 그 분권체제의 끊임없는 연합은 인터넷의 세계처럼 위대한 힘을 발휘한다.

전세계 인터넷망의 정보축적과 유통을 집중된 중앙슈퍼컴 하나로 대체할 수 있을까. 그 크기, 용량, 속도, 콘텐츠… 모든 면에서 불가능하다.

우리가 민주주의 시대로 넘어가는 인류사의 의미는 개별 pc이자 host-com인 개인, 개인이 또는 다양한 각 기본단위가 창의와 도전정신으로 인생을 자유롭게 살고, 이 개인의 창의·자유가 전체 인터넷망에서 하나가 되는 네트워크 시스템에 있다.

이해와 요구를 갖는 모든 요소, 요인, 부문, 지역은 각기 그 요구, 기호에 따라 동호회, 소왕국, 카페, host를 세우자. 그리고 그 이해와 요구를 갖고 전체 네트워크의 언어체계에 따라 접속한다.

우리는 이제까지 사장님 방 안에 중앙컴퓨터를 놓고 개별 pc는 그 안에서만 놀아야 한다고 믿는 체제에 길들여 있다. 그러나 현실은 이런 중앙집권적, 독재자의 통제의 제방을 무너뜨렸다. 그 무너뜨린 제방 위로 다양한 이해와 갈등집단들이 충돌하게 되자 사람들은 아이러니하게도 누군가가 센 사람이 나타나 꽉 잡아주길 바란다.

그러나, 우리에게 필요한 것은 인터넷 프로토콜이지 개별 pc에 멍청이처럼 갇혀 있는 OS 프로그램을 원하는 게 아니다. 이게 인터넷 프로토콜, TCP/IP다. 이 TCP/IP로 인해 우리는 내 방안의, 내 회사 안의 작은 세계를 뛰어넘을 수 있었다. 이 개인, 집단의 자율, 권리가 보장되면서 국가공동체의 전체의사 결정, 소통시스템을 갖는 나라와 그렇지 않은 나라는, 인터넷언어로 연결된 사회와 개별 PC 수준의 나라 차이만큼 크다.

인터넷의 TCP/IP와도 같은 최고 버전업된 대화체제를 우리가 만들자. 지역, 부문, 계급, 계층, 개인이 저마다의 이해와 요구로 활성화되어 움직이나 그것이 국가공동체의 전체이익 속에서 서로를 끊임없이 조정해내는 탄력시스템, 법치와 원칙의 수립과 준수! 이런 법제를 가능케 하는 대화와 타협, 견제와 균형, 참여와 자치의 세계! 인터넷언어의 기초 언어체계가 그러하듯이 복잡할 것 없는 간단한 원리다. 새로운 민주주의 새로운 대한민국이다.

리모컨이 각 방에 지급되고, 그에 따른 다툼이 지성의 힘으로 자율조정할 수 있는 시대! 16년 전에는 지금처럼 구치소가 운영되면 폭동탈주가 일어난다고 했을 것이다. 그러나 시계, 볼펜, 신문, TV, 뉴스가 다 들어와도, 군대식 규율과 폭력적 · 물리적 강제가 사라졌지만 우리는 아무것도 잃지 않았다. 인격을 얻었고, 교도관은 훌륭한 직장인 — 간수가 아닌 — 이 되었다.

2004년
8월 23일
月

평화와 전쟁

마음의 평화를 위해, 인간관계의 화평을 위해 진실을 포기하거나 원칙을 훼손하거나 최선의 노력을 포기하지 않을 것이다. 마음의 평화, 마음은 비우되 늘 치열하게 따지고, 최선의 수순을 찾기 위해 노력할 것이다. 적당주의, 절충주의, 화평주의가 치열한 투쟁의 결과물일 때라야만 적당함이, 절충안이, 화평과 화목이 얻어지는 것이다. 그리고 그런 평화가 구조적으로 지속되는 것이다.

마음씨 좋은 안희정의 감내와 인내로 얻어지는 평화는 내 개인플레이일 뿐, 조직과 전체에 좋은 결과를 가져오지 않는다. 가장 적극적인 전쟁이, 다툼이 가장 적극적인 평화일 수 있음을! 마음을 비우는 것이 포기가 아니라 더욱더 최후의 순간까지 진실을 향해 최선을 다하는 것임을 배우고 익히리라!

개성의 편차가 아니라, 어느 한 개인의 고매한 개성과 인격이 아니라 일 자체의 객관적이며 정당한 흐름으로 문제를 해결하고 대안을 찾고, 그래서 그렇게 만들어진 결론에 진심으로 승복하는 훈련이 필요하다. 일찌감치 양보하고, 마음 비우는 일이 그 일의 결과에 발 묶이지 않겠다는 무책임한 기득권 유지수단일 수 있다.

최선을 다해 솔직히 자신의 견해를 밝혀 참여하고, 최선을 다했으므로 그 결론에 마음 흔쾌히 승복하고, 그 결론이 요구하는 바에 따라 자기자신을 바꾸는 노력이 민주공화주의자의 태도일 것이다.

마음 비우지 말고, 최선을 다해서 참여하라! 그렇게 최선을 다해 참여한 결론에 대해 승복하라! 참여하지 않고, 적당히 양보하여 결국 승패를 가르지 않고 패자도 아니고 승자도 아닌 애매한 도덕적 포지션에 자신의 진지를 세워놓지 말라. 진실의 흐름을 방해하지 말라! 우리에게 필요한 것은 효율적으로 의사결정을 하는 일이다.

치열하게 대립하고 그리고 그렇게 싸운 결과에 승복하는 일이다. 양보란 이름의 불참, 기권행위는 민주주의의 게임 규칙을 마비시키고 결국 자신을 계속하여 특수지위에 세워 놓으려는 이중인격 행위일 수 있음을 명심해라!

마음을 비우되 최선을 다해 참여하고 투쟁하라! 마음을 비워야 할 대목은 분란과 투쟁의 시기가 아니라 그 분란이 끝나고 난 후, 결론에 승복할 때 진정 필요한 자세이다.

어머니의 인터넷 편지

칠순이 넘은 어머니께서 인터넷 편지를 보내셨다.

자판 연습을 하고, 인터넷 클릭 요령을 배우신다는 말씀을 동생 편지에서 들은 듯하다. 자식의 언론보도 기사를 어찌 아시는지 주간지까지 오려 갖고 계시는 어머니시다. 아마도 인터넷의 위력을 신문스크랩을 하시며 절실히 깨달으셨을 것이다. 어디에 내 자식관련 소식이 나왔는지 인터넷에서 너무 신기하게 검색되는 것을 보셨을 것이다. 그리고 인터넷을 배우셨을 것이다.

칠순 노모의 인터넷 삼매(三昧)는 결국 자식사랑이었을 것이다. 뿌리가 물을 찾아 바위를 뚫고, 잎사귀가 햇빛 찾아 기형(奇形)을 감수하듯이 자식을 찾는 부모 마음이 칠순 노파가 눈을 찡그리며 자판을 외우고, 인터넷 클릭 수순을 외우게 했을 것이다. 우리 어머니에게 자식은 신(神)의 다른 이름이었기 때문이다.

기쁨도 슬픔도 좌절도 보람도 희망도 용기도 모두 자식을 통해 얻었고, 자식을 통해 느꼈다. 제과점 제빵사가 빵을 통해 말하듯이, 오로지 자식을 통해 자신의 인생을 표현했다. 어머니의 일생이었다.

내가 부모가 되어보니 부모라고 다 똑같은 부모가 아님을 깨닫게 되었다. 땅에 떨어진 밀알처럼 자신을 완전히 곰삭혀 새싹을 밀어내었던 어머니. 어머니에게는 어머니란 이름과 어머니란 존재 외에 자신의 다른 존재이름은 없었다. 먹이고, 보듬고, 가르치는 일 이외에 어머니의 관심을 끄는 일은 없었다. 자다가도 자식의 일이라면 자명종 시계보다도 정확히 일어나 새벽공부를 하는 자식을 깨우고 거두어 먹이셨다. 어머니야말로 프로어머니셨다. 거기에 비하면 나는 얼치기 부모다.

2004년 8월 29일 日

강요하지 마세요

우리는 단 한순간도 누구를 향해 어떤 정치적 목표로 개혁의 과제를 강조하지 않았다. 새로운 시대, 새로운 대한민국의 전진을 위해 우리 모두가 과거의 낡은 때를 닦아내자는 것뿐이다.

이것은 보복과는 상관없다. 우리 대한민국의 전진을 위한 일이다. 21세기 우리 앞에 닥치는 이 험난한 파도를 넘기 위해 체력을 키우고, 근육을 키우는 일을 하자는 것이다. 잔재주만으로는, 임시변통의 끼워 맞추기로는 대한민국이 저 장애물들을 뛰어넘을 수 없기 때문이다.

좌(左)든 우(右)든 민족의 수난기에 누가 민족을 위해 싸웠고, 누가 적의 앞잡이었는지를 따져서 진정한 애국주의자들이 나라의 중심이 되어야 한다. 이 애국적 역사에 충실한 세력들이 역사적 정통성에 기반하여 여(與)든 야(野)든 포진할 때 대한민국의 전진은 가능하다.

대한민국의 전진과 가치를 확립하지 못하고는 우리는 뛸 수 없다. 국가대표 선수들이 체력기초를 다지고 정진수양을 하는 이유다. 우리가 어두웠던 과거를 분명히 정리하지 못한다면 일본과 중국의 역사왜곡을 어찌 비판할 수 있는가.

2004년
8월 31일
火

말을 하는 일—참으로 어렵고 어려운 일이다

말은 기교가 아니다. 서 있는 자리를 정하는 일이다. 매순간 자신이 서 있을 바른 자리를 찾지 못하면 결국 말재주로 연명하게 되나 그 말재주로 어찌 하늘을 가리겠는가.

주어진 상황에서 슬퍼할지, 화를 낼지, 자숙해야 할지, 칭찬해야 할지 … 자신이 서 있을 자리를 심사숙고하여 정하면 말은 물처럼 흘러서 감동과 공감의 바다로 간다. 그 서 있을 자리를 올바르게 정하는 일을 게을리한 채 기교만 생각해선 안 된다. 말하기 전에 그 말의 운명은 이미 정해져 버린다.

설령 말싸움에 이겨도 혹은 그 싸움에 져도 서 있는 자리가 반듯하면 져도 이길 수 있으며, 이겨도 지는 게 말이다. 이것의 관건이 바로 서 있는 자리를 정하는 일이다!

마음의 바른 도리에 질시, 비아냥거림, 원망과 미움을 버리고 자리를 정하라. 그런 감정은 뾰족한 돌 위에 나를 세우는 일이어서 힘을 쓸 수 없게 한다. 운동장같이 너른 바위 위에 자리를 정하면 누워 있어도 물에 빠지지 않는다.

2004년 9월 3일 金

힘 빼!

종이 위에 잉크가 묻은 눈곱만한 ball을 굴리는 일에 웬 힘을 그리 주는지 …. 양 어깨가 아프고, 아프다 못해 뻑뻑하게 굳어버리고, 목 근육을 경직되어 심한 통증을 느낀다.

자세를 한 번씩 풀고 어깨를 돌리고, 목을 돌리며 "종이 한 장 바르게 펴서 움직이지 못하게 하고 가벼운 볼펜 한 자루 잡고 글씨 쓰는 일, 네 꼴 좀 봐라. 어깨에 힘은 잔뜩 들어가 가만 놔둬도 제풀에 지쳐서 아프고, 눈알에 힘을 넣고 목 근육은 있는 힘껏 뻣뻣하게 숙이고 있으니 … 쯧쯧 힘 빼라! 힘! 힘쓸 데가 그리 없나" 자책해 본다.

하는 일이 모두 이 꼴이다. 얇은 노트 한 권 바닥에 평평히 펴놓고, 가벼운 볼펜 한 자루 잡고 글쓰는 일에 이처럼 힘을 들이니 다른 일들에 그 얼마나 많은 어깨 힘이 들어갈 것인가. 모든 게 힘으로, 우격다짐으로 억지로 하는 일이 된다.

글자 하나 쓰는데, 볼펜 심 굴러가는 대로 자연스럽게 쓰지 못하고 코끼리발을 억지로 움직여 글씨 쓰듯이 힘을 쓴다. 모든 긴장은 잘 해봐야겠다는 생각 때문이고 또한 잘 보여야겠다는 욕심의 결과다. 그러나 온갖 근육에 힘을 줘서 겨우 얻어내는 글씨 한 자, 문장 한 줄에 무슨 자연스러운 진실이 있을까 싶다.

힘을 빼라. 긴장을 풀어라. 욕심을 버려라. 흐름에 나를 버려라. 네가 글을 쓰지 못하고 남들의 시선이 글을 쓰기 때문이다. 네 마음으로 글을 써라.

2004년 9월 8일 水

정지(停止)는 평화다

바늘구멍 같은 총구끝 가늠자에 표적을 올려놓는다. 흔들리는 배 위에서 있는 듯, 바늘구멍 같은 가늠자의 동그란 구멍 사방으로 표적이 사라졌다 나타났다를 반복한다.

공기총… 사격선수는 가늠자가 미어터져라 보름달처럼 표적이 꽉 차 오른 상태로, 시간도 박동도 호흡도 멈추어지길 바란다. 하지만 총신(銃身)을 받치고 있는 까치발 같은 왼손 지지대가 심장의 미세한 박동으로 태풍치는 바다처럼 출렁이고 (뇌파를 전달하는) 방아쇠 끝에 걸쳐놓은 집게손가락 첫째마디 끝에서 한줄기 신경섬유와 물리고, 근육이 뇌파의 당기라는 명령을 근육의 힘으로 집행하는 그 순간에, 꽃잎을 차고 오르는 나비의 발길질 같은 요동(搖動)이 시작된다.

사격의 초보자는 가늠자 구멍에 표적이 출렁거리며 나타나는 그 순간에 방아쇠를 당긴다. 순간격발(瞬間擊發)이라고 한다. 우리 인생의 대부분이 이 순간격발 시스템이다. 사람좋은 날엔 한없이 좋고, 사람이 모자랄 때는 그렇게 바보짓을 할 수가 없다.

사격을 처음 배울 때는—물론 처음엔 총도 못 잡고 폼만 잡느라, 호흡 가다듬느라 진땀 뺀다—어쩌다 맞춘 10점 만점의 표적지만 골라서 들고 다니며 자랑했다. 하지만 그게 자신의 사격실력은 아니다.

그래서 조준구와 가늠자 사이에 들어온 표적을 촛농을 부어 굳히듯 요지부동으로 잡아놓기 위해 갖은 방법을 동원하게 된다.

처음에는 옆으로 서서 쏴 자세로, 총신 끝에 모래주머니를 매달고 총대를 받치고 서 있는 연습을 한다. 왼손, 팔, 어깨, 허리. 목이 죽으라고 아프기를 거듭하며, 어느 날 총신 끝에 매단 모래자루를 푼다.

총의 무게를 느낄 수가 없었다. 와! 그때의 그 느낌. 총구멍 끝으로 콩이라도 집어먹을 수 있을 듯하던…. 하지만, 그래도 가늠자 끝에 매달린 표적지는 오락실의 두더지 머리처럼 오르락내리락, 흔들흔들…. 물론 표적지 10개의 원 중에서 가장 작은 10점 원 안에서 출렁거릴 수 있다는 것이 자랑이었지만 순간에 요행수를 바라고 방아쇠를 당겨야 하는 처지는 나아지지 않았다.

결국, 총무게를 이기는 물리적 근육훈련만으로 완전히 이길 수 없었다. 그래서 하게 되는 게 근육의 미세한 떨림, 호흡이라는 육체의 물결치는 상수, 호흡을 멈추어도 천둥처럼 울려오는 맥박의 고동! …

이 물리적 요소들을 어떻게 잠재울 것인가. 물리적 근육의 움직임을 어떻게 하면 무진동·무소음—절대정숙의 경지 위에 올릴 것인가. 그래서 호흡을 가나듬고, 두터운 가죽으로 덧댄 사격복을 입어 맥박을 제어한다. 가장 큰, 가장 치명적인 물리적 요소인 방아쇠 당김 조작을 조금씩 나누어 작동하는 연습을 한다.

부드럽게 방아쇠에 손가락을 얹고 힘이 실렸다 싶을 정노의 당김이 1단계이고, 그 당김이 노골화되어 격발기의 고리를 벗겨내기 직전에 벽에 부딪히는 듯한 순간이 2단계이고, 노리쇠가 화약꼭지를 때리기 위해 용수철을 벗어나거나 공기압력실의 문을 열어젖히는 마지막 발사의 순간까지를 계단 나누어 내려오듯이 방아쇠를 당겨 내려오는 연습을 한다.

근육의 물리적 운동이 갖는 요동침을 막고 물 흐르듯이 총 쏘는 동작을 만들기 위함이다. 그러나 이런 물리적 장애와의 싸움만으로는 사격이 완성되지 않았다. 여기까지 만으로도 물론 훌륭하다. 억센 잡풀처럼 제 맘대로 충동대는 근육을 잘게 부수어, 고운 흐름으로 만들 수 있다는 것은 참으로 훌륭한 일이다. 근육의 경련, 운동동작 자체의 떨림현상, 호흡과 맥박, 물리적 운동이 언젠가는 시작과 끝이 있으므로 갖게 되는 행동이 시작될 때 발생하는 작은 떨림과 동요….

이 모든 요소를 어느 정도 제어했다 해도 결국 남는 문제가 있다. 제아무리 초정밀 과학시스템 설비라 해도 지구의 중력과 빛의 속도라는 상수 앞에 서야 하듯이 우리의 운동명령을 내리는 저 깊은 바다 속의 명령자—지금이다! 쏴라! 당겨라! 명령하는 내 마음과 그 마음이 명령어가 되어 주변기기에 그 명령을 내리기까지의 찰나 같은 그 순간을 제어하는 일은 사격선수의 영원한 과제다.

양궁선수들이 적진에서 관중의 일방적 응원과 돌발변수에 적응키 위해 야구장에 찾아가 막간을 이용해 활 쏘는 연습을 했다고 한다. 좋은 훈련이었을 거다. 그러나 개구멍을 넘어다니다 바지 엉덩이가 가시에 걸리는 일은 참외서리하러 가기 전에 이미 예견되는 일인지도 모른다. 밧줄을 걸어 뛰는 놈을 자빠뜨리려 해도 어려웠지만 예쁜 여자들이 무더기로 앉아 쳐다보면 잘 건던 놈도 걸음걸이가 꼬여 제발에 제가 꼬여 넘어진다.

모든 성취, 모든 인간승리는 저 하늘의 행성들이 변함없이 발사하는 주파수처럼 흔들리지 않는 마음의 핵을 형성하는 일이다. 금메달도, 금의환향도, 적개심도, 호·불호도 뛰어넘은 하늘의 길, 마음의 길을 찾아 자유로움을 얻는 일이다. 그 순간 삼매(三昧)의 순간을 일상적이며 항상적인 것으로 만들기 위해 우리는 울며불며, 깨지며 넘어지기를 반복한다.

사격의 최고수가 되는 일은 결국 삼매(三昧)에 빠져 몰입(沒入)되는 일이다. "자! 당기자!"라는 생각도 없는 일이다. 육체의 흔들림도 흔들림 자체로 용납하고, 근육의 미세한 경련도 수용하여 그 혼잡과 소동을 모두 인정한 위에 얻어지는 마음의 평정으로 과녁과 내가 하나 되는 일이 사격이다. 골프의 퍼팅도, 구기종목의 슈팅도, 사격도, 양궁도… 사업도, 권력투쟁도…. 결국 가늠자 바늘구멍 속의 그 표적에 내가 꽉 차게 들어가 앉는 일이다.

우리 어머니들이 자식이란 화살 위에 자신의 인생을 실어버리듯이… 선방승(禪房僧)의 깨달음이란 게 아마도 이런 몰입의 평화일 거라 생각한다. 부딪힘도 막힘도 없고 텅 빈 공허도 없는 꽉 찬 나!

정치인은 선전가다. 메시지를 분명히 해서 장내외 활동을 강화하라

여의도의 정치인들끼리 백날 친목을 도모해 보았자 그곳에는 표가 없다. 시도 때도 없이 무대 위에 서고자 하는 가수처럼 비장(秘藏)의 곡, 비장의 대사, 비장의 가사를 준비하라. 그래서 대중 속으로 들어가라.

단 한 명의 청중이라도 그를 진정으로 감동시킬 수 있다면 국민을 감동시키는 것은 시간문제다. 주제, 정책, 비전을 갖고, 밤낮없이 고민하여 설득의 무기를 개발하라! 대중 속에 들어가 공감을 얻으라. 자신이 던지고자 하는 메시지, 구체적 개혁이슈, 애당심, 애국심, 시국관, 세계관 … 을 갖고 당원, 지지자, 이해당사자들 속으로 파고 들어가라.

여론-공론-정책-입법의 기본 입법과정에 이해당사자와 동료의원을 향한 로비활동도 중요하다. 하지만 가장 기본은 대중 속에서 여론을 일으키고 그 지지여론이 공론을 장악하게 해야 한다.

여론을 불러일으킬 때마다 당원, 이해당사자 중 지지자와 중립지대의 대중을 향해 직접 설득 · 토론작업에 뛰어들어야 한다. 장비가 적진을 향해 뛰어들어 포위망을 뚫듯이 여론의 바다에 뛰어들어 대중정치인으로서의 진면목을 보이고 계발하라!

나정호 주임의 마지막 출근

1987년, 서대문 구치소 아마 6월 20일경, 새벽이었다.

머리털 나고 처음 형무소(구치소, 교도소, 까막소 …)라는 데를 왔다. 자정이 다 되어가는 늦은 시간에 동대문 경찰서 유치장에서 서대문 구치소로 왔다. 푸른 수의, 알록달록한 플라스틱 말랑말랑한 재질의 밥그릇, 수저를 받아 '5하(下) 8방(房)'에 들어왔다. 신입자 영치품 검사장에서 줄을 지어 있다가 교도관의 명령에 따라 모두 옷을 벗고 팬티 차림으로 신체검사를 하고, 뒤로 돌아 항문검사까지 한 후 푸른 수의를 한 벌 받았다. 아마도 DDT 종류의 소독처리도 했던 것 같다.

촉수 낮은 백열등 그림자 때문에, 불빛 그림자 때문에 더 어둡게 느껴지는 묘한 그 역설적인 어둠 속을 교도관을 뒤좇아 걸어가 '5하 8방'에 들어갔다.

남영동 대공분실, 장안동 대공분실에서의 악몽 같은 20일을 끝내고, 이제 고생 끝이라는 마음으로 이곳 구치소에 왔지만, 폐허같이 낡은 — 시골동네 폐가처럼 낡고 어수선한 서대문 구치소의 첫인상은 지금도 눈에 선하다. 시멘트 블록으로 이어진 긴 복도를, 철창문을 몇 개 지나, 이리 꼬불 저리 꼬불 가면서 언뜻언뜻 어둠 속을 지나가는 덩치 큰 고양이가 비대해진 쥐라는 사실은 며칠 지나서야 알게 되었다.

그렇게 먼지 뽀얀 마룻바닥 위에 앉아 '법무' 글자가 선명히 찍힌 담요를 깔고 덮고 잠을 청했다. 집사람과 부모님과 조직의 앞날을 생각하며 뒤척이다 잠이 들었다. 1987년 첫 징역살이의 담임 교도관이 나정호 부장이었다.

그를 17년이 지나 이곳에서 다시 만나 정답게 지내던 중 어제가 그의 마지막 출근날이었다. 내 젊은 날의 추억을 기억하게 해주는 분이었다. 벌써 올해가 정년퇴임의 해가 되었나니 … . 손이 유난히 크고, 아귀힘이 셌던 분, — 서대문 구치소의 방문 자물쇠는 빗장이 문기둥에 매달려 빙빙 돌게 되었었는데, 그걸 한 번씩 따줄 때마다 영 성가신 일이었다. … 하지만 그분은 항상 성실하고, 착하고, 친절했다.

세월이 흘러 17년 뒤, 다시 이곳에서 만났다. 여전히 마주잡은 손에 그분의 넓은 성품이 느껴졌다.

2004년 9월 10일 金

길

모든 것에는 그에 마땅한 길이 있다.

마당을 파헤치고, 지렁이를 파먹고, 살쾡이에 잡혀 먹히기도 하면서 겨우 살아남은 암탉이 횃대 위에 올라 '꼬끼오'를 외친다. 그리고 그런 삶의 리듬 속에서 우리는 달걀 한 알을 얻는다. 그 닭을 사방 20~30센티미터 철사망에 집어넣고, 항생제를 먹이고, 밤낮없이 전등을 켜대며 얻어지는 달걀과 닭고기 … . 그 억지 쓰는 생산력 속에서 인류는 20세기 풍요로운 물질만능의 시대를 구가(謳歌)했다. 20세기 혁명도 … .

글을 쓰거나 편지를 쓰면서 어깨가 아프고, 목이 아프고 … 나중에 읽어보면 문맥도 띄엄띄엄 건너뛰어 무슨 뜻인지 알아먹기 힘들다. 생각도 충분히 매 순간순간 익혀, 굵기도 똑같이 내놓아야 하는데 찰나적으로 드는 좋은 생각을 얼른 종이 위에 주워담기 바빠 생기는 현상이다.

어깨와 목과 팔목의 아픔도, 글쓰는 자세에 동원되는 근육의 물리적 자세가 어떤 주기로 휴식을 요하는지 배려함 없이 마구 몰아치기 때문에 생긴다.

글자도 한 획, 한 점, 한 자가 각각 요구하는 물리적 숙성시간이 있고 그 글자가 새겨지는 순서와 리듬이 있는 것인데 이 모든 것을 무시하고 어깨에 힘주어 어떤 목표치만을 바라고 쓴다.

상여꾼들이 소리를 하며 상여를 메고 갈 때에도 리듬이 있고, 길이 있다. 멀쩡한 상여가 무언가에 발목 잡힌 듯 가지 못하고, 애석함을 달래기 위해 시간을 보낸다. 인정(人情)의 길이었기 때문이다. 쾌도난마(快刀亂麻)처럼 경쾌한 상여꾼의 발걸음이 바윗돌에 걸린 듯 주춤거리다 둑 터지듯이 다시 지쳐 달린다.

차고 기울고, 더디 가고 빨리 가고, 한 알 한 알 숙성시켜 내놓은 생각, 글씨, 말들은 보기에도 아름답고, 듣기에도 즐겁고, 모든 게 리듬처럼 자유롭다.

모든 것에는 길이 있다.
그 길을 찾아라.
없는 길을 새로 만드는 것도 물길 열리듯이 이치에 따를 뿐이다.
이 길을 찾아, 이 길의 흐름 위에
자신을 띄우려 하지 않고
억지를 쓰고, 용을 쓴다.
훈련과 단련이란 이름으로!
그러나 모든 것에는 하늘의 길이 있고
하늘로부터 부여받은 그 각자의 길을 존중하여
배우고 익힐 때라야만
너도 이기고 나도 이긴다. 너도 살고 나도 살 수 있다.
그것이 아름다움이고 평안함이고, 즐거움이고 평화로움이다.
글씨 쓰기가 내게 준 가르침이다.
목과 어깨와 팔의 집요한 통증이 내게 준 가르침이고,

기껏 써놓고 보면 문맥의 취지를 알기 어려운 문장이
내 마음의 수준을 보여준다.
그래서 다시 한 번 깨닫게 된다.

두려움

새벽 1시다!

안광(眼光)으로도 종이(책)를 뚫는다고 했다. 따뜻한 햇볕을 모아 물을 끓인다. 사람의 관심과 시선이 모아져 그것을 받는 자의 폐부(肺腑)를 뚫는다. 평생의 모든 인연과 죄와 업들이 타들어온다. 그 시선이, 그 관심이 내 몸 안에 들어와 오장육부 곳곳에 쌓여 있는 찌꺼기를 밀어낸다. 태풍처럼! 태풍의 방향으로, 바람이 가는 그 길로 꺾이고 부러져 모든 것을 땅에 뉘여야만 살아남을 수 있다.

그 꺾이고 부러짐이 두렵고 고통스러웠다. 돋보기로 모은 태양빛에 타죽지 않기 위해 버르적거리던 초등학교 꼬맹이들 앞의 개미처럼 나 역시 역사와 시간의 희롱 앞에 끊임없이 세워진다. 그래도 도망가고 숨고 거기에서 벗어나려 했지만 국민여론과 언론이라는 세간의 돋보기보다 더 모질고 큰 하늘의 돋보기 앞에 서 버렸다. 땅의 촘촘한 그물은 피해도 하늘의 성근 그물은 피할 수 없다고 하듯이 내 마음속 하늘의 그물에 걸려버렸다. 이 그물을 나는 어찌해야 하는가.

나를 확실히 버리지 않으면, 심지어 버렸다는 생각마저도 버리지 않으면 이 그물에서 벗어나 자유로울 수 없다. 발목에 채워진 수갑이요, 손오공 머리에 씌워진 테다.

2004년
9월 20일
月

all or nothing, 죽기 아니면 살기?

국보법, 지방대, 수도이전, 과거사 규명 … 등. 대립사안들이 산적해 있다. 갈등과 대립을 애써 피하려하거나, 두려워하지 말라!

대립의 정립이 있어야 한다. 대립에 따라 전열이 정립되고, 이 갈등이 공생(共生)으로 가느냐, 공멸(共滅)로 가느냐의 분기점에서 우리는 진지하게 선택해야 한다. 타협과 공생을! 이것은 일단 대립, 정립이 우선되어야 하는 일이다. 그리고 밉지만 상대를 인정하고 공생을 선택할 수밖에 없다는 경험과 훈련이 필요하다.

서둘러 갈등을 봉합하거나, 없던 일로 만드는 일은 결코 국익에 도움이 되지 않는다. 국민들이 어떤 가치에 어떤 태도를 갖는지, 그리고 그것에 대해 충분한 토론, 상대의견에 대한 경청과 존중, 내 의견의 보다 더 분명한 정립을 통해 … 행동해야 하는 마지막 순간에 타협과 정치적 대안을 만드는 사회적 합의과정을 경험해야 한다. 이 분명하게 서로 다른 견해를 눌러놓고, 없는 것으로 가려놓고 … 무엇으로 국가운영을, 민주공화정치를 하겠다는 것인가?

평화적 의견제시, 상대의견에 대한 이성적 접근, 다름에 대한 진지한 토론, 국가적 결정을 더 이상 미룰 수 없다면 그 결정을 짓기 위한 합리적 의사결정방법에 대한 토론, 그래서 결정하거나 또는 지루하지만 인내를 갖고 끊임없이 그 절차를 다시 밟아나가는 것뿐이다. 다른 방법이 없다. 국론분열, 혼란이란 말 좀 하지 말자. 민주적 의사표시, 치열한 논쟁, 상대의견의 존중, 정해진 의사결정 시스템에 따른 정책결정 … . 지역감정을 선동하는 것은 이성적이며 합리적 노력으로도 도저히 변동시킬 수 없는 출신지를 갖고 싸우는 일이기에 백해무익하다.

그러나 외교, 안보, 경제, 사회문화 등 모든 분야에서 잘못된 편견이든, 기득권이든 무슨 이유에서이든 서로 의견이 어찌 대립되는지, 또 국민이 어떤 대립된 의견을 갖고 있는지, 그래서 이것을 정립하여 대안, 절충, 다수결, 타협, 이해와 관용의 모든 수단이 동원되는 것 아니겠는가.

일방적으로 한쪽의 의견으로만 도배질해 온 대한민국의 법제가 있었다. 그것에 도저히 동의할 수 없는 국민들이 있다. 이것이 조정되어야 한다는 게 오늘의 현실이다.

흥분하지 말고 서로 토론하고 합리적 의사결정 원칙을 세워 결론을 내 나가야 한다. 시위든 사보타지든 토론이든 법에 따라 그 절차를 보장해야 하고 정말로 밉지만 나와 다른 상대도 대한민국에서 함께 살아갈 권리가 있다는 사실을 우리 모두가 인정해야 한다. 대화와 타협, 견제와 균형, 참여와 자치의 민주공화정을 실현시키자.

2004년 9월 22일 水

나는 노무현 대통령을 위해 일해 왔습니다

지난 해 〈오마이뉴스〉와의 인터뷰에서도 말했듯이 그분이 민주화운동의 시대적 자산을 홍수에 떠내려 보내지 않고 나일강 삼각주와 같은 역사의 옥토건설에 말뚝 역할을 해줄 분이라 믿었기 때문입니다.

전태일 열사의 죽음과, 1980년 광주항쟁과, 1980년대 수많은 역사의 죽음을 헛되이 하지 않으려면 또 그 시대를 거쳐 오늘에까지 살아남을 자로서 우리의 이 역사를 불임(不姙)과 유산(流産)의 땅으로 만들지 않으려면 그분이 필요했습니다.

그분이야말로 우리시대의 모든 역량을 깨워 일으켜 새로운 대한민국, 민주공화국 대한민국의 건설에 새로운 역사적 지평을 열 분이라고 믿었기에 나는 그분에게 모든 것을 던지기로 작심했습니다.

내가 누구와 싸운다면, 내가 누구와 타협한다면, 내가 누구에게 무릎 꿇는다면 그것은 오로지 하나 노무현 시대의 성공에 그 이유가 있을 뿐입니다.

일본 전공투(全共鬪)와 같이 유실된 역사가 아니라 10여 년 역사의 땅 속을 기어 동학(東學) 이래, 아니 근현대사 100년의 땅 속을 기어 새봄의 새순으로 온 들판이 꽃피우게 하는 것 — 이것이야말로 내가 바라는 꿈이고 소원이었습니다.

"17대 국회, 집권여당, 수많은 시민역량의 성장!"

나는 나의 작은 힘으로 이 역사의 교두보를 만드는 데 노무현 대통령의 젊은 참모로서 미력한 기여나마 할 수 있게 된 것을 무한한 영광과 긍지로 안고 살아갈 것입니다. 이것은 노무현 대통령이라는 한 개인의 승리가 아닙니다. 겨울의 북풍을 뚫고 나온 새봄의 시작을 알리는 봄의 전령이었습니다.

민주공화국 대한민국은 이제 비로소 출발하고 있습니다.

나는 민주화운동을 함께 해온—청춘을 온통 '인생 조지는 데'다 쏟아 부었던 수많은 내 동지들에게 살아남은 자의 슬픔이란 자조적인 노래나 읊조리게 하고 싶지 않았습니다. 탄핵을 반대하기 위해 모인 수많은 광화문 촛불 속에서 우리는 재회했고 나는 그것을 나의 보람과 긍지로 삼으려 합니다.

이 일은 만드신 분, 가장 큰 방화범은(?) 바로 노무현 대통령이셨고, 저는 그의 옆에 서 있었습니다. 저는 이것 하나만으로도 족합니다. 이 앞에 모든 다툼과 차이는 작은 것이 됩니다. 노무현 시대의 성공을 위해서라면 어떤 개인적 수모와 억울함도 참을 수 있습니다. 그것을 지지한 수많은 대중들의 바람에 조금이라도 어긋나는 일이 있어선 안 됩니다. 그래서 나는 이제 그만 죽어도(?) 좋다는 것입니다.

대서사시, 한 편의 오페라 아리아의 완성—2001—무주대회 연설

한두 곡의 히트송, 한두 마디의 대사로 연극, 오페라, 콘서트가 계획될 수 없다. 마이크 대주면 한편의 대서사시(大敍事詩)가 기승전결로 아름답게 엮어질 때, 그때 가수면 단독 콘서트가, 오페라면 아리아의 독창이 맡겨지게 될 것이다.

작은 정치인은 논두렁의 정기, 작은 마을과 부문의 염원으로 출발하고 입신하게 된다. 그러나 큰 정치인이 되려면 논두렁과 들판의 대동맥 같은 강줄기의 흐름까지 포괄하여 한 편의 노래 안에 소화시켜야 한다. 작은 언덕, 작은 시냇가의 돌출과 부딪힘도 너른 대지 위의 평화로 질서 있게 그 존재의의를 부여해 주어야 한다.

2001년 무주대회에서 행했던 노짱의 연설은 — 지난봄에 최초의 완성된 아리아였고, 최초의 득음(得音)이었고, 게송(偈頌)이었다. 한국사회에서 그가 겪어온 모든 한과 꿈과 사랑과 미움이 하나로 뭉쳐 낮밤을 불러도 다 못 부를 끄이지 않는 아름다운 선율로 엮이는 순간이었다.

나 역시 지금, 굳어지기 전의 묵그릇처럼, 마음 깊숙이 저 밑바닥에서 한없이 부드럽고, 한없이 확고한 그 어떤 체계나 문제의식, 사고방식과 패턴의 경향성을 발견하고 있다. 그것을 흉물스러운 꼴로, 반푼이처럼 성급히 굳히려 하지 말고 끊임없이 불구덩이 위에 올려놓고 거르고 걸러보고 싶다. 정제(精製)하고 정제하여 얻게 되는 나의 인생, 삶의 철학, 정치철학, 한국사회의 비전을 갖고 싶다.

그걸 위해 좀더 불을 때야 한다. 고통과 참회의 자기채찍, 시뻘겋게 달구어진 쇠구슬을 삼킨 듯한 고통어린 순간들…. 식어비린 반신욕 목욕물에 뜨겁게 달군 돌을 또 집어넣듯이 이 고통 속에 더 들어가야 한다. 이 고통을 회피하거나 적당히 뭉개지 말고 두 눈 똑바로 뜨고 칼날이 내 살을 베가는 그 순간을 지켜봐야 한다.

아직 흘려야 할 땀이 더 많이 있다. 물이 식으면 안 된다. 자꾸 자꾸 뜨거운 불구덩이 위에 자신을 던져 넣어라.

2004년
9월 24일
金

언행(言行)

주머니 속에 들어간 못처럼 아무리 감추어도 몇 걸음 가지 못해 삐죽하게 터져 나온다. 교만(驕慢)과 위선(僞善)이 못자국처럼 선명하다. 그걸 손바닥으로 가린들 누가 모르랴. 과공비례(過恭非禮)다. 공손하지만 비굴(卑屈)함을 못 벗어나는 예의가 있고, 용감하지만 비겁(卑怯)한 용맹이 있음을 누가 모르랴.

지식과 지혜와 처신과 경륜과 소신과 원칙과 진심과 배려가 알맞게 자리잡아 서로가 서로를 보완하고, 서로가 서로의 만용을 자제하는 … 단단하고 예쁘게 만들어진 공처럼 살아야 한다. 수많은 오각형이 서로가 서로를 붙들고 잡아 만들어지는 공처럼 …, 군더더기 하나 없이 허공을 가로질러 급소로 바로 치닫는 칼날처럼 … .

상대의 명(命)을 끊기 위한 간명한 동선 외에, 다른 수식도 다른 허접한 몸짓도 필요 없다. 말과 행동은 내려치는 도끼날과 같은 것이다. 시퍼렇게 갈라 치는 행위이고, 시뻘겋게 녹여버리는 일이다.

언(言)이 이처럼 찰나의 승부이면서 동시에 영원한 메아리를 향한 승부라면, 행(行)은 땅위를 개미처럼 기어가는 일이다. 행은 언의 집행이기도 하고, 언은 대지이기도 하다. 언이 썩어 뭉개져 행이 되고, 행이 쌓여 대언(大言)이 된다. 행은 그래서 대지처럼, 항상 그러한 자연처럼. 늘 … 늘 … ! 그래야 한다. 일관성, 계속성, 반복성, 성실성 …. 베틀 위에 머리터럭 같은 실들이 차곡차곡 쌓이고 엉겨 붙어 하늘을 가릴 천이 되듯이 ….

언행(言行)!

행(行)은 집행과 실천이기도 하면서 표정과 몸가짐으로 나타내는 언(言)이기도 하다. 몸가짐을 말하듯이 삼가고 항상 살피고 반성해야 한다.

말로는 겸손하고 몸가짐으로는 교만하다. 말로는 세상을 다 아는 듯하지만 몸가짐은 굴다리 밑의 양아치다.

저 깊은 곳 — 내 마음 속의 깊은 곳에서 우러나오고 그 마음이 하늘의 해처럼 중천에 알맞게 자리잡을 때 언행(言行)하라. 그렇지 않은 언행은 쓰레기다! 너를 묻어버릴 흙비다! 묻혀서 죽을래 … ?

긴 장대를 어깨에 걸치고 좌로 돌고 우로 도니 선 자리에서 잠깐 도는 행동이지만 수많은 사람들에겐 긴 장대에 대가리 깨지기 일쑤다.

거울 방에 서서 작은 촛불 하나 켜는 듯하다. 내겐 작은 촛불 한 자루지만 사면팔방을 뒤엎은 거울 속에 촛불은 튕기고 튕겨 감당하지 못할 촛불의 메아리를 만든다.

언행(言行)!

가스 누출된 곳에서 성냥 켜는 행위라고 생각하라.

찰나의 빛으로도 충분하다.

내려치는 도끼날처럼

뻗어오는 비수날처럼

그렇게 찰나의 것으로도 충분하다.

우리가 나눌 진실은

이 찰나의 빛과 같은 소통으로도 충분하기 때문이다.

소통할 정보, 소통할 메시지가 없을 때

우리는 너절하게 주접을 떨게 된다.

잊지 말라! 그럴 땐 닫아라.

분노(憤怒)와 자존심(自尊心)

모든 정치행위의 출발점이다. 모든 영웅들의 출발점이다.

그러다가 어느 사이 그 분노와 자존심은 사라진다. 정치꾼이 되는 것이다. 무엇에 분노하는지도 잊어버리고, 밤낮없이 칼을 갈게 할 시대의 소명의식도 잊어버리고 … .

정치가 정치를 하는 자들의 직업적 이기심에 머물지 않으려면, 그래서 대중에게 정치꾼, 도둑놈 소리를 듣지 않으려면 스스로 어떤 정의를 위해 또 어떤 불의 때문에 부모 잃은 마음처럼 분노하게 되는지 따져보라.

정치는 그런 절박한 마음으로 출발해야 한다.

2004년 9월 28일 火

1987, 1988, 2004—추석을 갇혀서 보낸다

일요일 접견시 어머니와 아내의 얼굴이 무척이나 어둡고 혼란스러워 보였다. 어머니는 슬픔 쪽에 가까웠고, 아내는 고통과 혼란 쪽에 가까워 보였다.

아침. 목욕을 하고 할아버지가 누워계시는 고향 남쪽하늘을 향해 절을 올렸다. 김구용 선생님과 그 가족들의 명복을 빌었다. 북쪽 부모님 계신 곳을 향해서도 절을 올렸다.

2004년
10월 4일
月

나는 절망한다

성공했다는 사람들…. 존경한다. 기업인, 관료, 학자, 정치인, 연예인, 언론인, 종교인…. 하지만 그럼에도 불구하고 나는 혐오한다. 그들 모두에게서 물씬 물씬 풍겨나는 기회주의, 출세주의의 냄새 때문이다.

추운 한겨울에는 모든 가지끝이 얼어죽더라도 새봄을 기다렸으면 좋으련만, 여름꽃이 인동초와 피를 섞어서라도 언제나, 늘 출세하려 한다. 언제나, 늘 이긴 자들 편이고 싶은 사람들, 그래서 늘 푸른 출세가들을 볼 때면 솔직히 혐오스럽다.

1960년의 엘리자베스 테일러가 1990년대까지 빵빵한 가슴과 탱탱한 얼굴을 위해 발악(?)하는 모습을 보며, 중학교 시절, 그녀를 만나기 위해 태평양 상공의 비행기에 늘 앉아 있곤 했던 내 꿈은 깨져버렸다.

무슨 일이 있어도 타협할 수 없는, 그래서 도저히 양보할 수 없는 어떤 자기자리만큼은 있어야 하는 것 아닐까. 이 세상이 누군가와 싸우지 않고 홀로 조용히 있어도 자신의 존재와 정체성이 사라지지 않는 사람들로 가득 찼으면 좋겠다. 개성 있는 인간들의 세상. 권력, 돈, 명예가 아니라 배꼽 아래 저 밑에서 우러나오는 목소리로 저마다 제 목소리를 내며 화합하는 세상. 왜 늘 출세한 자들의 미소와 짐짓 멋있는 체하는 한마디 말씀에 나는 감동받지 못하는지 … 그래서 이 아침에 써본다.

(천황폐하 만세를 외치던 자의 아들들이) 전두환 장군, 하늘이 내리신 장군 만세를 불렀고, 오늘 그들이 나라가 망한다고 연일 시위를 벌인다. 글을 써대고 울부짖는다. 그들이 사설에 쓰고, 하늘을 향해 기도하고 칭송하던 그 옛날의 방식대로 자신들의 반항(?)이 진압된다면 그들은 지금 뭐라 말할까? 국익과 국민안정을 위한 어쩔 수 없는 영도자의 통치권 행사라고 말할 수 있는가.

입장 바꿔서 생각하거나, 입장 바꿔 당해 봐도 한결같을 수 있는 언행을 하며 살자. 오로지 대들고 악다구니 써대는 정신은 자신의 목표를 위해 수단과 방법을 가리지 않는다는 점에서 극좌(極左) 모험주의자나 극우(極右) 출세주의자나 같은 모양, 같은 꼴이다. 그 극좌와 극우가 한나라당 배지를 달고 화목(?)하게 동지가 되어 있다.

이게 어디 정치권만의 모습이겠는가. 인간의 품위가 지켜져야 한다. 그러려면 어찌해야 하는가. 게임의 규칙이 엄연해야 한다. 조삼모사(朝三暮四)의 규칙 하에선 모두가 다 기회주의자가 된다. 명시된 규칙이 없다면 모두가 심판과 거래하려 할 것이고, 그 심판의 경기운영 규칙은 명시되지 않으니 누가 알겠는가. 심판 맘이지 …. 그러니 누구나가 다 줄서고, 기회를 보고, 소신보다는 몸사리는 데 신경 쓸 것이다.

그래서 우리 역사 속에서 진정한 목민관(牧民官)들은 지방고을의 특권세력들이 짜놓은 무형의 이심전심 규칙을 깨고 공명정대한 규칙을 만들려 하고, 이 규칙과 관행을 만들다가 대부분이 모함과 투서에 쫓겨나거나 패가망신해 왔다. 고을의 특권세력들은 고상한 이유를 들이대며 새로운 선량한 목민관을 쫓아낸다. 미풍양속이 어쩌고저쩌고, 고을의 치안과 안보가 어쩌고저쩌고 하면서 결국 자신들의 기득권을 새로운 목민관이 깨지 못하게 하려 한다.

그러나, 그러나 이제는 안 된다. 명시적이고 공명정대하고 투명한 규칙과 원칙이 세워져야 한다. 그리고 그런 문화와 법제만이 우리 국민 모두를 전진시킬 수 있기 때문이다. 개별 정책사안에 대해 찬반이 있을 수 있다. 그러나 참여정부와 열린우리당! 아니 2002년 12월과 2004년 4·15의 선택은 길이길이 발전되어야 한다.

우리 근현대사의 기회주의, 출세주의자들. 일본 제국주의자이든, 군사쿠데타 세력이든 무조건 만세 부르고 그것에 빌붙어 출세와 기득권을 누린 사람들이 민주공화국 대한민국의 주도세력이 된다면 그 공화국이 제대로 클 수 있는가. 그들은 반성하고, 과거와 단절하고, 그리고 새로워질 것을 국민에게 다짐하고 또 그 의지를 구체적으로 실천하면서 민주공화국 대한민국의 정치세력으로 거듭나야 한다.

지금은 흉기소지, 복장불량, 선수선서를 거부한 자들이 링 위에 올라와 경기하자고 소리치는 꼴이다. 그러니 이 경기가 국민이 볼 때 얼마나 소란스럽고 걱정되겠는가. … 정치, 경제, 문화 전 영역에서 과거로부터의 새로운 출발을 다짐해야 한다.

2004년 10월 9일 土

호칭(呼稱)은 인맥(人脈) · 특권집단 형성의 기초 신호음!

선배님, 형, 형님, 야!, 임마!, 친구 아이가! ….

직위, 직분을 잊고 나와 너의 특별한 관계에 주목하자고 하는 수작(?)이다. 여성에게 관심을 보이는 일은 인간에 대한 배려와 깔끔한 사교 매너로 인정받을 수 있다. 그러나 패션, 의상, 메이크업, 부티크에 관한 간단한 수사가 어느 선을 넘으면 작업이고 수작이고 희롱이 된다.

하늘 아래 천둥벌거숭이 인간으로 태어나 당신과 내가 만났다. 왜 만났는가. 평화로운 공존과 그 공존을 기반으로 협동과 협업을 위해 만났다. 협동과 협업의 구체적 내용으로 치열해져라. 선배와 형, 아우의 관계로 엮으려 하지 말라. 은근한 굴종과 굴복, 원칙과 대의를 뛰어넘는 변칙을 구하려 하지 말라. 인간적 사교는 좀더 엄격히 구분하라.

이 첫걸음! 상대방을 최대한 예우하고 존중하되 그 사람의 직함(職銜)을 부르라. 호칭을 통해 그 사람의 '자리와 일 — 사회적 공적 위치'라는 재갈을 당기라는 것이다. 직함은 '벼슬이라는 재갈'을 의미한다.

말 주둥이에 물린 재갈을 살펴보라. 주둥이가 찢어져라 목구멍 쪽으로 당겨서 혀 위로 입을 가로지르는 납작한 쇠막대를 기억하라! 아무리 마른침을 삼키고 혓바닥으로 밀쳐내려 해도 혀뿌리와 목구멍 앞에서 모든 것을 가로막고 서 있는 재갈! 늘 찜찜하고 온몸에 쥐가 나도록 성가신 그 재갈의 이름 — 직함을 부르라는 것이다.

형, 아우, 선배 … 인연(因緣)의 낡은 고리로 그 재갈을 벗기려 하지 말라. 형, 아우, 선배, 친구라는 호칭은 인간이 동물의 세계와 구분되는 인간이란 이름의 직함이다. 인연의 호칭인 것이다. 인간의 논리, 짐승과는 다른 인간이라면 누구나가 다 맺어야 하는 그 관계의 — 혈연, 지연, 학연 — 호칭인 것이다. 그래서 그 사람이 대변해야 하는 공적인 직분과 의무를 그 호칭을 통해 식초에 녹인 뼈처럼 후물거리게 만들고자 할 때 우리는 이런 종류의 인연에 따른 호칭을 즐겨 사용하게 된다.

제도와 법과 원칙과 규칙이 바로 서지 못했던 시절 — '인연에 기초한 사람의 재량권'이 강조되던 시대의 구습이다. 제도와 법과 규칙을 뛰어넘어 인연으로 서로가 서로를 얽어매 보자는 심리가 이런 형, 아우 호칭에는 도사리고 있다. 그래서 어떤 지위에 있는 사람이건 — 창고의 문지기이든 정승판서든 … — 직함보다는 인간의 논리로 재갈을 물리기 위해 우리는 인연에 기초한 호칭을 선호한다.

나 역시, 늘 직함이라는 재갈을 빨리 벗겨서 사회적, 공적 관계를 뛰어넘는 인간의 논리로 문제를 처리하려 노력했었다. 모든 직분을 맡은 자들이 그 직분의 재갈을 벗고 인간의 논리로 업무를 처리한다면 어찌되겠는가. 힘세고, 약삭빠르고, 관계를 잘 맺는 자들만이 승승장구할 것이다.

호칭을 조심하라! 귀찮은 재갈을 물고 있지 말고 좋은 게 좋은 것이란 상부상조 정신으로 살자는 달콤한 유혹을 조심하라. 공적 직함을 버리고 형님 아우님 하는 호칭은 늘 이런 유혹을 스스로에게 또 타인에게 해대는 짓이다.

시나브로 아침저녁 여닫는 손짓에 어떤 창문 돌쩌귀가 남아나겠는가. 모든 공적 관계는 사적 인간의 관계에 의해 물러지고 해지고 닳아 없어진다.

과시(誇示) — 그 가벼움, 역겨움, 무례함에 대해

물주머니에 칼 대듯이, 풍선에 바늘 대듯이, 갖다대면 대번에 쏟아져 흘러나오는 그 가벼운 언행들 … .

묻는 말에 대답하고 궁금한 것을 물어보면 될 일이건만 묻지 않아도 말하고 관심도 없으면서 물어본다. 왜 묻지 않았는데 떠들어대는가. 상대가 원하거나 알고 싶어하지 않았음에도 왜 지껄여대는가. 절실하면, 궁금하면 물어올 것이고, 요청할 것이다. "왜 그때 알아서 말해주지 않았느냐고, 앞선 경험자로서 왜 친절을 베풀지 않았느냐"고 원망한다면 그 원망을 듣고 말아라.

가르쳐야 한다는 생각, 가르칠 수 있다는 생각 … 이런 생각을 버려라. 청(請)하지 않았는데 … , 슬쩍 건드렸을 뿐인데 … , 보따리 풀어놓고 떠들어대는 바보 같은 짓을 되풀이하고 있다.

물으면 답하라. 정직하게 아는 만큼 … .

청(請)하면 친절히, 성실히 응하라. 청(請)한 만큼만 … .

과공(過恭)도, 과시(誇示)도, 다변(多辯)도 … 가볍고, 역겹고, 무례한 덜 떨어진 놈의 짓거리임을 왜 자꾸 잊는가.

묻는 말에 청(請)함에 정직하고 성실하게 답하고 응하라.

가능하면 정제된 말로 핵심을 찔러 간명하게 … !

2004년
10월 10일
日

균형 잡힌 사고

광대의 외줄타기는 결국 끊임없는 좌우의 쏠림 속에서 얻어지는 균형이다. 미동도 하지 않는 정지상태란 없다. 미세한 쏠림이 있음으로 해서 우리는 늘 균형과 정지를 얻을 수 있다.

언제나 중간에 서 있으려 하지 말고 언제나 부처님, 공자님 반 토막 같은 말만 하려 하지 말고 흐름 속에서 균형을 맞추라. 화를 내야 할 때라면 내라. 격정이 올라오면 그 격정을 폭발시키라. 물 흐르듯 그 흐름 속에 살아 있다면 쏠림도, 편향도, 격정도 모두 다 아름다운 조화와 균형으로 자리잡을 것이다.

어떤 제도도 어떤 이론도 다 그만큼의 장점과 단점이 있기 마련이다. 매번의 순간마다 언제 어디서나 참이고 좋은 제도와 정책을 만들겠다는 것은 억지다. 우리 모두는 자신이 속한 시대의 한계 속에서 살기 때문이다. 이 시대의 한계마저도 초월하고 싶다면 세속을 떠날 수밖에 없다.

검사의 기소(起訴) 독점제도나 판사 한 사람의 양심에 매달려 있는 사법판결제도의 대안으로 배심원(陪審員) 제도가 검토되고 있다. 많은 사람들이 어떤 제도가 더 좋으냐며 갑론을박한다. 배심제도도 결국 하나의 유행처럼 좋아보이는 제도일 뿐이라고 한편에서는 주장한다.

그래서 반대하는 이들의 주장을 들어보면 배심제도는 민주화라는 시대적 유행사조에 편승한 일시적 대안일 뿐이라고 여겨지기까지 한다.

그러나 모든 인간사회의 제도는 자연의 사계절 순환(循環)과도 같은 것이 아닌가 생각된다. 왼손이 고장나면 오른손 쓰고 두 손이 모두 고장나면 발가락 쓰고…. 편향과 경향을 결벽증으로 이해하지 말고 흐름과 균형 속에서 포괄하여 이해할 때 우리는 좀더 진실에 접근할 수 있다고 믿는다.

2004년
10월 11일
月

정도전 이래 최초의 개혁입니다

600년 만에 처음 하는 재개발사업입니다. 집짓는 동안 찬바람에 비 맞으며 고생하게 됩니다. 하지만 더 이상 미룰 수는 없습니다. 밑돌 빼다가 윗돌 고이는 일로는 더 이상 안 됩니다. 과거청산・경제번영・인권과 복지・자주국방・자주외교・경제정의・노사안정・평화와 교류…, 닦고 기름치고 조여야 합니다.

어느 것 때문에 다른 것이 안 된다고는 말하지 맙시다. 오로지 정쟁(政爭)과 혼란과 색깔과 분열을 말하는 사람들의 이야기에 더 이상 귀 기울여서는 안 됩니다.

제왕적 대통령이 혼자 알아서 하는 시대에서 국민 여러분들이 나서서 참여하고 결정하는 새 시대로 가야 합니다. 제왕적 대통령이 청와대에 앉아서 수천억 원씩 돈 챙기는 시대로 갈 것입니까? 권력에 수백억씩 갖다바치지 않으면 기업해먹기 힘든 나라로 돌아갈 것입니까? 무전유죄, 유전무죄의 시대로 돌아갈 것입니까? 그 시대가 징그러워, 탐관오리와 권력자가 서민 등을 치고 부패하던 그 특권의 시대가 징그러워 개혁하자는 것 아니었습니까.

그 개혁을 하는데 기득권 세력이 언론과 야당의 이름으로 혼란과 경제불안을 말합니다. 이 소리는 600년의 역사동안 한국의 기득권 세력들이 늘 해오던 소리였습니다. 속지 마십시오. 우리는 지금 600년 만에 최초로 더 잘사는 나라, 더 맑고 깨끗한 나라, 더 사람 살맛 나는 사회로 가고 있습니다. 600년 만의 이 기회를 놓칠 것입니까?

재벌과 청와대와 집권여당과 특권세력들이 지역감정과 남북대결과 색깔론으로 국민을 지배하던 시절이 있었습니다. 그러나 공정하고 투명한 시장, 저마다의 창의와 실력으로 꿈이 이룩되는 나라, 반칙도 불법도 통하지 않고 오로지 개인의 노력과 창의와 페어플레이가 성공의 유일한 열쇠가 되는 나라! 지역연고도 특정고교, 특정대학의 연줄보다는 개인의 개성과 실력으로 함께 사는 나라! 색깔과 반공이데올로기로 끊임없이 갈등하는 나라에서 자유와 자율이 존중되는 나라! 이러한 나라로 우리는 가고 있습니다.

여러분! 우리는 어디로 가야 합니까? 특권과 반칙과 부패의 나라입니까, 남북대결과 20세기의 냉전시대 유물을 껴안고 사는 나라입니까, 특정고교, 특정대학을 나와야 행세할 수 있는 특권 귀족사회입니까, 자식들한테 수백억, 수천억씩 물려준 사람들이 돈과 언론과 권력을 삼위일체로 쥐고 흔드는 나라입니까?

아니면, 타고난 저마다의 소질과 능력이 학벌과 지연에 상관없이 성공할 수 있고, 중소기업도 자신의 경쟁력으로 시장에서 성공할 수 있으며, 남북이 화해와 협력으로 가고, 기업과 정치와 언론이 자신의 직분에 따라 협력하되 유착하지 않으며, 전국 어디에서나 행복한 삶이 가능한 그런 새 시대입니까?

3일천하로 끝나선 안 됩니다. 서민과 국민의 이익을 대변하려는 사람들이 서울 장안에 들어와서 '촌놈이 되고 아마추어'가 되어 쫓겨난 것이 어디 한두 번입니까. 600년의 시간 동안 무수히 많은 기회를 국민들은 선택했지만 매번 계란으로 바위치기라는 패배의식에 빠져야 했습니다. 국민을 대변하고자 했던 개혁세력이 못나고 부족했기 때문이기도 했지만 국민 여러분이 속았기 때문입니다.

기득권 세력은 돈이 있고, 언론이 있고, 사회 곳곳에 방귀 꽤나 뀌는 사람들입니다. 이들은 여러분이 뽑아 놓은 당신들의 진정한 대표를 번번이 '자격미달', '경륜부족'이라는 이미지로 흠집내어 당신들의 지지를 식어버리게 만듭니다. 일 잘하는 착한 며느리를 동네 입방아, 뜬소문에 현혹되어 쫓아내는 어리석음을 이제 그만 범해야 합니다.

지난 600년의 시간 속에서 이제 한반도에 중흥의 서광이 오르고 있습니다. 특권귀족의 시대 — 학연과 특권, 인맥이 국민과 서민의 타고 앉아 호령하는 시대에서 진정 국민이 주인인 시대로 가고 있습니다. 속아선 안 됩니다. 그들이 말하는 혼란은 자신들의 특권이 위태롭게 되었다는 말입니다.

우리 대한민국은 지금 전진하고 있습니다. 이 파도만 넘으면 600년 역사의 새 지평이 열립니다. 화합의 시대, 용서와 화해의 시대로 가야 합니다. 그러나 개혁을 이야기하지 않고 적당히 뭉개고 가자는 화해와 용서는 안 됩니다. 친일매국의 시대, 독재와 학정의 시대를 과거의 것으로 역사 속에 묻으려면 우리는 무엇을 용서할지를 분명히 해야 합니다. 우리는 누구를 미워하지도, 누군가이 영원한 추방도 원하지 않습니다. 다만 새로운 대한민국의 전진만이 우리의 관심입니다.

2004년 10월 15일 金

말은 입으로 하지 말고 가슴으로 하라

표정은 늘 고요하고 평화로운 마음의 모양에 따를 것이며
한 번 성내고 분노하면 그 분노에 공감을 얻게 하고
슬픔도 기쁨도 마음의 모든 것으로 만들라.
앉는 것도, 서는 것도, 걷는 것도, 웃는 것도, 우는 것도….
마음의 모양에 따라 진솔하고 산처럼 무겁게 하라.
상대와 분위기에 맞추려 하지 말라.
있는 그대로 받고, 받아들인 그대로 보여주라.
보태지도 빼지도 말라.
씨앗이 숨어들어간 흙처럼 하라.
흙은 아무것도 하지 않지만 모든 것은 그 흙 속에서 시작된다.
뿌리내리고 싹을 피우고 그래서 다시 그 흙 속으로 돌아간다.
마음을 이렇게 놔두라.

하느님이 어디 있는지 보여달라면 보여주지 못하듯이
진정한 나의 참모습, 도(道)의 경지(境地), 본래(本來) 면목(面目)
을 보고 깨닫는 일이 알 듯 말 듯하다.
말장난 같다가도 공깃돌놀이 같은 그 말장난에 다시 또 뭔가가

커나가고 있음을 느낀다.
콩나물시루에 떨어지는 물처럼
물은 하루에 수차례씩 위에서 아래로 떨어져 내리고
콩나물은 저절로 큰다.
저절로 크는 것인지 물을 먹고 크는 것인지 알 수 없다.
물 흘려보내기를 중지하거나 아예 물 속에 잠기게 하면
콩은 썩거나 크기를 멈춘다.
선악, 시비, 미추, 승패의 구분에서라도 벗어나서
명경(明鏡) 같은 마음 한 조각이라도 얻었으면 좋겠다.
역류도 순종도 없는 허(虛)도 만(滿)도 공(空)도 색(色)도….

비교와 차별도 승패와 우열도 없는 마음
인위적 조화도 가식적 화합도 없는 그런 마음…
꾸미지 말라.
매너, 교양, 지식은 다 꾸미는 기술일 뿐이다.
풋풋한 맨얼굴, 생얼의 싱싱한 그 자체로…
있는 그대로….

내 창자의 길이가 너무 짧다.
아침에 먹은 음식이 저녁이면 똥이 되어 나온다.
입으로 먹은 음식은 뒷구멍으로 나오고
눈으로 귀로 먹은 음식은 입으로 손으로 말이나 글이 되어 다시 나온다.
거대한 아프리카 뱀이 짐승을 통째로 삼켜

삭이고 삭이듯이 그냥 가슴 저 밑바닥에 쌓아 놓고
일단 버텨 볼 일이다.
자꾸 방정맞게 이런저런 짜맞추기 하지 말고
뚜껑 열어보지 말고 그냥 눌러 놓아라.
썩어서 버려도 좋다.
그냥 눌러놓고 아무 생각도 짓지 말아보자.
조금만 물 뿌려도 잎사귀에 맺혀지는 물방울처럼
그런 작은 깨달음으로 뭔가 깨우쳤다고 떠들고 말하려 하지 말라.
얼마나 비참하고 어리석은 일인가.
그냥 그냥
꽉 꽉
눌러놓아라.
써먹지 말고 … 꾹!

보조전등을 달아서 저녁에 책보기는 좋아졌는데 … 며칠 무리를 해서 그런지 눈이 침침하고 피로감을 느낀다. 지력(知力), 체력(體力), 시력(視力)이 청춘이 아님을 느낀다.

집사람 생일이다. 옛날에 비해 얼굴표정이 많이 밝고 맑아졌다.

2004년
10월 18일
月

종교

나의 종교는 정의(正義)였습니다.

때문에 나는 늘 부정의(不正義)와 싸워야 한다고 생각했습니다.

그리고 정의로운 자는 반드시 승리하고 복 받는다고 믿었습니다.

설령 죽임을 당해도 명예를 얻어 끝내는 복 받는다고 믿었습니다.

정의는 약한 자, 고통받는 자의 편에 서는 것이었고 횡포를 부리고 억압하는 자에 대한 투쟁이라고 믿었습니다.

20세기 말, 제국주의 세계질서가 조국 분단과 독재정권으로 현존해 있을 때 나는 조국과 민중의 이익을 위해 싸우는 게 정의라고 생각했습니다.

민중민주주의 혁명가가 된 것은 조국과 민족과 빽 없고 가난하고 소외된 민중을 위해 싸우기 위함이었고, 그게 1980년 이래 나의 양심의 소리였고 내가 가진 정의라는 종교의 명령이었습니다.

늘 무엇이 정의인지 물었습니다.

정의는 평화였고 평등이었고 박애였고 민주였고 공희였고 인권이었고 자유였습니다. 이것을 방해하고, 이것을 억압하고, 역행하는 생각과 정치세력과 사상투쟁을, 권력투쟁을 해서 이기는 게 정의였습니다.

정의는 진리이기도 했습니다. 사람의 도리, 국가권력의 진실, 참다운 인간본성의 모습으로 인간과 국가의 질서와 문화를 세우는 일이었습니다.

올바르게 살라, 정의롭게 살라, 바르게 살라!

이 가르침이 물처럼 흐르고 흘러 바다로 가듯이 끝내는 종교 = 근본 가르침이 되어 내 인생을 좌우하고 있습니다.

민심의 소리 = 내 본성에서 끊임없이 나에게 명령하는 소리!

평화 · 박애 · 자유 · 평등 · 인권 · 민주공화주의 … .

때로는 미움으로 누구를 억압하기도 하고, 대(大)를 위한다는 명분으로 소수자의 인권을 빼앗아도 좋다고 생각하고, 환경을 파괴하기도 합니다.

그러나, 정의는 결국 민심의 소리이고, 내 안의 본성의 소리이고, 주님의 뜻이기도 하고, 자연과 우주의 진실이기도 합니다.

정의롭게 살자. 안중근 의사처럼 의(義)를 위해 살자.

어릴 적 그 가르침이 오늘까지 나를 걷게 하고, 그리고 마침내는 그 정의가 인간의 진실에 관한, 우주 · 자연 · 사회의 진실에 관한 나의 종교가 되었습니다.

이 과정에서 이리저리 패싸움을 하면서 국수주의, 좁은 민주주의, 작은 범위의 계급해방투쟁, 전체주의, 정치꾼 출세주의 … 등으로 빠져 대해(大海)에 이르지 못할 뻔하기도 했습니다. 아직도 샛강에 빠져 개천의 미꾸라지처럼 미몽(迷夢)에 떨어질 위험성은 얼마든지, 늘 있을 것입니다.

민심, 본성, 본래면목, 도리를 놓치지 말고 정의롭게 살다갈 수 있기를, 그러기 위해 늘 시대와 역사와 대화하며 정의로운 삶, 인간도리를 지키는 삶을 놓치지 않길 다짐합니다.

정치인의 생계

생계와 활동비용 — 후원제도가 없다.

정당과 공직취임으로 월급을 얻지 못하면 합법적 수입수단이 없다. 누군가의 회사에 취업형태를 취한다 해도 클린턴 부부가 수 년간을 시달렸던 각종 스캔들의 단초가 되어버린다. 정치적 공방과 쟁점이 되면 증여세 탈루, 알선수재, 정치자금법의 그물을 벗어날 수가 없다.

결국, 정치는 가진 자들이, 먹고 살기에 풍족해서 시간 남는 자들만 해야 한다. 이게 옳은가? 나는 어떤 도움은 받을 수 있고, 어떤 도움은 거부해야 하는가. 친분이 있는 자에게 도움을 청한다. 모르는 자에게, 생면부지의 자에게, 브로커 · 사기꾼에게 도움을 청하지는 않는다.

그러니 그 도움을 청하고, 도움을 주는 행위가 언제나 위의 세 가지 범죄로 엮일 수 있다. 탈세, 뇌물, 정치자금법 위반 ….

먹고 살고, 활동하고 움직이는 데 쓰지, 치부(致富) 하지 않는다. 다만, 적정한 수준의 생활과 활동에 필요한 최소한의 품위유지와 경비가 필요하다. 이 적정한 수준이 어느 정도냐. 어느 정도의 후원관계에서 어느 규모의 후원을 받아서 쓸 수 있느냐. 이 기준이 없으니 먹고사는 것 자체가 구차스러운 일, 늘 부끄러운 일이 된다. 무슨 사건, 사고가 터질 때마다 뭔일 없나 하고 놀란다. 비루한 신세다 … ! 그래서 대통령은 지난 10여 년 동안, 입버릇처럼 "돈 벌라"라고 말했다.

2004년 10월 22일 金

헌재(憲裁)의 결정… 지식인의 역겨움

관습법을 이유로, 관습헌법이 무엇인지도, 아무도 규정할 수 없으면서 행정수도법이 위헌법률이란다. 정치의 문제다. 헌법과 위헌의 문제가 아니다. 왜 헌재 재판관들이 정치를 하는가. 인권·사상의 자유를 짓밟는 국보법은 합헌이고, 행정수도이전법은 위헌이란다.

낮에 운동장을 뛰면서 생각했다. 그들에게 20년 뒤, 10년 뒤는 없다. 시간은 흐른다. 그들이 심약하게 국론의 분열을 걱정한 모양이지만, 헌재가 정치의 장이어선 안 된다. 여야 합의로 통과한 법률에 대해 아무런 근거도 없이 위헌이라니…

지난 30년간의 인권탄압, 시위, 투옥, 분신자살… 그보다 더 혼란한 게 있을까? 서울시청 앞 광장과 일부언론의 대서특필이 국론분열이고 혼란일까.

광장의 정치가 민주공화정이다. 뉴욕을 덮은 반전시위대가 혼란인가. 서로 의견이 다른 것을 걱정하지 말고 의사결정 규칙의 준수만을 걱정하자. 규칙이 냉정하고 흔들림이 없을 때라야만 광장의 함성이 해소될 수 있다. 헌재는 심약하게 정치적 결정을 내리고 말았다. 극히 실망스럽고 분노한다.

2004년
10월 28일
木

고통 없는 반성은 반성이 아니다. 반성 없이 미래는 없다

감기로 고열에 시달렸던 아이는 그 고열의 시간을 보내고 과거와 다른 아이가 된다.

염라대왕의 문전까지 갔다온 아이일수록 회복도 성장도 빨라 훌쩍 어른이 되어버린다(변화와 성장의 진통이다). 반성은 늘 고통을 수반한다. 그 고통은 공포, 수치, 슬픔으로 짓이겨져서 떼어내고 싶어도 떼어지지 않는 도둑놈 가시처럼, 손톱 밑 깊숙이 박힌 가시처럼 우리를 괴롭힌다. 이것이 싫어 사람들은 반성을 거부하고 과거의 '있을 수 있는 일', '추억' 쯤으로 치부하고 싶어한다. 위신을 걱정하면 반성이란 할 수 있는 게 아니다. 위엄 · 권위 · 신용 · 신뢰를 박제된, 코팅된 그 무엇처럼 흔들림 없이 갖고 싶을 것이다. 그러나 누에가 허물을 뒤집어 쓴 채, 몸이 더 커지길 바라는 것과 같다.

그래서 반성은 늘 용기 있는 자, 성장하는 자의 몫이다. 퇴보하고 정체하고 사라져가는 자들에게는 반성이란 없다. 반성한다 해도 모래 위 성 같은 위신을 지기려고 악어눈물 같은 반성을 한다.

과거 대통령선거에서 사용되던 수천억 원을 이유로 2002년 대선은 깨끗했고 나는 억울하다고 말하지 않는 이유는 그렇게 말하면 나는 과거 수준의 사람으로 머물기 때문이다. 고통 없이, 내 것은 경미하니 조용히 나 혼자 반성하고 다시는 그런 일이 없도록 했으면 더 좋았겠다는 생각도 해보지만, 반성은 늘 공개적으로 벗겨낸 허물을 슬픔과 수치와 고통으로 바라보지 않는다면 반성이란 약효는 없는 것일 거라고 믿는다.

어릴 적, 천연두 예방접종이 너무 잘(?) 되어 어깨, 목, 오른쪽 뺨이 풍선처럼 부어올라 죽는 줄 알았단다. 지금도 남들의 우두자국보다 서너 배가 큰 접종자국이 오른쪽 어깨에 별처럼 선명하다. 그 자국을 보며 어릴 적 내내 들었던 말—"그래야, 우두맞은 게 잘되는 거여. 의사선생님은 오히려 주사맞은 게 잘 진행되는 거라고 말하더라…." 성(盛)했기 때문에 가라앉으면 효과를 단단히 볼 것이라던 그 역설(?)의 덕담은 내가 살아온 인생의 큰 가르침이고, 시련, 고통, 슬픔의 시간을 이겨내게 한 하늘의 계시 같은 것이었다.

불교의 가르침이 아니더라도, 성경의 말씀이 아니더라도 우리 인간은 죄와 업으로부터 자유롭지 못하다. 그렇기 때문에 뒤돌아서서 다시 때를 밀면 언제나 때가 나온다. 그래서 약은 자들, 약삭빠르게 늘 새치기를 하며 출세해 온 자들은 반항과 저항을 통해 정상적인 상태로의 환원—세상의 정의를 외치는 자들에게 "네몸의 때를 보라! 다 같이 회개합시다!" 말하고선 남들이 눈감고 회개의 눈물을 흘릴 때 그들은 도망가 버린다.

그리고 그들은 늘 고통 없이 반성하려 한다. "아, 이 정도면 됐어 …!" "이제 그만해!" 그들은 슬픔, 수치, 공포라는 고통이 왜 반성의 증표인지 알지 못한다. 천연두 예방접종으로 퉁퉁 부어오른 어깻죽지의 고통을 아무도 피해 갈 수 없었다는 사실을 그들은 인정하기 싫은 것이다.

지금 우리는 (4대 개혁입법은) 새로운 대한민국을 향한 성장통(成長痛)의 시간을 보내고 있다. 자유, 인권, 박애를 향한 인류 정의의 보편적 가치가 국가와 권력과 냉전이데올로기로 유보되어 왔다. 마치, 대출금상환 같은 정상화를 향한 시간인 것이다.

20세기 냉전시대가 천부인권을 유보시키고, 꿔서 임시로 써왔던 비정상적 상태의 정상화다. 그리고 그런 20세기식 운영체제로는 21세기를 운영할 수 없다는 반성에서 출발한다. 우리는 21세기의 새로운 현실과 미래를 말하고자 한다. 저들은 20세기의 과거에 머물러서 늘 소란스럽다.

비정상을 정상으로, 꾸어 온 돈을 다시 원주인에게 돌려줘야 할 시간이다. 그런데 방귀 뀐 놈이 성낸다고 혼란과 정체성을 거론하며 그냥 이대로 살자고 한다. "내 돈 내놓으라"는데 "뭔 이야기냐"며 소동을 피우고 있다. 정말로 가관이 아닐 수 없다.

20세기는 — 사람의 가치, 사랑, 평화, 인권, 박애의 가치보다 국가, 이데올로기가 우선되던 시대였습니다. 이젠 뒤로 보냅시다. 당신들의 재산을 빼앗거나 당신의 후손들을 감옥에 넣자고 하진 않겠습니다. 그러나 김구 선생이 왜 돌아가셨는지, 장준하 선생은 왜 돌아가셨는지, 박정희 18년 군사쿠데타 정권기에 수많은 국가인권 탄압사례는 밝혀서 우리 선배님들 명예는 회복시켜 드려야겠습니다. 그리고 전두환 쿠데타 정권기에 돌아가신 수많은 의문사 사건들 — 그 구천을 떠도는 영혼들의 죽음에 대해 진실만은 밝혀야겠습니다. 국가와 이데올로기 대립투쟁기에 천부인권, 자유, 평등, 박애의 권리와 의무가 법으로 제한되던 그 비정상적 법조문을 이제 접어야겠습니다. 명백한 불법이고 반(反) 헌법적 시간들의 정리입니다.

이 일은 20세기 — 지배세력의 용기 있는 자기반성이 있어야만 가능합니다. 그리고 이 반성을 치러야만 우두접종에 성공한 아이처럼 대한민국이 다시 뛸 수 있습니다. 고통 없는 반성은 반성이 아니라던 어릴 적 천연두 예방접종의 교훈을 난 아직도 기억하고 있습니다. 당신들의 용기를 위해 기도하겠습니다.

2004년
10월 30일
土

한밤의 버스소리

저 멀리서 버스의 경적소리가 들린다. 지난겨울부터 올 초여름까지 나는 매일 밤 저 막차버스의 단골이었다. 찢기고 망가지고 망신당한 심신을 수갑 채우고 포승줄로 묶여 밤늦게 구치소 이곳에 왔다. 정문에 다 오면 호송버스 기사는 정문의 초병에게 문 열라고 경적을 울리는 것이다.

육중한 쇠철문이 이중으로 열리고 닫히면 구치소 앞마당에 도착한다. 포승과 수갑을 풀고 흰 고무신을 끌며 모두가 잠든 시커먼 복도를 걸어 내 방에 돌아오면 나의 흔적이 묻어있는 책이며 이불보따리가 그나마 안식처임을 말해주었다. 언제 끝날지도 모를 수사, 대통령 탄핵 사태, 끊임없이 내 등짝의 때를 밀어내자고 덤비는 그 칼날 앞에 추운 북풍과 가난한 마음으로 떨고 떨었던 지난겨울 … .

차가워진 밤공기, 늦은 밤 호송버스의 경적소리가 지난겨울의 그 절망과 슬픔과 외로움을 기억하게 만든다. 그 고통을 잊지 말라.

밤하늘, 밤공기, 경적소리가 선방(禪房)의 죽비소리 같구나.

2004년 11월 4일 木

패배의 기억들

1987년 12월의 패배 — 나는 그날 저녁 길음동, 미아리 어느 여관에서 동지들과 밤새워 개표방송을 보다가 새벽 2시경 쓴 소주로 쓰린 가슴을 닦았다. 노태우 당선, 양김 분열 패배, 비판적 지지론과 후보단일화라는 DJ · YS 지지파의 분열과 패배 … 정신적 공황상태, 일상적이고 평상시의 모든 것들이 정지되고 썰렁해져서 아무런 의욕도 나지 않던 그날.

1990년 대구 백승홍 선대위에서 내가 직접 뛴 선거로는 처음 졌다. 1992년 이철 의원 선거는 승리했지만, 1991년 지자제 선거는 모조리 실패했었다. 1992년 대선에서 또 졌다. 변절한 3당 야합세력에게 도둑맞았고, 선거에서 진 다음날 아침이면 세상 모든 사람들이 나를 거절한 것 같아 거리가, 세상이 낯선 타향 같았다. 거절당한 이방인(異邦人)의 느낌이었다. 낯선 거리, 이름 모를 기차역에 내린 듯했다.

1995년 지방선거, 부산시장 선거에서 졌다. 여론 지지율에서 앞섰지만 지역등권론과 반 DJ정서로 판세는 역전되었고, 부산진역앞 선대본 사무실 뒤에 있던 여관방에서 눈이 시뻘게져 아침을 맞았다. 밤새 피운 담배와 소주 때문에 한 달 이상의 피곤이 눈덩이처럼 밀려왔다.

1996년 종로선거에서도 졌다. 선거에서 패배한 후 팀이 해체되고,

언제 다시 쓸지 모를 사무실 집기와 자료들을 여주에 사는 후원회원의 창고로 보내면서 울었다. 당시 4대문 안에 대형트럭이 들어올 수 있는 시간은 밤 12시에서 새벽 4시 사이였기에 새벽에 집기를 트럭에 옮겨 실으며 하염없이 울었다. 비도 내렸다. 당선사례가 붙고 당선자는 환호하는데 우리는 거절당한 손길을 거두어 자리를 떠야 했다.

1997년 대선에서는 이겼다. 나한테 당장 생기는 것도 없었는데 사무실도 계속 유지할 수 있었고 일상은 즐거움으로 가득 찼다. 이긴다는 건 당장의 수입이 아니라 가시적인 희망을, 미래를 얻는 일이고, 진다는 것은 희망과 미래가 사라지거나 불투명해지는 것이다. 적어도 다음 선거 때까지 무장해제(武裝解除) 당한 채 뿔뿔이 해산되어야 한다.

진다는 건 그래서 어두움이다. 진다는 건 미래와 빛과 가시적 시야를 빼앗기는 일이다. 선거는 늘 그 양지와 음지의 경계에서 어느 쪽으론가 밀려 떨어지는 일이다. 음지에 떨어진 자는 죽음은 아니라 해도 시야에서 사라져 버리게 된다. 있어도 있는 게 아닌 것이다. 선택당하지 못한 자의 비루먹은 슬픔인 것이나.

2000년 부산에서 선거당일까지 이긴다는 여론조사가 있었음에도 큰 차이로 졌다. 한동안 김해공항에 내리면 당시 선거구였던 그 동네가 그때의 상처와 슬픔을 되살렸다. 선거와중에 내가 탔던 어느 택시기사가 부산지역 경제 다 죽는다며 민주당을 욕하기에, 경기 안 좋은 건 서울도 대전도 마찬가지라고 하자, 구포대교 위에 차를 세워놓고 내리라고 핏대를 세웠다. 황당하고 가슴 아팠던 그 택시기사의 적의가 허태열 후보의 유세연설 — 노무현이 이기면 부산사람은 전라도 사람에게 종살이해야 한다던 그 연설 — 과 클로즈업되면서 슬프고 괴로웠다. 여론조사는 우리가 이겨야 한다고 했으나 결과는 졌다. 정말로 큰 충격이었고 한동안 김해공항에 내리기만 해도 가슴이 쓰라렸다.

2002년 보궐선거·지방선거에서 졌고, 2002년 대선에서 이겼고, 2004년 총선에서 이겼다. 최근의 5개 기초단체장 선거에서 승리하지 못했다….

승패는 늘 있는 일이다. 하지만 패배가 주는 그 어두운 암흑, 방향감각의 상실, 인정 없는 타행 객지에 떨어진 듯한 서러움, 기회의 상실, 미래와 꿈의 상실, 일상의 붕괴는 정말 괴로운 일이다.

미국 민주당의 케리가 졌다. 미국의 일방주의적 패권외교 노선이 전세계를 테러의 공포로 몰아넣고 있다. 미국인은 사랑과 용서와 평화보다 증오와 지배와 압제를 선택했다. 그게 평화와 안보와 안정을 약속한다고 속였기 때문이다.

가슴 저 밑바닥에서 나의 패배인 양 쓰린 아픔이 밀려온다. 혼란스럽고 고통스럽다. 케리든 부시이든 미국의 이익이 제일 우선이겠지만, 대화와 타협, 평화와 인권의 가치가 패권적 권위와 힘의 논리 앞에 패배한 것임은 분명하다. 종교적 근본주의, 미국의 일방적 패권주의, 미국 제일주의 안보관과 애국심, 사회적 약자에 대한 배려보다는 냉혹한 시장원리의 생존게임 법칙이 우선되어야 한다는 믿음이 이긴 것이다. 케리도 큰 차이 없다하지만….

미움과 증오가 이긴 것이다. 약육강식의 반(反)지성이 이긴 것이다. 인간·인류의 착한 마음을 믿고, 인류공영의 평화의 가치를 숭상하고, 인간의 자유가 갖고 있는 소중한 권리를 존중하며, 강자는 공동체를 위해 더 많은 의무를 져야 한다는 설득과 희망의 메시지가 거절당한 것이다. 국가의 가치, 잘못된 냉전시대의 패권적 가치가 다른 모든 것에 우선할 수 있다는 20세기식 국가주의의 그림자가 인권탄압을 합리화시키고, 폭력과 전쟁과 압제를 미화시킨다.

일본의 고이즈미를 필두로 하는 일본 내 제국주의 향수에 절은 자들은 노래하고 있다. 쿠데타 세력에 뿌리를 둔 한국의 수구세력들이 국가안보와 반공정체성을 깃발로 흔들며 인권과 평화와 나눔의 시대를 방해하고 있다.

이 지겨운 싸움을 언제나 끝낼 수 있을까.

2004년 11월 5일 金

비판하고 책임을 묻는 일, 타인에 관대하고 나에게 엄격하기

가끔 사람과 사귀고, 배우고, 서로가 서로에게 영향을 주는 일이 굴렁쇠 굴리는 일 같다고 생각하게 된다. 방향을 재고, 동력을 부여하는 일이 … .

하지만 굴렁쇠를 굴려보면 누구나 배우게 되는 비법은 굴렁쇠가 저절로 저 혼자서 구르게 해야 한다는 점이다. 너무 인위적으로 방향을 잡겠다고 힘을 보태거나 잡게 되면 굴렁쇠는 자빠져 버린다. 그래서 슬쩍슬쩍, 추임새 장단 넣듯이, 손을 댄 듯 안 댄 듯 굴러가야 굴렁쇠는 잘 된다. 내가 굴렁쇠 뒤를 쫓는 것인지, 내가 모든 것인지 구분키 어렵게 될 때 굴렁쇠 달리기의 초절정 경지가 이룩된다.

단점과 잘못은 지적하고 들추어내기보다는 스스로 느끼게 해주는 것으로 족하다. 느끼게 해주겠다란 인위마저도 사실은 위험하다. 대부분의 경우 일이 진행되는 형편을 정확히 파악하게만 해준다면 자기반성은 각자 저절로 일어나기 마련이다. "내가 왜 그랬을까, 조심해야지"라고 생각하거나, "그럼 어때서?"라고 반발하거나, "미안하구먼, 그냥 모른 척 넘어가자"라거나 뭐라 어떻게 정리한다고 해도 현실이 모든 걸 가르쳐준다. 칭찬받을 일을 한 건지 비난받을 일을 한 건지, 성공인지 실패인지 … 스스로 안다.

집단의 규율을 잡는 일은 상과 벌로 하지만, 인간관계의 도덕적 각성은 상과 벌이 아니라 오직 자각과 깨달음의 길 뿐이다. 도덕적 각성을 촉구해내지 못하면 조직은 출발할 수 없다. 개인영역의 인간관계는 자각과 깨달음을 방편으로 삼아야 하고, 집단의 규율은 모범을 칭찬하고 실패와 오류를 적절히 규제하고 홍보함으로써 얻어진다.

2004년
11월 22일
月

시간의 강 언덕 위에 서는 일

TV가 처음 보급되었을 때, 스포츠 중계 때마다 "다시 볼까요", "느린 그림으로 다시 보겠습니다"란 아나운서 말과 함께 다시 보는 슛 장면들은 신기했다. 그래서, 가끔 운동장에 나가서 직접 경기장면을 구경하다가도, (가끔) 골장면이 곧 다시 보여질 것이란 나태한 마음에 경기관람에 집중하지 못하곤 했다. 최근에는 운동장에도 대형 전광판을 통해 TV효과를 그대로 이용할 수 있다.

지나간 것을 언제나 되감아볼 수 있는 현실과, 한 번 지나가면 다시 볼 수 없었던 운동장의 경기관람 · 연극관람은 분명 다른 감회를 수반한다. 안전그물망 위에서 외줄을 타는 것과 천 길 낭떠러지에서 외줄을 타는 것의 차이다. 돌아서 제자리에 왔으나 자리는 그 자리이건만 더 이상 옛날의 그 자리일 수 없는 게 진실이다. 그걸 되감기를 통해 언제나 다시 그 감흥을 되찾을 수 있다고 믿게 되었지만 현실은 그렇지 않다.

초등학교 때 연정을 가졌던 여자 짝꿍을 대학생이 되어 다시 만날 기회가 있었다. 그녀는 만나길 거부했다. 되돌릴 수 없기 때문이었다. 필름 짜깁기하듯이 붙여 이을 수 없기 때문이다. 어린 자식이 청소년, 청년, 성인이 되어갈 때, 그 시간의 흐름을 파악하지 못하고 그 옛날의 감정을 갖거나 태도를 이어가는 것도 문제고, 그 옛날의 시간을 애써 잊으려 하거나 삭제하려는 것도 우습다. 흐름 속에서 하나이고, 매번의 현실에서 우리는 모두 처음 보는 사이임을 인정해야 한다.

2004년
11월 25일
木

대법원의 형(刑) 확정

형(刑)이 확정되었다. 12월 10일이 만기일이란다. 딱 2주일 남았다.

길고 긴 터널의 끝에 도착했다. 그러나 새롭게 길을 내고, 신천지를 개척하는 일은 늘 터널 속 같은 깜깜한 밀림숲을 가야하는 일이다. 정쟁(政爭)의 한복판에 서 있는 일이 늘 위험한 이유다. 사지(四肢)가 소가 끄는 네 개의 수레에 각각 묶여서 찢어져서 죽을 때까지 버티고 버텨내야 하는 일, 정쟁 속에 서 있는 일이다.

선착장과 배의 난간 사이에 끼어있는 폐타이어처럼 역사의 스크럼 대열 맨 앞에 서서 대가리 깨지고, 정강이 부러지도록 버티고 서 있는 일이다. 어떤 이는 단 한 번에 부러지고 닳아져서 떨어져 나가 버리고, 어떤 이는 역사의 해안 · 바위기슭에 배가 안전히 접안하도록 찢어지는 정강이 · 상처투성이를 부여안고 잘도 버틴다. 이솝우화에 나오는 원숭이 임금처럼 밧줄에 자신의 몸을 묶어 역사의 계곡을 넘어가는 줄사다리가 된다.

반대편 계곡을 향해 몸을 던져 줄을 연결하는 삶 — 역사의 생명이 지속되는 원리일 것이다. 나는, 반대편 계곡에 대열이 다 도착하면 줄과 함께 계곡으로 떨어져야 한다.

공성이불거(功成而不居).

2004년
12월 7일
火

출소준비

어제부터 소내(所內) 다른 수감자들과 인사를 나누느라 분주하다. 내일, 모든 짐을 내놓고 출소준비를 할 것이다.

이 일기도 오늘이 마지막이다.

1987년, 88년, … 두 번의 출소(出所)가 있었는데 …, 참 기뻤을 텐데, 지금 하나도 기억나지 않는다. 서대문 구치소에서 어찌 나왔는지, 안양 교도소에서 어찌 나왔는지 기억나지 않는다. 왜 그렇지?

투옥기간 동안 내 마음의 밭을 맨 호미자루. 노트가 39권, 볼펜심은 26개를 썼다.

1년 동안 지낸 방을 훑어보며 잠시 감상에 젖다가 짐을 싼다. 노트가 총 39권, 쓰다가 연습노트로 버린 것이 서너 권, 볼펜심은 26개를 썼다. 어깻죽지가 아프도록 많이 썼다. 내 마음의 밭을 맨 호미자루라고 생각한다.

느림과 비움, 민주공화국의 새 출발, 역사와 국민 앞에 선다는 것의 의미에 대해 거듭 생각한다. 잊지 말자고 스스로에게 말한다.

2004년
12월 8일
水

저는 오늘 집에 돌아갑니다

하지만 모든 걸 다 용서받았다고 생각하지는 않겠습니다.

새 정치를 해왔다고 자부했지만 새로운 대한민국을 원하는 국민과 역사의 요구로 볼 때 구정치가 되고 말았습니다. 스스로 변화하고 거듭 태어나서 그동안의 염려와 걱정에 보답하겠습니다.

오늘 비록 몸은 풀려 집에 갑니다만 마음은 늘 저곳에 있겠습니다. 감사합니다.

우리 모두 새로운 출발을 원합니다.

하지만 쉽지 않습니다.

모두가 새로운 미래의 수역이 되고 싶지 누가 전환점에 서서 과거의 사람이 되고 싶겠습니까.

그래서 늘 자기발등을 찍지 못하고 자기 직전의 남의 발을 찍어 새로운 출발점으로 삼으려 합니다.

그러나 이런 새 출발은 늘 정쟁으로 발전하지 과거의 종결, 새 역사의 출발이 되지 못합니다.

"자기 스스로의 발등을 찍어야 진정한 새 출발이 가능하다고 생각합니다. 남의 발등을 찍어서 만든 출발선은 출발선이 아니라 정쟁선입니다. 그 새로운 출발선을 만들기 위해 스스로의 발등을 찍었습니다."

2002년, 역사는 새로운 대한민국을 만들라고 명령했습니다.
새로운 출발은 과거와의 단절을 위해 새로운 출발점을 요구합니다.
그러나 모두가 새로운 미래이고 싶지 떨어져 나가야 할
과거가 되길 원치 않기에 새로운 출발은 매번 실패했습니다.
새로운 출발은 내 발등을 찍어 선을 그어야 합니다.
남의 발을 찍어서는 그것은 정쟁선이 될 뿐입니다.
그 새로운 출발을 위해 제 발등을 찍었습니다.

오늘 비록 몸은 풀려 집으로 돌아갑니다만
(새 출발을 위한 이 감옥생활을 잊지 않겠습니다)
마음은 늘 저곳에 있겠습니다.
하나라도 더 갖기 위해 아우성치던 몸뚱이들이
하나라도 더 버리기 위해 용쓰는 곳.

버리고 비우기 전에는 갇힌 자에게 평화는 없습니다.
버리고 버려 자신조차 버리는 그 순간에
평화와 깨달음의 고요를 맛볼 수 있습니다.

3부

살아갈 이야기

진정한 대화와 타협은 민주광장에서의 분립(分立)이 선행되어야 한다. 광장(廣場)의 정치가 선행되지 않으면 대의제 정치는 엘리트 정치가 되고, 그 사회의 진정한 소통은 방해받는다. 특히, 개혁과 변화의 시기에는 크게 섞여야 하고 그러기 위해선 범람에 준하는 끓어 넘치는 광장의 정치가 필수요건이다. 이 분립(分立)을 통해 대화가 시작되고 타협이 시작되어야 한다.

'친노'가 주홍글씨 된 현실이지만 난 끝까지 친노

노 대통령 못 지키고 어떻게 다음 정치가 있는가

우리당과 참여정부에는 집권주도세력이 존재하지 않습니다. 김영삼 정부의 상도동계도, 김대중 대통령의 동교동계도 없습니다. 군기 잡는 특무상사도 없습니다. 공천 주고 정치자금 대주면서 늘 관리하는 사람도 없습니다.

대통령과의 오랜 관계 속에서 서로 눈빛만으로도 충분히 통하는 사람, 어떤 어려움이 있어도 이것 망하면 나도 망한다는 주인의식으로 끝까지 고난을 함께 하는 사람…. 이런 사람들을 중심으로 집권주도세력이 만들어지지도 못했습니다.

과거에는 30년 상도동계와 동교동계가 존재했고, 제왕적 대통령제라는 제도가 뒷받침해 주었습니다. 그나마 젊은 참모들이 대통령 주변에서 대통령의 뜻을 받들려고 하면 언론이 386 애송이들이 다 해먹는다고 공격하고, 똑같은 목소리로 당내의 선배 정치인들이 공격했습니다.

지난 대통령 선거 때에도 그랬고, 집권 후에도 그랬습니다. 그래서 힘을 발휘할 변변한 위치에 올라가보지도 못했습니다. 뜻을 받들 사람은 없고 늘 시중(市中)의 우려 섞인 충고만으로 코치하려는 사람들뿐이었습니다.

유명대학 출신도 아니고 1970~1980년대 민주화운동의 역사적 계선조직에도 포함되어 있지 않으니 동년배 선후배 정치인들이 볼 때 노무현 대통령은 늘 충고와 훈수를 해야 할 사람이었던 모양입니다. 그래서 그분을 받드는 젊은 참모들은 늘 대통령의 혜안을 어지럽히는 철없는 사람이란 공격을 안에서도 밖에서도 받게 되는 모양입니다.

이런 조건 속에서 그분은 늘 외롭게 투쟁했습니다. 아마도 그분의 외롭고 고독한 투쟁에 노사모와 386이라는 신진 참여정치세력들이 결합하게 된 것도 노무현 대통령이 외롭게 걸어온 정치역정과 무관하지 않을 것입니다.

그분은 늘 기성 사회질서 속에서 소수였습니다. 늘 새로운 사고를 했고, 늘 정직하게 원칙을 지켰기 때문입니다. 영호남 지역주의사회 속에서도, 고래심줄 같은 학연사회 속에서도, 운동권이라는 민주화운동 집단 내에서도 대충 서로가 서로를 눈감아 주는 형님, 아우님 관계를 만들지 않았습니다.

학연, 혈연, 지연의 끈끈한 인간관계로 유지되는 사회보다는 가치와 명분으로 하나가 되는 정치, 법과 제도로 운영되는 국가가 우리나라의 가야 할 길이라고 믿었기 때문입니다. 기존의 정치질서, 기성의 사회질서 속에서 노무현 대통령은 늘 소수였고 외로웠지만 국민은 그런 그분을 대통령 후보로 그리고 대통령으로 만들어 놓으셨습니다.

참으로 눈물 나는 일이었고 그만큼 한편으로는 위태로운 선택이었습니다. 아무도 함께 해주지 않았던 분을 그 정글과 같은 권력투쟁의 정점에 올려놓았으니 말입니다. 아마도 올려놓으면 그 권력의 힘으로 새로운 질서를 잡아나갈 수 있을 것이라 생각하셨을 것입니다.

우리는 이제까지 단 한 번도 상대를 비판하고 공격하는 회의를 하지 않았습니다. 2002년 이인제 씨나 김근태 씨나 한화갑 씨와 경선을 치르면서도 우리는 단 한 차례도 상대에 대한 증오와 경쟁심으로 상대에 대한 정보를 토대로 대책회의를 하지 않았습니다. 우리는 상대를 음해하고 미워할 시간보다 우리가 세워놓은 가치와 명분을 다듬기에도 시간이 부족했습니다. '상대가 어떻다더라'를 놓고 회의를 하기보다 우리는 우리가 세운 가치를 선명하게 들고 전진 앞으로를 하기에도 시간이 부족했습니다.

2007년 8월 15일 안희정 팬클럽 첫 정기모임.

노무현 대통령이 대선에서 승리한 후 제가 한 일은 고작 감옥 갔다 온 것밖에는 없지만…. 오늘까지도 '죄인이 무슨 할 말이 있겠느냐'는 생각으로 대문 밖에도 못나가고 집에서 아빠노릇에 충실하려 노력하고 있지만 저는 여전히 노무현 대통령의 지지자이고 젊은 동지이고 싶습니다.

말이 가볍다느니, 뭐가 어떻다느니 하며 온갖 흉들을 다 보지만 나는 우리 대통령만큼이나 예의 바르고 겸손하고 정직한 분을 보지 못했습니다. 수많은 의원들이 자신들의 비서를 철마다 갈아치우지만 노무현 대통령과 함께 해온 젊은 참모들은 1988년, 18년 전 그때부터 지금까지 늘 변함없이 그분을 존경하며 즐겁게 일하고 있습니다.

친노그룹이란 이름이 따로 붙어있는 걸 보면 일부의 정치인들은 노무현 대통령을 부끄럽게 생각하는 모양입니다. 그래서 당내에서 친노라는 이름을 내걸면 분란이 일어나고 동료의원들과의 관계가 불편해지다 보니 웬만하면 친노그룹이란 이름에 끼고 싶지 않은 모양입니다. 그러나 노무현 대통령을 지키지 못하고 어떻게 다음의 정치가 있을지 저는 알 수가 없습니다.

2002년 지방선거에서 당시 새천년민주당은 가지고 있던 지방자치단체장을 모두 잃었습니다. 그리고 이어서 8·8 보궐선거에서도 모두 졌습니다. 그러나 노무현 당시 후보는 새천년민주당을 깨자고 하지도 않았고, 김대중 대통령과 차별화를 시도하지도 않았습니다. 오히려 당이 후보를 갈아치우자고 달려들었습니다.

노무현 대통령을 오래 모셔왔던 사람 입장에서 제가 이런 이야기를 한다는 게 얼마나 설득력이 있을는지는 모르겠습니다. 하지만 노무현 대통령을 지키고 노무현 대통령과 함께 하겠다는 게 마치 주홍글씨를 이마에 붙이는 일과도 같은 상황이라면 우리당에 미래는 없다고 생각합니다.

모든 사람들은 개성을 가진 존재입니다. 그리고 저마다의 개성은 옳고 그름의 문제라기보다 인류사가 진보할 수 있는 힘의 원천이기에 개성이 아름답게 존중받는 사회가 되었을 때 비로소 선진국입니다.

그러나 노무현 대통령의 개성은 죄악인 듯합니다. 사람의 개성 위에 혐오의식을 덮어씌워 마녀사냥하듯 해온 지난 4년입니다. 그런 언론권력과 야당의 협공에 변변히 싸워보지도 못하고 총부리를 거꾸로 돌리려고 한다면 우리가 당을 같이하는 동지일 수 있겠습니까.

특정이념을 빨갱이 사냥하던 시절과 무엇이 다릅니까. '친노'라는 이름이 주홍글씨가 되어버리는 우리당의 현실 속에서 말 안 해도 될 일입니다만 저는 끝까지 '친노'를 하겠노라고 선언합니다.

2006년 12월 7일, 〈데일리서프라이즈〉 기고문

우리는 누구입니까

'우리'는 누구입니까?

같은 역사 인식을 갖고 함께 실천해온 사람들이 '우리'입니다. 30년 반독재 민주화 투쟁의 역사, 정권교체의 역사 그리고 정권재창출의 역사를 인생의 자랑과 긍지로 살아온 사람들이 바로 '우리'입니다.

이 '우리'는 1970~1980년대 극악했던 군사독재정권의 탄압 속에서도 원칙과 신념을 갖고 투쟁해오면서 만들어졌습니다. 이 '우리'는 1990년 3당 야합이라는 권력을 미끼로 한 군사정권의 유혹 속에서도 야당으로서의 원칙과 신념을 지키면서 마침내 역사적 정권교체를 이루면서 더욱 공고하게 만들어졌습니다. 이 '우리'는 수구기득권 세력의 지역주의 정치구도를 뚫고 2002년 정권 재창출을 통해 한 차원 높은 '우리'로 발전하였습니다.

'우리'를 '우리'라 말할 수 있는 이유는 바로 지난 30년 반독재 민주화 투쟁의 길에서 야합과 변절을 거부하고 정통 야당의 명맥을 이어나가기 위한 역사적 실천행위가 있었기 때문입니다. '우리'를 '우리'라고 말할 수 있는 이유는 3당 합당을 거부하고 야당으로서의 역사적 정통성을 지키고 그래서 정권교체를 위해 함께 싸워온 역사가 있기 때문입니다. '우리'를 '우리'라고 말할 수 있는 이유는 지역정치를 극복하고 정책과 노선으로 국민통합을 이루기 위해 2003년 우리당 창당에 함께 나섰던 역사적 실천이 있었기에 가능한 것입니다.

우리는 말이 아니라 역사적 실천과 투쟁을 함께 하면서 '우리'가 되었습니다. 한두 개의 말이 일치한다고 '우리'가 만들어지는 것은 아닙니다. 수많은 계곡물들이 모여 한강을 이루듯이 수많은 실천적 행위가 쌓이고 쌓여서 '우리'라는 역사적 세력이 만들어졌습니다.

일제시대, 일본이 조국을 강점할 때 자신의 모든 것을 내걸고 투쟁한 사람이 우리입니다. 이승만 정권이, 박정희 군사독재정권이, 전두환, 노태우 광주학살 정권이 민주주의 헌정질서를 유린하고 제 마음대로 권력을 농단할 때 자신의 모든 것을 내걸고 투쟁한 사람이 역사적 실체로서의 우리입니다. 전두환, 노태우 광주학실 정권이 자신들의 부정한 과거를 땜질하기 위해 권력을 미끼로 3당 합당을 제안할 때 이 유혹을 뿌리치고 야당으로서의 정정당당한 정권교체 투쟁을 벌인 사람이 바로 우리입니다. 국민의 정부, 국민의 정당을 완성하기 위해 지역주의 정치에 기대어 정치를 하기보다는 정책과 노선으로 새정치를 하겠다고 자신을 던지며 열린우리당을 창당했던 사람들이 바로 우리입니다.

그런 우리가 지금 위기에 빠져 있습니다.

우리가 어디에서부터 왔고, 지금 어디에 서 있으며, 그래서 다음은 어디로 가야 하는지에 대해 고민하지 않고 저 혼자 살겠다고 아비규환의 도주행태를 보이고 있습니다. 이 아비규환의 패주행렬은 2005년 지방선거와 보궐선거 패배를 계기로 시작되었습니다. 한나라당과 수구 보수언론의 참여정부실패론을 '우리' 중 일부세력이 받아들이면서부터 시작되었습니다.

그들은 이렇게 주장합니다. 민심이 당과 대통령을 떠났다. 그래서 우리는 선거에서 거듭해서 졌다. 이것을 현실로 인정해야 한다. 그래서 몇 차례 주저하다가 마침내 참여정부 실패의 실질적 책임자로 대통령을 지목하면서 대통령의 탈당과 열린우리당의 해체를 주장하고 있습니다. "대북송금 특검법안을 수용한 대통령 때문이다. 한나라당과 대연정을 제안한 대통령 때문이다. 한미 FTA를 밀어붙인 대통령 때문이다"라고 말하고 있습니다. '우리'를 해체하고 다시 헤쳐모이자고 말합니다.

한나라당과 언론의 참여정부실패론에 대해 왜 무엇이 실패한 것이냐고 묻는 사람이 있습니까? 국민 앞에 나서서 당당하고 떳떳하게 참여정부의 이 역사를 위해 투쟁하는 사람이 있습니까? 공은 공대로, 과는 과대로 국민 앞에 함께 책임지겠다는 자세로 정권교체의 역사와 참여정부의 역사를 자랑스럽게 지켜나가기 위해 함께 투쟁하는 사람이 있습니까?

기업의 자산가치 중 가장 큰 것은 기업의 브랜드 가치입니다. 코카

콜라, 삼성 등 기업의 이름 자체가 그 기업이 만드는 상품들의 가치보다 더 커질 수 있는 것은 오늘날 발전된 자본주의 시장경제의 일반적 현상입니다. 이럴 수 있는 이유는 시장경제 체제가 안정화되면서 그 속에서 기업이 얻게 된 '신뢰'라는 자산 때문입니다. 기업이 시장에서 소비자에게 보여준 역사적 실천행위 때문입니다. 자본주의 시장경제는 기업이 시장에서 얻는 '신뢰'만큼 발전합니다. 어떻게 해서 이 기업의 신뢰도, 브랜드 가치가 발전할 수 있었겠습니까? 그것은 책임지는 자세 때문입니다. 잘 된 상품은 잘 된 상품대로, 실패한 상품은 실패한 상품대로 소비자에게 무한책임을 지겠다는 각오로 역사를 축적해 나간 기업만이 기업의 브랜드 가치를 가질 수 있습니다.

2008년 1월 《담금질》 출판기념회
"분노와 원한, 대립의 정치를 끝내고, 새로운 민주주의를 시작하겠습니다."

민주주의가 발전하려면 정치세력을 대표하는 정당이 이런 책임 있는 자세를 보여야 합니다. 선거가 있을 때마다 인기 있는 후보를 중심으로 이리 몰리고 저리 몰리고, 자신이 국민에게 했던 약속에 대해 책임지려 하기보다는 인기 있으면 그냥 가고 인기 없으면 나 몰라라 변신하는 게 책임 있는 정치는 아닐 것입니다.

한국 민주주의 발전의 마지막 결정판은 해적판, 떴다방식 정당정치를 끝장내고 책임정치, 책임정당을 완성하는 일입니다. 지금 우리가 벌이고자 하는 일은 '친노세력'의 결집도 아니고 '노무현 대통령 지키기 투쟁'도 아닙니다. 우리가 하고 하는 일은 거기에 멈추는 것이 아니라 유구하게 이어져 나가야 할 그래서 민주공화국 대한민국의 헌정사를 계승해야 할 이 역사적 실체로서의 이 '우리'를 지키고 발전시키자는 것입니다.

그래서 묻습니다. 도대체 무엇이 실패입니까?

참여정부실패론은 사실이 아닙니다. 한나라당과 수구 보수언론의 정파적 주장일 뿐입니다. 참여정부는 애초에 국민과 약속한 공정하고 투명한 사회, 제왕적 대통령제를 극복하는 당정분리, 그리고 깨끗한 새 정치, 대화와 타협의 사회, 견제와 균형의 민주사회 건설을 위해 최선의 노력을 다했고 커다란 성과도 얻었습니다.

문제는 신제품 개발에 있었던 것이 아니라 그것을 팔아야 할 영업조직에 있었던 것입니다. 영업조직이 상대 회사의 마타도어에 놀아나고, 신제품에 대한 소비자의 불평에 대응하지 못하고 오히려 총을 거꾸로 메고 본사를 공격한 것입니다.

이런 예는 수도 없습니다. 참여정부 내내 그랬습니다. 일부 언론과 배웠다는 분들은 말했습니다. "대통령이 확실하게 권위적으로 휘어잡고 가야지 대통령이 저렇게 힘이 없어서 어떻게 당신들을 집권여당이라고 믿을 수 있겠는가?"라고 지적했습니다. 그러자 당에서 이런 말이 터져 나오기 시작했습니다. 사실 당정분리에 문제가 있는 것 같다. 대통령이 일부 청와대 젊은 참모들에 눈과 귀가 막혀있는 것 같다. 아마추어 참모들에게 문제가 있다. 이렇게 당이 맞장구를 쳤습니다.

부동산정책을 예로 들어 봅시다. 모든 국민들이 강력한 부동산정책을 요구했습니다. 그래서 참여정부는 역대 모든 정부들이 검토하고 내놓았던 부동산 종합대책을 다시 재평가하고 집대성하여 종합대책을 내놓았습니다. 그리고 이 작업은 1년 넘게 당정 간, 정부와 국회 간 지루한 토론과 논쟁, 밀고 당기기를 통해 만들었습니다. 그러나 이 대책이 나오자마자 당이 먼저 종부세가 세금폭탄이라는 한나라당과 일부 언론의 흑색선동에 부화뇌동하여 정부를 공격했습니다. 지난해 지방선거가 끝나자마자 부동산정책 때문에 선거 다 망했다고 당 지도부를 지낸 분들부터 부동산정책을 수정해야 한다고 발언하기 시작했습니다. 그래서 당정 간의 갈등이 불거졌습니다. 이런 집권세력으로부터 국민의 마음이 떠나가는 게 오히려 정상이 아니겠습니까?

참여정부와 열린우리당이 한나라당과 언론에 의해 아무런 이유도 없이 무능과 국정파탄의 주범으로 공격당할 때 도대체 당과 당의 지도부는 무엇을 했습니까? 혀를 깨물고 죽어야 할 실패란 없었습니다. 참여정부는 그렇게 부도덕하지도 않았고, 집권세력으로서 무능하거나 게으르지도 않았고, 대한민국의 역사발전을 거꾸로 돌려놓을 잘못도 범하지 않았습니다.

'우리'를 지켜야 합니다. 국민 앞에 책임 있는 자세로 나서야 합니다.

우리는 참여정부평가포럼을 통해 30년 민주화 운동과 10년 민주화 정부의 집권 정통성을 지키려 합니다. 김대중 대통령도, 노무현 대통령도 재임 중 국민의 뜨거운 지지를 받지 못했습니다. 그러나 그렇다 해도 우리는 이 역사가 "후회 없는 역사였다. 최선을 다한 역사였다"고 자랑스럽게 말할 것입니다. 그리고 그것이 왜 후회 없는 역사였는지 무엇을 근거로 최선의 노력을 다한 역사였다고 말하는지 우리는 참여정부평가포럼을 통해 알릴 것입니다.

미래는 과거 속에 있습니다. 미래는 현재의 투쟁 속에서 시작합니다. 막연한 미래를 갖고 우리를 만들려 하지 맙시다. 유행어 몇 개로 우리를 만들려 하지 맙시다. 국민을 속이는 행위입니다. 대선주자들이 우리의 대표선수가 되려 한다면 우리가 어떤 실천을 해왔고, 어떻게 투쟁해왔는지 증언해 주어야 합니다. 그래서 그런 투쟁과 실천의 역사를 근거로 우리의 미래를 말해야 합니다.

그래서 참여정부평가포럼입니다.

참여정부평가포럼이 만들어진 것은 '우리' 내부에서 민주화 운동의 역사, 민주 정부의 역사를 실패한 것으로 받아들였기 때문입니다. 그래서 우리는 이렇게 묻고 있습니다. 도대체 우리 족보가 무엇이 그리도 부끄럽냐고, 도대체 우리가 무엇을 그리도 잘못했고 실패했느냐고 ….

이 민주화 정부 10년 참여정부 5년의 역사 속에서 공은 공대로, 과는 과대로 정리하여 자부심과 긍지를 갖고 미래의 과제를 통해 자신을 갈고 닦는 세력이 필요합니다. 정책 자체에 관심을 갖고 평가하려는 정책세력이 필요합니다. 그 세력만이 진정한 이 역사의 주인일 것입니다. 임진왜란 때 조국을 구한 것은 날이면 날마다 모사와 기획을 꾸미던 한양의 정치인들이 아니라 유비무환의 정신으로 연마를 게을리 하지 않았던 이순신 부대였습니다.

낡은 정치를 끝장내고 새로운 민주주의, 새정치를 향한 열린우리당의 역사적 실체가 지금 위기에 처해 있습니다. 바람 앞의 촛불처럼 위태롭습니다. 참여정부가 실패했다는 주장을 그대로 받아들인 결과입니다.

참여정부실패론은 사실도 진실도 아닙니다. 한나라당과 일부 언론이 만들어놓은 이 잘못된 여론과 맞서 싸우지 않는다면 '우리'라는 실체는 역사 속으로 사라질 것입니다. 참여정부평가포럼이 발족하게 된 배경도, 참여정부평가포럼이 앞으로 해야 할 일도 대한민국의 한 축을 형성해 온 민주화 운동, 민주정부, 정권교체, 참여정부의 역사를 지키기 위한 것입니다.

2007년 5월 19일, 참여정부평가포럼 운영위원 워크숍 발제문

열린우리당이 사라져버렸습니다

투표권을 갖고 있는 대의원은 아니었지만 한참을 망설이다가 차마 전당대회장에 가지 못했습니다. 사라져버리는 우리당에 목 놓아 곡을 할 마음도, 새로운 미래의 출발을 약속할 신명도… 그런 마음은 제 마음 어디에도 없었기 때문입니다. 아마도 모든 분들의 마음이셨을 것입니다. 울 수도, 웃을 수도 없는 그래서 웃는 얼굴에 눈물을 흘릴 수밖에 없는 상황이었습니다.

2004년 대선자금과 관련하여 감옥에 갇혀 있던 4월에 저는 날마다 새벽이면 일어나 기도하는 마음으로 조상의 묘가 있는 남쪽을 향해 절을 했습니다. 그 절이 불교의 108배가 되기도 했고, 하염없는 수백 번의 절이 되기도 했습니다. 절을 하며 빌었습니다.

"우리당이 4월 총선에서 승리하게 해주십시오. 우리 대통령 탄핵에서 풀려나게 해주십시오. 제가 받은 대선자금 때문에 총선에서 우리당이 불리해지지 않도록 해주십시오. 저 때문에 대통령이 곤경에 처하지 않도록 해주십시오."

종교를 갖고 있는 것은 아니었지만 할아버지 산소에 이른 새벽마다 가서 절을 했던 어린 시절의 그 경험처럼 간절한 그 마음 그 정성으로 절을 하고 또 절을 했습니다.

그리고 마침내 4월 13일 총선일, 새벽까지 깨어 있던 나에게 어느 교도관이 새벽 조간신문을 전해주었습니다. 신문 중간면에 빼곡히 실려 있던 자랑스러운 우리당 의원들의 사진 … .

“드디어 우리 대통령이 풀려나시겠구나. 비로소 이제 새로운 정치, 새로운 대한민국을 열어나가 보겠구나.”

신문을 가득채운 열린우리당 국회의원들의 위용과 반가운 얼굴들을 확인하며 울고 또 울었습니다.

그런 열린우리당이 사라졌습니다. 지난 일주일 아무런 생각도 하지 못한 채, 넋 나간 사람처럼 앉아 있다가 제 마음의 다짐처럼 이 글을 씁니다.

열린우리당은 왜 사라졌을까요.

차별화와 배신의 정치를 한 지도부의 잘못을 지적하시는 분노 있을 것입니다. 사실 우리당은 지난해 9월 전 당의장들에 의해 반성과 실패론이 거론되었을 때 사실상 사망선고를 당했습니다. 여기에 전 원내대표에 이르기까지 우리당 전 지도부가 실패를 자인하고 반성을 촉구하면서 열린우리당은 사실상 사망했습니다.

하지만 이것이 열린우리당이 왜 사라졌는가에 대한 답일 수 있을까요.

이런 답으로 볼 때 차별화와 배신의 정치를 자행한 전 당의장, 전 원내대표를 원수(怨讎)로 삼아 투쟁하면 새로운 정치가, 열린우리당이, 그리고 우리가 놓쳐버린 지난 시간을 되찾을 수 있을까요.

행복했던 결혼식을 마치고 신혼 여행지부터 뒤틀리기 시작한 우리의 정치실험은 어디에 문제가 있었던 것일까요.

2007년 8월 20일, 개인블로그에 연재한 칼럼

'우리'는 아직도 여전히 '우리'로서 유효합니까

2004년 4월, 우리는 152석의 원내 제 1당이 되었습니다. 대통령도 계시고 원내 제 1당도 되고…, '우리'의 출발은 그렇게 행복했습니다. 그러나 '우리'의 이런 행복한 출발이 겨우 3년 만에 파경에 이르게 된 이유는 무엇일까요.

저는 이 질문에 대해 '옳고 그름'의 관점을 버리고자 합니다. '무엇이 옳았느냐, 누가 옳았느냐'란 질문보다는 '우리'는 어떻게 대화하고 타협하고 합의했는가를 물어야 한다고 생각합니다. 그리고 더 나아가 '우리'가 대화와 토론을 통해 합의한 결론이 있었다면 우리는 그것을 어떻게 실천했는가를 물어야 하고, 실천하지 않았다면 왜 실천하지 못했는가를 물어야 한다고 생각합니다.

정치세력에게는 '무엇이 옳았는가'란 질문보다 어떻게 '우리'로 단결했고 투쟁했는가가 더 중요하다고 생각하기 때문입니다. 그런 점에서 제 이야기는 이 '우리'가 무엇인가에 대해 동의와 이해를 구해야 할 것 같습니다.

저는 그동안 다른 글을 통해 참여정부실패론, 반성론, 우리당 해체론을 주장하는 분들께 역사적 실천을 통해 형성된 이 '우리'를 함부로 깨뜨리지 말라고 말했습니다. 우리당은 정권교체, 정권재창출의 역사를 통해 형성된 역사적 산물입니다. 이것을 함부로 깨려하지 말라고 말해왔습니다.

그런 점에서 제가 사용하는 '우리'라는 말은 당내의 작은 정파나 분파의 개념을 말하는 것은 아닙니다. 한국 현대사에서 '그들'과 '우리'를 구분하게 만들었던 역사의 전선을 의미합니다. 매국과 애국, 민주 대 반민주, 개혁 대 수구, 쿠데타세력 대 민주세력, 평화통일세력 대 전쟁분열세력 등의 역사적 실천 개념입니다. '우리'라는 개념은 정치운동과 권력투쟁을 통해 형성된 매우 실천적이며 동시에 역사적 개념입니다.

사회 역사 투쟁의 기본 출발선은 '우리'를 형성하는 일이라고 생각합니다. 역사의 진보는 역사의 전선에서 다수를 차지한 '우리'들의 등장과 성장에 의해서만 가능하기 때문입니다. 역사투쟁이 고스톱판이라면 그 역사의 판에 낄 수 있는 자격은 바로 '우리'라는 단위라고 생각합니다. 영웅의 투쟁도 중요합니다. 그러나 이 영웅의 투쟁은 '우리'가 있기에 가능합니다.

또한 '우리'는 소수의 선각자들, 몇 수 앞을 내다보는 선진대중이나 정치인, 지식인들만의 '우리'도 아닙니다. 지난 두 번의 선거에서 '정권교체냐, 아니면 정권 재창출이냐'를 놓고 대립 · 투쟁하는 모든 지지들이 바로 '우리'입니다.

물론 이 '우리'란 개념은 양당제적 개념입니다. 유럽의 녹색당이라거나 기타 소수자, 부문, 지역의 이해를 다양하고 자유롭게(?) 대변하는 다당제적 개념이 아닙니다. 대통령제, 싹쓸이 정치투쟁 구조를 갖고 있는 대한민국의 역사 속에서 형성된 '너와 나'의 개념이 바로 '우리' 입니다.

그런 우리가 2002년 그리고 2004년에 새롭게 태어났습니다. 그리고 그 우리는 집권세력으로서 엄청나게 많은 시대적 갈등을 소화해야 했습니다.

어떤 과제는 소화했고 어떤 갈등은 아직도 곰삭혀지지 않은 채 퉁퉁 부어 오른 진행형입니다.

· 민주개혁정부의 시대적 사명에 걸맞게 국가보안법, 사학법 등 시대에 뒤떨어진 구시대의 법률들을 확실히 개정, 철폐시켜야 한다!
· 당원중심 정당과 기간당원제는 반드시 실천해야 한다!
· '원내중심 정당화, 중앙당의 경량화'라는 시대적 요구 속에서 원내대표와 당의장 중 누가 당론을 결정해야 하는가.
· 원내중심 정당이라면서 왜 당의장은 직선으로 뽑는가.
· 당정 분리도 좋지만 대통령 따로 당 따로 가자는 것인가.
· 이라크 파병, 미군의 전략적 유연성, 용산 미군기지 이전 등 자주독립국가로서의 한미관계는 어떻게 발전해야 하는가?
· 상향식 민주정당에서 시 · 도당 광역당과 중앙당과의 관계는 무엇인가?
· 노동자 및 서민의 생존권에서 소수자 인권, 말 못하는 자연의 생명권 보장에까지 시대적 요구가 증대되는 이때, 이런 시대적 요구를 우리당은 어떻게 수렴할 것인가?
· 민주화 정부가 양극화를 심화시켰다는 공격에 대해 우리는 어떻게 대처할 것인가?
· 민주화 정부가 시장과 기업의 논리를 간과하고 분배와 복지에 집중하고

있다!

· 대통령이 너무 권위가 없다.

· 언론과 너무 싸운다.

· 경제문제가 심각한데 정치에 너무 몰두하고 있다.

· 양심적 병역 거부를 보장해야 한다.

모든 문제가 다 갈등의 주제들입니다. 그리고 이런 갈등을 소화해야 할 '우리'는 지난 3년 동안 이 갈등을 해소하기 위해 또 다른 우리 내부의 수많은 갈등과 대립을 겪어야 했습니다.

"민주 대 반민주, 독재 대 반독재, 매국과 애국 등의 구시대적 전선이 사라졌는데 어떻게 우리가 단일한 전선 위의 '우리'가 될 수 있겠는가. 이제 갈라서야 한다."

"대한민국 역사 최초로 정권을 교체하기 위해 1997년 우리는 단결했다. 그리고 2002년 '한 번만 더!'라는 염원으로 우리는 '우리'일 수 있었다. 하지만 이제 세상이 바뀐 것 아닌가. 한미 FTA, 이라크 파병, 비정규직 법안, 출총제, 부동산 정책, 교육정책, 사학법, 새만금, 방폐장, 용산 미군기지 이전, 지역주의 정치구도 극복, 소수자 인권보호 … 등."

그래서 급기야 이 시대적 갈등을 해결하기 위한 우리 내부의 투쟁과정에 우리 내부 스스로 넘을 수 없는 큰 강이 존재한다는 사실을 인정하고 이제 그만 결별해야 한다는 생각에 이르렀습니다. 정책과 노선의 차이는 원칙과 신념의 차이로부터 출발하는 것이기에 결국 그것을 달리하는 것이 확인되었다면 이제 우리는 원칙과 신념에 따라 결별하는 게 더 좋지 않을까 생각하게 되었습니다.

그러나 이혼은 부부, 두 사람만의 문제가 아닙니다. 먼저 이혼법정의 판사와 배심원들의 동의가 필요합니다. 이혼해서 따로 살아도 서로가 서로의 영역에서 잘 살 수 있는 독자적 공간이 가능해야 합니다. 그러나 유권자가 이혼하는 아버지도 좋고 어머니도 좋다고 생각한다면 … 그래서 그 둘 사이의 이혼에 대해 혼란스러워 하며 정상적인 학교생활도 못하고 기운을 잃고 쓰러진다면 … 이것은 우리가 헤어질 수 없다는 것을 의미합니다.

아이의 배를 가른다 해도 아이가 생명체로서 아무런 문제가 없다면 저 유명한 솔로몬의 현명한 판결은 불가능했을 것입니다. 아이를 둘로 쪼개서 나누어 가지라 할 때 생모는 결국 자신이 생모임을 포기했습니다. 우리 시대의 역사적 조건에서 '우리'를 쪼갤 수 없다면 결국 그 '우리'를 위해 우리는 타협해야 합니다.

저는 — 앞으로 상당기간 동안 — 우리의 정치문화와 권력구조 그리고 역사적 경험이 '우리'를 헤어질 수 없는 숙명적 '우리'로 강요할 것이라고 생각합니나.

물론 분립해서 살아남은 경우도 있었습니다.

그것은 지역 노선입니다. 1987년 양 김씨가 분열했습니다. 그리고 그들은 영남, 호남에서 정치세력으로서 살아남을 수 있었습니다. 그러나 그 체제는 늘 대선을 앞두고 '야권 통합'의 요구에 시달려야 했습니다. 이런 지역적 분립구조 말고 정책과 노선으로 분립하여 우리 당내의 각 정치분파가 각자 살아남을 수 있을지에 대해 저는 회의적입니다.

그런 점에서 우리당의 불행은 출발하자마자 시작되었습니다.

우리는 사회적 갈등 — 국가적 이익, 민족적 이익, 계급적 이익, 지역적 이익, 소수자의 이익, 계층과 부문의 이익 — 을 집권세력으로서 효과적으로 통합시켜야 했습니다. 그러려면 반드시 구시대의 전선과 그로 인해 만들어진 낡은 사고방식(지역주의, 반외세 민족주의, 민족자주경제, 민중민주주의, 이기는 이가 우리 편이다 …)을 새로운 전선과 새로운 정치문화로 바꾸어야 했습니다. 그리고 그것을 위해 새로운 '우리'가 탄생해야 했습니다.

그러나 2004년 탄핵이라는 번갯불 속에서 천둥치듯이 태어난 '우리'가 새 역사의 새로운 주도세력이 되기에는 참으로 부족한 상태였습니다. 어린아이가 걷고 넘어지고를 반복하듯이 우리는 수많은 시련을 겪어야 했습니다. 자빠지고 넘어져도 다시 일어나 걸을 수 있느냐 없느냐 — 이 운명적 선택에 우리는 답을 해야 합니다. 진화의 첫 출발지에 갓 태어난 생명체가 진화의 첫발을 내딛듯이 … .

대통합민주신당, 참으로 부족하고 한심한 상태라고 생각할 수 있습니다. 짬뽕 정당이라고 욕을 먹습니다. 지난겨울부터 너희들이 한 일이 결국 이 정도냐는 비난도 있습니다.

그러나, 그러나 우리는 '우리'를 지켰다고 생각합니다. 우리는 참여정부 실패론, 민주정부 무능론과 싸워 이겼습니다. 도로 민주당, 도로 지역당이라는 오명도 박상천 씨와 민주당의 노력(?)으로 피할 수 있게 되었습니다.

이렇게 봉합되고 어렵게 지켜진 우리가 앞으로 어떻게 투쟁하고 그리고 어떻게 진화해서 새로운 대한민국의 주도 세력이 될 수 있을까요. 어떻게 해야만 우리가 겪었던 지난 3년의 시간 속에서 교훈을 얻는 일이 될까요.

2007년 8월 22일, 개인블로그 연재칼럼

사라져버린 우리당, 잊지 말아야 할 새정치 실험 ③

민주주의를 다시 생각합니다

참여정부는 대화와 타협의 정치문화를 강조했습니다. 참여정부는 신념과 소신의 정치로 태어났습니다. 소신과 신념을 지키는 정치와, 대화와 타협의 정치문화를 어떻게 생각하십니까. 지켜야 할 대의가 있고, 놓치지 말아야 할 대세가 있다는 말은 어떻게 생각하십니까.

참으로 혼란스러운 일입니다. 도대체 목숨을 걸고 비타협적 투쟁 자세로 지켜나가야 할 원칙과 소신, 대의는 무엇입니까. 그러면서도 대화와 타협의 정치문화, 상대주의 정치철학, 정치는 최선이 아니라 차선을 선택하는 일이라는 말은 도대체 무엇입니까. 전혀 상반된 이 명제 앞에 우리는 당혹스럽습니다. 아마 그래서 사람들은 정치인을 불신하게 되는가 봅니다.

그런데 이런 종류의 상반되는 명제는 사실 세상 도처에 널려 있습니다. '아는 게 힘이다!'라는 말이 있고 '모르는 게 약이다!'라는 말이 있습니다. 전혀 반대되는 두 표현이 세상의 격언으로, 인생의 지혜로 전해 내려오고 있습니다. 그러나 이런 반대되는 두 표현 중 어느 것이 진짜 옳은 말이냐고 묻는 사람은 없습니다.

'세상은 음양의 조화'라는 말에 대해 우리는 상식 차원에서 전혀 불편함을 갖고 있지 않습니다. 음의 질서와 양의 질서가 어떻게 조화하여 하나의 세상에 존재하냐고 우리는 묻지 않습니다. 흐린 날이 있으면 갠 날이 있고, 즐거운 날이 있으면 슬픈 날이 존재한다는 걸 너무도 잘 알고 있고, 이 사실은 우리가 살아가는 현실에서 너무도 자연스러운 현상이기 때문입니다.

경쟁하면서 동시에 협력하고 연대하며 살아갑니다. 이런 일은 우리 일상생활 속에서도 존재합니다. 우리는 대립과 경쟁의 질서에서 살아갑니다. 정자(精子)들이 수정을 위해 경쟁하는 그 순간부터 우리는 경쟁과 투쟁 속에서 살아왔습니다. 그러나 그것이 전부인가 하면 또 그렇지만은 않습니다. 우리는 동시에 공동체의 협력과 연대 속에서 성장했고, 살아왔습니다.

물론 입시에 내몰리는 고등학교 교실에서는 경쟁과 협력이 조화되지 못한 채 학생들을 괴롭히기도 합니다. 그러나 세상 보누는 경쟁하면서 동시에 협력하고 연대하며 살아갑니다. '대립과 경쟁의 질서-협력과 연대의 질서'가 음과 양의 원리처럼 섞여서 우리의 공동체 삶을 형성합니다.

그런데 정치에서는 어떻습니까. 신념과 소신을 지킨다는 일이 대화와 타협의 정신과 대립되는 것으로 자주 비추어지게 됩니다. 신념과 소신을 지킨다면 비타협적 투쟁정신으로 목에 칼이 들어와도 지키고 싸워야 한다는 믿음을 우리는 갖고 있습니다. 역성혁명(易姓革命)의 정당성을 쉽게 찾을 수 없었던 왕조시대의 정치문화 때문입니다. 제국주의 침략세력, 쿠데타 세력, 흉악한 폭력자들에 의해 짓밟혀 온 우리의 역사 때문입니다.

지난 1970년대 선명 야당의 기치를 지켜온 정당인들에게 가장 큰 욕은 '사쿠라'라는 것이었습니다. 군사정권을 향한 선명한 투쟁전선에서 이탈하여 공화당에 협력하는 야당인은 사쿠라라는 욕을 먹어야 했습니다. 폭력으로 절차와 과정의 정당성을 확보하지 못한 권력과 타협하는 일은 사쿠라였습니다. 일본 제국주의자에게 협력하는 일도 마찬가지의 일이었습니다.

그런 점에서 대화와 타협의 정신은 대립하고 투쟁하는 각 세력들이 과정의 정당성(정통성), 상식과 원칙을 위배하지 않았을 때라야 출발 가능한 일이라고 생각합니다.

대화와 타협은 원칙과 상식을 위배하지 않을 때 가능합니다. 원칙과 상식에 위반될 때는 그 어떤 타협의 정신도, 그 어떤 위대한 사상과 이론도 … 유지·발전할 수 없었습니다. 침략자들은 무너졌고 폭력적 독재자들은 늘 망했습니다. '칼로 일어선 자, 칼로 망한다'라는 말처럼 ….

우리는 이제 이런 원칙과 상식을 무너뜨리는 폭력의 시대로부터 벗어났습니다. 자식이 술집에서 폭행당했다고 돈으로 폭력을 사서 사적 보복을 한 어느 재벌기업의 회장은 감옥에 가야만 하는 시대가 되었습니다.

그런 점에서 우리는 원칙과 소신을 갖고 정치를 해야 합니다. 그러나 역사가 요구하는 전선의 흐름에 따라 정당한 과정으로 대화하고 타협해야 합니다. 저는 그런 점에서 대통합 신당이라는 현실에 타협했습니다.

참여정부가 실패했다고 생각하는 분들과도 대화와 타협점을 찾으려 노력할 것입니다. 그분들 역시 배신과 차별화 정치를 계속해선 우리 때문에 별로 남는 장사를 못하겠다고 생각하게 될 것입니다. 그러면 우리는 그 지점에서 타협점을 찾을 수 있을 것입니다.

대통령 선거에서 한나라당과 대항하여 싸우라는 국민의 요구가 분명히 존재하기 때문입니다. 우리는 이 요구 앞에 타협했습니다. 그러나 물론 우리는 그 타협과 동시에 또 다른 투쟁을 하고 있습니다.

우리는 참여정부 실패론을 적절히 물리쳤다고 생각합니다. 우리가 만든 정부가 대한민국의 역사에 결코 부끄럽지 않게 일해 왔다는 자부심을 나누어 가진 우리가 존재하기 때문입니다. 또한 민주주의 정당정치에서 무원칙한 차별화와 배신의 정치에 경종을 울렸습니다. 자기 스스로 참여하여 만든 정부를 선거의 유·불리에 따라 욕하고 차별화하는 일이 얼마나 무책임하고 무원칙하며 그것이 민주주의 발전에 얼마나 위험한 일인지를 분명히 했다고 생각합니다.

선거를 앞두고 유리하냐 불리하냐를 묻는 일이 많아집니다.

인생을 살면서 '무엇이 옳으냐'란 질문보다 '무엇이 더 이득이냐'란 질문을 더 자주 접하듯이 말입니다. 그러나 유·불리를 떠나, 이득과 손해를 떠나 우리는 원칙을 저버리는 정치행위에 대해 반드시 싸워서 이겨야 합니다.

원칙이 무엇이냐고 물으실 겁니다.

민주당을 지키다 대통합신당에 참여하는 일은 원칙을 저버린 행위라고 보지 않습니다. 그러나 한나라당에 있다가 경선을 앞두고 탈당해서 대통합신당에서 후보가 되겠다는 것은 민주주의 책임 정당정치를 근본에서부터 흔드는 일입니다.

원칙은 과정의 정당성을 보장합니다.

과정의 정당성이 깨져버리면 민주주의 핵심인 대화와 타협, 승복의 정치는 성립하지 않습니다. 대화와 타협의 정치가 성립되지 않기 때문에 당연히 원칙과 신념의 정치도 성립할 수 없습니다. 원칙과 신념의 정치가 성립되지 않기 때문에 민주주의 정치의 핵심인 국민 앞에 책임지는 정치는 성립할 수 없게 됩니다.

원칙과 소신으로 투쟁합시다.

역사의 전선 위에 대화와 타협합시다.

그리고

그리고

민주주의를 근본에서 흔드는 총대 거꾸로 메는…, 개인 입신 출세주의자들의 행태를 허용하지 맙시다. 그들의 무원칙한 기회주의적 정치투기 행위 — 대중에게 인기만 얻으면, 과정이야 어떻든 다 용서받을 수 있다는 생각과는 절대로 타협하지 맙시다.

지역주의 정치는 민주주의 정치가 될 수 없습니다. 입신 출세주의자들의 기회주의 정치는 민주주의를 근본에서 흔드는 민주주의 역사의 적입니다.

2007년 8월 30일, 개인블로그 연재칼럼

되살아난 YS 망령, 운동권 출신이면 다 OK인가?

다시 민주주의를 생각합니다. ―남은 티켓 3장의 슬픔

컷오프일이 이제 3일 남았습니다. 언론은 '남은 티켓 3장은 누구?'라는 제목의 기사를 쓰고 있습니다. 컷오프 티켓이 5장이니 2장은 이미 확정되었다고 보는 것 같습니다.

가슴 저 밑에서 분노와 서글픔이 밀려옵니다. 이미 컷오프 통과가 확정된 것처럼 보도하는 그 두 장의 티켓 때문입니다. 나머지 3장을 향해 뛰어야 한다고 말하는 그 처지 때문입니다.

10여 년 동안 몸담아 오던 자신의 당을 경선에 불리하다고 뛰쳐나온 그분. 백년정당을 약속했다가 여론 지지율을 핑계로 스스로 당을 부숴야 한다고 주장했던 그분.

아마도 이 두 분이 컷오프를 안정적으로 통과할 것이라고 언론은 보는 듯합니다. 이것이 사실이든 아니든 저는 이런 현실에 대해 좌절합니다. 이것이 현실이 된다면 우리는 원칙이니 상식이니 찾을 것 없이 그때그때 명분 잘 만들어서 유리하게 '튀'면 될 것이기 때문입니다.

우리는 민주주의를 위해 30여 년의 투쟁을 벌였습니다.

어릴 적 제 꿈은 육군사관학교에 진학하는 것이었습니다. 박정희 대통령 때문이었습니다. 그러나 중학생이 되며 이 꿈은 접기로 했습니다. 박정희 씨의 5 · 16이 혁명이 아니라 쿠데타란 사실을 알게 되었기 때문입니다. 대한민국은 민주공화국이고 모든 권력은 국민의 보통, 비밀, 평등, 직접투표로부터 나온다는 민주주의 헌법정신 때문이었습니다.

과정이야 어찌되었든 결과만 좋으면 된다고 믿었던 1970년대 군사독재정권 시대의 상식. '꿩을 잡는 새는 무조건 다 매다 — 꿩잡는 게 매 —', '잘되면 충신이요 잘못되면 역적이 되는 게 역사의 진리'라고 믿었던 1970년대 군사독재시대의 상식을 저는 중학교 어느 때쯤엔가 폐기했습니다. 그러나 그 옛날(?), 어린 제가 폐기한 그 상식은 아직도 계속되고 있는 듯합니다.

우리는 민주주의를 위해 쿠데타 세력들과 피나는 30여 년의 투쟁을 벌였습니다. 수많은 사람들이 죽었고, 수많은 사람들이 감옥엘 갔습니다. 그러나 1990년 이 투쟁을 이끌던 야당의 지도자 중 한 분 — 김영삼 씨가 그 군사독재정권 세력과 당을 합쳤습니다. 원칙을 저버린 행위였습니다. 야당 하겠다고 표를 얻어서 그 쿠데타 세력과 야합했으니 말입니다. 이것은 군대지키라고 장군시켜 주니 그 군대로 쿠데타 일으킨 것과 똑같습니다.

민주주의는 보수와 진보의 구분이 아닙니다.

일제시대의 매국노들에서부터 군사 쿠데타 세력과 1990년 3당 야합세력에 이르기까지 그들의 신념은 단 하나였습니다.

"이기는 게 무조건 선이다." "목적은 수단을 정당화한다."

그러나 이들의 이 믿음은 민주주의자의 제일의 투쟁대상입니다. 민주주의는 자유, 평등, 박애, 인권사상 등에 기초해서 수많은 정책과 노선을 포함하고 있습니다. 이 정책과 노선에 기초해서 보수와 진보가 나뉩니다. 보수주의자도 진보주의자도 모두 민주주의자가 될 수 있습니다. 보수주의자는 민주주의자가 될 수 없고 진보주의자만 민주주의자가 되는 것은 아닙니다.

그런 점에서 민주주의는 보수와 진보의 구분이 아니고 우리가 살아가는 사회와 공동체의 운영원칙에 관한 것이 첫 출발점입니다. 자유와 인권과 평등과 박애의 정신을 떠나 민주주의자가 될 수는 없습니다. 그러나 이 사상과 정책을 표방한다고 해서 민주주의자가 되는 것은 아닙니다. 그러면 박정희도 민주주의자고 애국자고 민족주의자고 한국적 민주주의의 창시자가 될 것이기 때문입니다. 그러면 3당 야합을 통해 민주개혁을 표방한 김영삼 씨도 문민정부를 수립한 대한민국 민주주의의 아버지라고 기록되어야 할 것이기 때문입니다.

원칙과 상식에 기초한 권력투쟁의 정통성이 민주주의의 출발점입니다.

정책과 노선은 민주주의자를 진보와 보수로 나눕니다. 그러나 이 정책과 노선 이전에 권력투쟁과 집권의 정통성 — 원칙과 상식에 기초한 권력투쟁의 정통성 —, 이것이 민주주의의 출발점입니다. 이것은 모든 역사시대의 토대였습니다. 이 토대가 불안정할 때 춘추전국시대도 오고, 쿠데타와 학살의 시대도 오게 됩니다.

봉건 왕조시대의 대원칙은 왕은 왕족에서만 나와야 한다. 그리고 그 중에서도 형제 중 맏이가 왕위를 물려받을 수 있고, 그것이 여의치 않을 경우 그 형제 중에서 가장 현명한 자에게 물려준다는 것이 봉건 왕조체제의 대원칙이었습니다. 맹자가 말한 역성혁명도 이 왕조의 법칙을 그대로 유지한 채 다른 왕조로 권력이 넘어갈 수 있는 유일한 조건으로 민심과 천심의 이반을 말했을 뿐입니다.

개혁이라는 그럴듯한 선거구호만으로 민주주의가 지켜지는 것은 아니라고 생각합니다. 대북평화노선이라는 피켓만 들면 모두가 다 민주개혁세력이 되는 것은 아니라고 생각합니다. 대북강경론자이든 대북평화론자이든 민주주의 대원칙, 사람과 사회의 원칙과 상식을 지키지 못한다면 그것은 민주주의가 아닙니다.

과거에 운동권 출신이었으면 다 오케이입니까.

우리에게 유리하면 무조건 다 오케이입니까.

이게 우리가 싸워온 40년 민주화 운동의 교훈입니까.

마르크시즘의 휴머니즘은 사라지고 마키아벨리즘만 살아남은 것은 아닙니까.

누구나 다 과거를 반성하고 그 반성을 토대로 새로운 도전의 기회는 주어져야 합니다. 그러나 그분들이 무엇을 반성했습니까. 그리고 그 반성은 무엇으로 증명되었습니까.

그런데 왜 당신들은 거기에 줄을 서고 있습니까. 그분들이 민주개혁 세력의 대세인 양 국민들을 속게 만듭니까. 이래놓고도 우리가 21세기 새로운 민주주의, 100년 갈 민주개혁정당의 건설자가 될 수 있습니까.

참으로 분하고 분합니다. 참으로 부끄럽고 부끄럽습니다.

말 몇 마디의 정책과 노선이 민주주의가 아닙니다. 상식과 원칙에 기반한 반듯함이 민주주의를 세울 수 있게 합니다. 차별화와 배신의 정치인들이 지도자가 될 수 있는 나라에서 무슨 대의와 정의가 있을 수 있습니까.

민주주의는 정통성 위에 바른 정책과 노선이 작동하는 것입니다. 아무리 머릿속에 든 게 많아도 먼저 사람이 되어야 한다던 어른들의 가르침은 우리의 원칙이어야 합니다. 민주주의는 원칙과 상식에 기초한 정통성이 첫째이고, 그 위에 바른 정책과 노선이 작동하는 것이라고 생각합니다.

쿠데타 세력과 싸우고 야합세력과 싸워서 승리해 온 이 역사가 지금 위기에 빠져 있습니다.

일제시대, 매국노들과 싸우기 어려웠습니다. 그들이 일본을 이용한 조국 근대화론으로 위장했기 때문입니다. 아직도 그들의 자손들이 자기재산 찾겠다고 말합니다. 5·16 쿠데타 세력과 싸우기 어려웠습니다. 그들이 민족주의, 애국주의로 교묘히 위장했기 때문입니다. 결국 독재세력이었고, 그를 본 따 1980년 전두환 일파는 시민을 학살하는 지경에 이르렀습니다.

1990년 3당 야합세력과 싸우기 어려웠습니다. 호랑이 잡으러 호랑이굴에 들어간다고 말했기 때문입니다. 호랑이도 못 잡았고 결국 국민을 영호남으로 갈라 오늘날까지 지역적 싹쓸이 정치구조를 만들어 버렸습니다.

2007년 무원칙한 배신정치와의 싸움에서 우리는 헤매고 있습니다. 그들이 민주개혁을 표방하며 같은 편이라고 주장하고 있기 때문입니다.

원칙과 신념을 지킬 때 민주주의도 지킬 수 있습니다.

더욱더 분명하고도 원칙적인 우리의 투쟁이 요구됩니다. 세공(細工) 단계에 들어간 우리의 민주주의 때문입니다. 초반에는 크게 크게 잘라내도 됐지만 지금은 정말로 정밀하게 원칙적으로 사태를 파악해야 합니다. 여기서 실수하면 이 작은 실수가 또 다른 이완용, 또 다른 박정희, 또 다른 김영삼을 불러올 것입니다.

원칙과 신념을 지킬 때 우리는 승리할 수 있고 민주주의도 지킬 수 있습니다.

"신새벽에 남몰래 쓴다. 타는 목마름으로, 타는 목마름으로,
민주주의여 만세!"

2007년 9월 3일, 개인블로그 연재칼럼

열린우리당이 남긴 과제

열린우리당

열린우리당 — 집권세력으로서 국민의 신뢰를 잃었습니다. 줏대 없이 흔들리고 오합지졸처럼 다투고 분열했기 때문입니다. 흔들리고 다투고 분열하는 세력에게 선장을 맡길 선주는 없습니다.

"부패해도 유능한 보수가 더 좋다"란 말을 어찌 생각하십니까. 보수가 유능하다는 말일까요. 저는 이 말을 보수세력은 권력을 중심으로 잘 단결한다는 말로 해석합니다. 정책이니 노선이니 싸울 일이 별로 없는 그들입니다. 나누어 먹을 그 무엇만 있다면 그들은 그 권력질서에 부합해서 단결했습니다.

차떼기당을 반성해서 한나라당의 오늘이 있는 것은 아닙니다. 우리의 실패 때문에 한나라당은 살아났습니다. 단결했기 때문에 그들은 살아남았습니다. 물론 조·중·동의 엄청난 엄호사격과 지도편달이 결정적 요소이기도 했습니다.

우리가 국민의 마음을 잃은 것은 집권세력으로 듬직한 신뢰를 주지 못했기 때문입니다. 물론 대북송금특검, 안기부 도·감청 사건, 대연정 제안, 새만금, 행정수도 좌절, 이라크 파병, FTA 추진, 양극화, 아파트 원가공개 반대, 부동산… 등의 문제들 때문이라고 말하는 분도 있습니다.

그러나 한나라당은 분기마다 벌어지는 그 온갖 추문 속에서도 어떻게 버텼을까요. 돈으로 공천을 사고판다거나, 술 먹고 온갖 추태를 부린다거나, 시대착오적인 반공·반북의 주장을 하다가 갑자기 대북지원을 주장한다거나…, 그들 역시 수많은 실점 포인트가 있었습니다.

왜 우리는 잃고 한나라당은 땄을까요.

저는 이 모든 원인이 사분오열(四分五裂)에 있었다고 생각합니다. 사분오열로 인해 집권세력으로서 듬직한 신뢰를 얻지 못했기 때문입니다. 집권세력으로서 국민에게 얻었어야 할 '믿고 맡겨도 되겠다'는 국민의 신뢰를 잃어버린 것이 우리당 몰락의 가장 큰 원인이었다고 생각합니다.

이 사분오열은 새정치 실험의 제도적 허점 때문에 발생한 것이기도 합니다. 이 사분오열은 주도세력의 부재와 주도세력의 민주적 리더십 부재로부터 발생한 것이기도 합니다. 이 사분오열은 민주주의 정당의 조직윤리 부재로부터 발생한 것이기도 합니다.

당정분리

지난 시절 국민은 제왕적 대통령제의 폐해를 거론하며 대통령의 총재

체제를 정당개혁 1호로 삼았습니다. 그러나 이렇게 출발한 당정분리였지만 많은 분들은 대통령이 당정분리 원칙만을 고수하기보다는 개입해서 당의 통일성을 지켜냈어야 했다고 말씀하십니다.

그렇다면 평당원에 불과한 대통령의 당적 지위는 앞으로 어떻게 되어야 할까요. 총재로 복귀한다면 그 총재는 어떤 권한을 갖고 당을 통솔할 수 있을까요. 총재로 복귀해서 당직임명 및 공천권을 행사해야 할까요. 당직 임명권 및 공천권 없이 당을 어떻게 통솔할 수 있을까요. 더 많이 만나고, 더 많이 식사하고, 더 많이 대화했어야 한다는 게 답일 수 있을까요.

당원중심의 정당

보스가 사라진 정당에서 당원 중심의 의사결정권이 강조되는 것은 정당 민주화의 당연한 흐름입니다. 대기업의 오너십 경영체제에서 주주총회의 권한이 높아지는 것과 같은 맥락의 일입니다. 그러나 주주총회가 최고의 의사결정기관이 되기 위해 우리는 종이주주, 유령주주총회를 벗어나야 합니다. 그리고 최고 의사결정기구로서의 주주총회에도 불구하고 최고경영자의 경영권 역시 보장하지 않을 도리가 없습니다.

주주총회의 권위와 기능을 강화하는 문제, 그리고 최고경영자의 경영권을 보장하는 문제에서 우리는 제도적 장치가 없었습니다. 주주총회와 경영체제 간에 적절한 균형점을 찾지 못했습니다.

원내중심정당과 중앙당 슬림화

'고비용 정치구조를 극복하자', 그래서 나온 게 '중앙당 슬림화와 지구당 폐지, 당원협의회 체제'였습니다. 그래서 나온 게 '원내중심 정당' 구상이었습니다.

그러면서도 전당대회를 통해 최고위원을 선출했습니다. 거기에다 치열한 경선을 통해 당의장을 직선으로 선출했습니다. 150여 명의 국회의원들로부터 선출된 원내대표, 수만 명의 당원들에 의해 선출된 당의장과 최고위원. 누가 당론을 결정할 수 있을까요.

당선된 국회의원들의 지역대표성만을 결합시킨 원내와, 전국 모든 지역 단위의 당원을 대표하는 체제로서의 중앙당. 우리는 이 둘의 적절한 조합에 대해 답을 내야 합니다.

당론과 소신—패싸움 정치 그만 하라

당론이란 이름의 소모적 정쟁(政爭)은 그만 하고 의원 개개인의 자유로운 의사표현과 토론을 통해 생산적인 국회를 만듭시다.

그러나 국가의 주요한 정책결정에 대해 집권세력이 단결해서 원내대책을 세워야 한다는 점에서 당론채택을 간과할 수도 없습니다.

많은 의원님들이 마음껏 소신발언을 했고, 소신행동을 했고, 그래서 우리당은 '콩가루 집안'이란 이름을 얻었습니다.

조직윤리 부재—분파투쟁의 무책임성

4년도 안 되는 시간에 당의장 10명을 배출했습니다. 솔로몬 재판의 생모 심정 — 조직인으로서 자신이 소수이거나 다수이거나 가져야 할 마음자세라고 생각합니다. 소수자가 되었더라도, 마음에 들지 않은 결정이 나왔더라도, 단결하고 힘을 모으고 적어도 그 결정에 재 뿌리는 일만큼은 해서는 안 되는 것이 조직인의 자세입니다.

우리는 어떤 권위에 승복합니까.

과거 농경사회에서는 연장자였습니다. 오랜 시간 동안 보여준 그의 노련한 경륜 때문입니다. 민주정당에서는 이게 불가능합니다. 한 개인의 존경받는 권위로 권력질서가 만들어질 수 없기 때문입니다.

그러면 우리는 어떤 권위에 승복해야 합니까.

내 마음을 움직이는 존경심에 기초해서 승복하면 제일 좋겠지만 내가 좋아하고 존경하는 사람이 당 지도부가 된다는 보장이 없습니다. 우리가 승복해야 할 권위는 '전당대회의 결의'라고 생각합니다. 직선 전당대회의 결의를 내 일처럼 승복하고 존중하고 그 결정에 따라 형성된 권력체계에 협력해야 합니다. 그래야 민주정당은 존립 가능하다고 생각합니다.

물론 여기에는 지도자의 정치적 역량도 매우 중요합니다. 밥 사고 술 사는 정치적 역량은 아닙니다. 원칙과 규칙을 정하고 그것을 공정하고 투명하게 운영하는 지도력입니다. 자신이 주도권을 쥐었으니 자파 마음대로 다 하겠다는 태도는 민주적 지도력이 아닙니다. 공정하고 투명한 규칙을 정해놓고 지도자 스스로부터 그 규칙을 준수해야 합니다. 짜고 치는 고스톱처럼 불공정하고 불투명한 규칙을 만들어 놓고 '나는 그 과정을 지켰다'고 거짓말해선 안 됩니다.

우리당이 남긴 과제 점검해 한걸음 더 전진해야

열린우리당의 새정치 민주정당 실험은 앞으로 계속되어야 할 과제입니다. 제도적 허점을 보완하는 일은 매우 중요합니다.

당원중심 정당과 대중스타(출마자, 당선자)들의 경영권을 조화시키는 일, 원내 정책정당이 되는 일과 전국 참여당원들의 의사결정이 조화되는 일, 막강한 대통령 권력으로 밀어붙이기식 당운영의 폐해가 발생하지 않게 하는 일, 집권여당으로서 대통령과 당이 따로 노는 일을 극복하는 일 등이 그것입니다.

동시에 조직문화, 민주정당의 문화적 관행을 확립하는 일도 중요합니다. 민주적 리더십의 핵심은 공정하고 투명한 절차와 규칙을 세우고 모두가 그 규칙 위에 서야 합니다. 자신이 소수자가 되고 비주류가 되었다 해도 분파나 종파적 해당행위를 하면 안 됩니다. 그리고 매번의 전당대회는 공정하고 깨끗하게 치러져야 합니다. 소수자의 승복을 위해서 … .

우리가 세워야 할 민주주의, 그 출발점은 역시 정치와 정당에 있다고 생각합니다. 저는 정당인이고 정치인입니다. 그리고 5백여 년 전의 태종이 조선 왕권사회의 안정을 위해 가차 없는 투쟁을 벌였듯이 우리도 원칙적으로 투쟁해야 한다고 생각합니다.

인류사회가 도달한 현재의 합의가 민주주의라면 이 민주주의의 토대를 확고히 하기 위해 우리는 지금 투쟁해야 한다고 생각합니다.

열린우리당의 실패가 남겼던 수많은 과제들을 점검하며 우리가 만들어 가야 할 민주주의를 향해 한 걸음 한 걸음 전진하자고 제안하고 싶습니다.

2007년 9월 6일, 개인블로그 연재칼럼

백년정당은 이제부터 시작입니다

화투판 패 섞이듯이 새로운 미래와 역사를 위해 패가 섞이고 있습니다. 가지런히 정리되어 짝을 이루었던 많은 패들이 역사의 손길에 의해 나뉘고 쪼개지며 뒤섞이고 있습니다. 새 봄, 한 해 농사를 시작하는 농부의 억센 쟁기질처럼 … 따뜻한 봄빛이 생명을 싹 틔우고 추운 겨울바람이 그것들을 잠재우는 자연의 순환과 같은 것이겠지요.

너 없으면 죽고 못 살 것 같던 내 청춘의 첫 사랑이 깨지던 그 밤도 역시 태양은 뜨고 … 죽음으로 이별하는 그 슬픔 속에서도 때 되면 밥 달라고 꼬르륵거리던 우리의 위장처럼 … 맷돌에 콩 갈리듯이 '쓱쓱' 갈리고 갈려서 그래서 마침내 또 다른 그 무엇으로 다시 태어나는 우리의 이 시간들을 기억하고자 합니다.

내 가슴에 달았던 이름표들을 기억해봅니다.

운동권, 야당, 민주당, 노사모, 열린우리당, 참평포럼 … .

늘 새로운 인연이 시작되었습니다. 어떤 인연은 더욱 깊어지며 오늘의 인연으로 존재합니다. 어떤 인연은 과거의 우정으로만 기억됩니다.

2007년 5월 20일 참여정부평가포럼 운영위원 워크숍 마지막 날 사무처 직원들과.

어떤 인연은 우정도 신뢰도 찾을 수 없는 좋지 않은 관계가 되었습니다.

장사하시는 분들이 하시는 말씀들 중에 '뜨내기장사'란 말이 있습니다. 단골고객은 없고 한 번 보면 다시 볼일 없는 사람들을 상대하는 장사라는 말입니다. "뭐라 뭐라 사랑의 맹세를 한다 해도 결국 세상살이는 다 뜨내기장시 같은 거야…." 그래서 그때그때 이윤 남는 쪽으로 관계를 맺고 그것을 세상사는 지혜라고 생각을 하는 분들이 많습니다.

그러나 많은 분들은 이야기합니다. '극좌와 극우는 통한다', '세상에서 가장 지혜로운 자는 가장 바보 같은 이와 똑같다', '절세미녀는 절세추녀와 똑같다', '조조와 유비는 결국 똑같더라….'

과거에는 '김대중 선생님', 그리고 그 다음에는 '노시모', 그리고 그 다음에는 '?'…. 쌀 점을 보는 점쟁이가 주먹에 한 움큼씩 잡는 쌀 한 줌처럼 역사는 또 다른 성장동력을 모을 것입니다.

여러분들은 어떤 인연을 맺고 있습니까. 그리고 그 인연을 통해 어떤 미래를 꿈꾸고 계십니까. 돌 틈에 비벼지고 비벼져 새롭게 그 어떤 모양으로 다시 태어나는 맷돌질처럼 …, 새봄의 쟁기갈이처럼 …. 그 아픔의 기간이 시작되고 있습니다.

갈래갈래 찢어져 영영 만날 수 없을 것 같은 저 수많은 샛강의 지류들도 끝내는 다시 모여 바다로 갑니다. 백년정당은 갈리고 찢어지는 샛강을 하나로 모아 바다로 이르게 하는 그 어떤 힘을 요구합니다. 흐르는 물과 중력은 존재가 낮은 곳이란 원칙 하나로 수많은 샛강을 하나로 합쳐 바다에 이르게 합니다.

백년정당을 가능하게 만드는 힘의 원천은 무엇입니까. 높은 언덕을 만난 물길은 턱없이 그 언덕을 치고 넘으려 하지 않습니다. 흐르는 방향이 거꾸로든 아니든 가리지 않고 '낮은 곳!'이란 원칙 하나로만 움직입니다.

백년정당의 꿈! 그 꿈을 위해 이야기를 나누고 싶습니다. 우리를 증발시킬 그 수많은 분열의 샛강에 대한 이야기를 나누고자 합니다. 그 수많은 분열의 샛강을 뛰어넘어 끝내는 한 길에 하나 되는 우리의 역사를 위해 이야기를 나누고자 합니다.

2007년 9월 13일, 개인블로그 연재칼럼

분노와 자존심 그리고 사랑

정치의 출발점

작은 씨앗 하나가 땅에 떨어져 싹을 틔웁니다. 그 싹이 한 철 무섭게 크다 가을바람에 사라질 싹인지 500년 크고 500년 죽는 지리산 주목이 될지는 참 알 수 없습니다.

왜 우리는 정치를 하게 될까요. 그 정치는 장차 어떤 정치가 될까요.

될 성 부른 나무는 떡잎부터 알아본다고도 합니다. 정치세력과 정치인에게 될 성 부른 떡잎은 무엇일까요.

생물이라면 DNA를 분석하면 알 수도 있겠지요. 이야기가 잠시 옆길로 샙니다만 생물의 DNA 유전자 정보는 모든 생물이 대를 이어 존재할 수 있는 이유입니다. 자신의 종이 가져야 할 기본꼴에서부터 생존본능에 이르기까지 기본옵션이 장착된 생명탄생의 종합지도 세트가 바로 이 DNA란 놈입니다. 물론 종합 풀옵션 세트에 문제가 발생하면 다음의 후손은 장애를 갖게 되거나 심하면 출생할 수 없게 됩니다.

게놈인지 지놈인지 하는 연구프로젝트가 바로 생물의 자기복제 시스템에 관한 연구입니다. 생물이 대를 이어 존립할 수 있게 하는 이

DNA 유전자의 내용과 구조를 해독하는 일입니다. DNA 유전자 구조의 정보는 — 인간을 뺀 나머지 모든 생물의 경우 — 그 생명체의 전 생애를 지배합니다. 그러나 사람은 이것만으로 규정되지 않습니다. 오히려 그것은 인간이 사회생활을 하고 인생을 살아가는 것에 작은 출발점에 지나지 않습니다.

우리 인류사회로 보면 태어날 때 장애를 갖고 태어날 확률은 0.05% 정도라고 합니다. 기본 신체기능에서부터 운영체제로서의 뇌기능에 이르기까지 …. 우리나라의 경우, 통계청 2006년 신생아수 통계가 45만 1,514명이라고 합니다. 불행하게도 그 신생아 중 0.05%, 대략 2천여 명의 신생아에게 장애가 발생한다고 합니다.

그러나 이런 DNA 유전정보상의 문제와 상관없이 인류가 사회적 동물로 성장하고 시민사회의 일원이 되어 행복한 삶을 살기 위해선 또 다른 정보의 습득과 훈련과정이 요구됩니다.

대략 우리는 7세까지 부모의 양육 속에서 크고 6년, 3년, 3년 총 12년간의 의무교육과정을 거칩니다. 물론 이 12년의 교육과정에 의문을 제기할 수도 있습니다만, 이것을 그대로 인정한다면 19년이란 세월동안 먹여지고 입혀지고 교육받아야만 비로소 시민사회의 일원이 될 수 있습니다. 이 과정에서 수많은 낙오자, 수많은 탈락자가 양산됩니다.

수많은 선진국들이 의무교육과정의 이탈자, 낙오자를 줄이고 그들을 시민사회의 일원으로 안착시키기 위해 엄청난 양의 예산과 인력을 쏟아 붓는 것이 이것을 잘 설명하는 예입니다.

현존하는 인류사회는 DNA 유전자 정보만으로는 성립할 수 없는 것입니다. 그래서 인류는 수천 년 전부터 종이를 발명하고, 언어와 문자를 만들어서 유전염색체의 정보부족을 극복했습니다. 그리고 이제는 컴퓨터의 무한대에 가까운 정보축적력에 기초해서 인류사회를 재생산하고 있습니다. 심지어 이제는 교양, 정보, 지혜를 컴퓨터칩으로 만들어 태어나자마자 인간의 뇌에 이식하자는 공상영화까지 만들어지고 있습니다. 충동을 조절하는 지혜, 비행조정 기술, 사교언어의 기술, 분노조정을 위한 심리력, 제사상을 어떻게 차려야 하는가 까지 … .

만약에 이런 지혜와 정보를 칩으로 우리 뇌에 이식할 수 있다면 자연의 DNA 정보전달체계를 뛰어넘는 절대적인 혁명이 될 것입니다. … 그러나 자연의 대부분의 생물은 현재의 인류와 같은 학습체계를 필요로 하지 않습니다. 그들은 DNA 유전정보에 쓰여진 대로 태어나고, 그대로 살아가는 것으로 족합니다. 어미한테 배워야만 날 수 있는 새가 있을까요. 어미한테 배워야만 물 수 있는 고양이과(科) 짐승이 있을까요. 배우지 않아도 그들은 날고, 물어뜯는 능력을 계발합니다. 결국 사람은 단순히 DNA 유전자 분석만으로 모든 것이 다 예측되고 규정될 수 없는 존재라는 것입니다.

정치세력과 정치인. 잘 될 나무는 떡잎부터 알아본다고 했는데 … 어떤 정치세력과 정치인이 역사를 움직이고 사회를 움직이는 동량으로 성장하는 것일까요.

저는 '분노'와 '자존심' 그리고 '사랑'이라고 생각합니다.

이 세 가지 요소는 정치의 DNA 구조가 됩니다. '분노'와 '자존심' 그리고 '사랑'은 마르크스가 자본주의를 상품과 화폐로 분석하는 것과 마찬가지로 정치와 정치인을 분석하고 평가하는 데 매우 중요한 기준이라고 생각합니다.

분노하지 못하는 자는 사랑할 수 없고, 자신에 대해 긍지를 갖지 못하는 자는 타인을 사랑할 수 없기 때문입니다. 결국 분노와 자존심은 사랑과 동전의 앞뒤처럼 이웃하고 있습니다. 물론 영원히 만날 수 없게 되거나, 아니면 전혀 다른 평행선으로 머물 수도 있습니다. 사랑으로 승화된 분노와 자존심이 역사적 생명력을 가질 때, 한 시대의 정치세력은 만들어지게 됩니다.

지역주의 정치에 대해 분노했습니다. 패거리 정치, 계보정치, 보스정치에 분노했습니다. 부정과 부패의 돈 선거, 돈 정치에 분노했습니다. 특권정치, 반칙정치, 귀족정치에 분노했습니다.

그래서 소신과 신념을 지킨 한 정치인을 사랑하게 되었습니다. 그리고 그가 여의도의 틀에서 고립되는 것에 분노했습니다. 그 분노와 자존심이 더 좋은 대한민국을 만들자는 사랑과 꿈으로 발전했습니다! 거기에 노사모가, 개혁당이, 우리당이, 참정연이, 참평포럼이 만들어졌습니다.

정치는 공적 가치에 대한 분노를 갖게 되면서부터 출발합니다. 동시에 정치는 한 개인의 자존심으로부터 출발하기도 합니다. 전두환 학살자에 대한 분노가 정치를 출발시킵니다. 그러나 어릴 때부터 '대통령 ○○○'를 머리띠로 두르고 살아온 사람의 병적 자만심도 정치에 입문하게 만듭니다. 불행한 일입니다만 … 그래서 정치인을 분석할 때는 어떤 분노로 출발했는가, 어떤 자존심으로부터 출발했는가는 매우 중요한 대목입니다.

역사의 큰 강에 해당하는 분노 — 공적 가치에 기초해서 정치를 출발한 사람이라면 그 사람은 큰 정치인이 될 것입니다. 누구와의 경쟁심

속에서 형성된 사적 자존심이 아니라 연대와 협력의 정신 속에서 형성된 높은 자긍심과 자존심이 큰 정치인을 만듭니다. 그리고 그런 분노와 자존심이 큰 역사적 가치를 만나면서 희생과 헌신을 실천하게 만들고, 그런 헌신과 희생을 통해 비로소 큰 정치인은 태어나게 됩니다.

대부분의 정치인은 개인간의 경쟁심, 자존심에 머물러 버립니다. '네가 하는데 내가 못 할 게 뭐냐'란 자존심, '사적 권리를 빼앗은 권력 질서에 대한 분노' 때문에 정치를 하게 됩니다. 사랑하는 아씨와의 사랑의 권리를 빼앗겨 분기탱천한 노비의 반란처럼 ….

이런 개인적 차원의 분노와 자존심에 머문다면 그런 정치는 대부분 소인배들의 정치로 전락하게 됩니다. 기껏 난(亂)을 일으켜도 이전의 주인보다 더한 나쁜 지배자가 되듯이 ….

그러나 이런 개인의 분노와 자존심이 공적 가치의 분노와 자존심으로 발전하면서 우리는 마침내 정치에 입문하게 됩니다. 그리고 이런 분노와 자존심이 역사와의 대화를 통해 사랑과 꿈으로 엮어질 때 위대한 지도자가 탄생하는 것이 아닐까 생각합니다.

단순한 미움과 원망이 아닌 공적 가치에 대한 분노와 자존심이 출발입니다. 그 공적 가치에 대한 분노와 자존심이 십자가에 못 박히는 예수님처럼 헌신과 희생을 거듭하면서 마침내 우리 모두를 감동시킬 때, 참말로 무섭고 큰 정치세력, 위대한 정치지도자가 탄생하는 것이라고 생각합니다.

우리가 가야 할 길, 우리가 만들어야 할 역사, 대한민국을 인류사가 현재까지 도달한 최고의 민주주의 국가로 만들어 보자, 평화와 번영과 인권이 살아 숨 쉬는 나라를 만들어 보자. 그것이 타는 목마름으로 민주주의여 만세를 불렀던 우리 세대의 역사적 소명이 아닐까요.

우리는 어떤 분노로 출발했습니까. 우리는 어떤 자존심으로 출발했습니까. 작은 분노, 작은 자존심에 갇혀 있지는 않습니까.

더 큰 분노, 더 큰 자존심과 만나야 합니다. 그리고 그것이 부정과 미움의 힘이 아니라 사랑과 긍정의 힘으로 전환할 때 우리는 역사의 주도세력이 될 수 있고 민주주의 정치도 본궤도에 진입하는 것이라고 생각합니다.

2007년 9월 18일, 개인블로그 연재칼럼

사적인 분노와 자존심, 그 한계

분노와 자존심이란 떡잎을 잘 관찰합시다.

분노와 자존심 그리고 사랑이 정치를 출발하게 합니다. 때론 분노로, 때론 자존심으로, 때론 그 누구를 향한 사랑으로 용기를 얻게 됩니다. 그 용기로 인해 많은 사람들 앞에 서면 얼굴이 붉어져 말도 잇지 못하던 사람이 갑자기 천둥치듯 고함치고 전선의 투사처럼 싸우게 됩니다. 그리고 그 분노와 자존심이 '정의'란 이름으로 역사에 기록되길 희망하게 됩니다.

어떤 분노, 어떤 자존심이 사랑으로 그리고 '큰 정치'로 발전하는 것일까요. 여기에는 몇 가지 판단요소가 있습니다.

첫째, 개인이익보다는 공적 가치를 위한 분노이고 자존심이어야 합니다.
둘째, 분노하게 만든 그 공적 가치가 지역, 부문, 집단, 국가, 인류 등 넓은 역사적 시야를 확보할 수 있어야 합니다.
셋째, 분노와 자존심이 상대(사람과 가치)에 대한 경쟁심으로 전락하지 않기 위해 부정적 태도보다는 긍정적 태도를 가져야 합니다.

넷째, 정의로운 분노도 원칙과 규칙을 준수해야 합니다.

다섯째, 반드시 훌륭한 지도자와 투철한 집권의지를 만나야 합니다.

무엇이 사적 분노이고 사적 자존심인지 사실 말하지 않아도 다 압니다. 자신 스스로가 압니다. 다만 그것을 인정하기 싫을 뿐입니다. 그래서 논리를 만들고 알리바이를 만들어 자신의 사적 분노와 자존심을 공적인 것인 양 위장합니다. 사람의 법은 속여도 하늘의 성근 그물망은 피해갈 수 없다고 합니다.

늘 스스로 사색하고 반성하는 시간을 가져야 합니다. 대부분의 경우, 인정에 쏠려 주변의 동지들이 그것을 지적하기 어렵기 때문입니다. 설령 누군가가 그것은 사적 분노이고 자존심일 뿐이라고 말한다 해도 그것이 그 사람에게 제대로 전달될 리 만무합니다.

스님들이 사색을 위해 들어가는 선방(禪房)이 있습니다. 잡념과 수면에 시달릴 때 등 뒤에 떨어지는 죽비 같은 충고는 사실 없어보입니다. 스스로 자신의 마음속에 이미 들어와 있는 그 걸쩍지근한 부끄러움에 솔직해져야 합니다.

이인제 씨는 1997년 대선에서 세대교체와 3김 정치 청산을 이야기하며 신한국당(지금 한나라당의 전신)을 탈당했습니다. 이회창 씨의 지지율이 추락하니 '세대교체와 대선승리'를 이유로 경선불복을 한 것입니다. 이유는 참 멋있는 말이었습니다. 기성정치에 혐오감을 느낀 꽤나 많은 국민들이 박수를 쳤습니다. 그러나 다 자기를 속이고 타인을 속이는 — 배웠다는 사람들의 말장난입니다.

그때 노무현 대통령이 '사이비 세대교체의 깃발을 내려라', '이인제 씨가 출마하면 나도 출마한다'고 받아치며 나섰습니다. 경선불복, 탈당의 변을 '세대교체, 대선승리'란 말로 치장하여 시류에 편승한 이인제 씨의 정치적 행위도, 이를 막아 선 노무현 대통령의 말씀도 따지고 보면 꽤 복잡한 요소를 품고 있습니다. 분노와 자존심 모두가 포함되어 있습니다. 그러나 그 이야기는 다시 뒤에 말씀드릴 수 있을 것 같습니다.

누구나가 다 큰정치 해보겠다고 여의도에 들어섭니다. 출사표를 던지고 가족을 설득하고 주변을 설득합니다. 마치 산 정상을 향해 들어서는 탐험가처럼 …. 물론 일부 정치인들은 제사상에 현고학생(顯考學生)이라는 지방(紙榜: 제사상에 종이로 써놓아 세워놓는 죽은 이의 출생과 이력서)에 쓰일 그 문구가 싫어서 정치를 한다고도 합니다.

그러나 대의와 명분, 분노와 자존심을 걸고 정치라는 밀림에 들어와도 사태는 간단치 않습니다. 처음엔 산 아래에서 뻔히 보이던 산꼭대기처럼 분명한 대의와 명분, 분노와 자존심으로 시작합니다. 밀림 같은 정치판에서 몇 해를 헤매다 보면 곧 방위관념을 잃어버린 탐험가처럼 실종자가 됩니다.

햇볕 한 줌 들어오기 힘든 밀림에 들어서서 그 수풀을 헤치고 나가다 보면 어느 사이 방향을 잃게 됩니다. 내 발목과 내 손목을 잡아채는 그 수많은 칡넝쿨, 나뭇가지들과 싸우다 수북한 감정과 원한의 덩어리만 안은 채 어느 사이 '정치꾼'이 되고 인생은 망가지게 됩니다. 오로지 당선만을 위해서 살아야 한다는 상태가 되어버립니다. 산꼭대기가 어디인지는 이젠 모르겠고 닥치는 대로 내 앞을 가로막는 수풀과 싸워야 한다는 정치꾼의 승부사적 자질만 존재하게 됩니다.

큰 분노와 큰 자존심은 대양을 항해하는 선원의 나침반과도 같습니다. 그 나침반은 어떻게 얻을 수 있을까요. 사적 분노와 사적 경쟁심을 늘 경계하고 반성할 때 얻을 수 있고, 잃지 않을 수 있습니다.

작은 거짓말이 큰 거짓말을 끊임없이 생산해 냅니다. 아이 가졌다고 자꾸 생각하면 상상임신으로 발전합니다. 처음에는 그 방향이 맞았지만 내 발목을 잡아채는 칡넝쿨과 나뭇가지와 싸우다 보면 아뿔싸 어느 사이엔가 '산꼭대기 방향이 어디였지?' 하고 헷갈리기 시작합니다.

사적 분노, 사적 자존심은 그 자체로 악(惡)은 아니라고 생각합니다. 그러나 그것이 사색과 반성을 통해 공적 가치와 만나야 합니다. 역사와 만나야 합니다. 그래서 부러지지 않을 강한 강철이 되어야 합니다. 그렇게 얻어진 신념과 노선마저도 대화와 타협이라는 정치의 장에서는 다양성으로 존재할 수밖에 없다는 사실을 인정해야 합니다.

그런 점에서 히틀러의 분노, 히틀러의 자존심은 어떤 것이었을까요. 후발 자본주의 국가, 독일이 선진 유럽열강들 속에서 겪었던 민족적 상처, 자존심을 극대화시킨 그 히틀러의 분노와 자존심은 결국 독일의 역사와 세계사에 씻을 수 없는 상처를 남겼습니다.

"대동아 공영권은 서양 제국주의 침략에 맞선 일본의 자위책이었고 아시아 제 민족에게 이득이었다." 일본 군국주의자들 주장입니다. 아직도 일부의 일본인들은 이것을 옳다고 주장합니다. 그들의 잘못된 분노와 자존심은 아시아 수많은 민족과 사람들에게 불행한 역사를 남겼고 오늘날까지 아시아가 분열과 불화의 영역으로 남겨지게 만들었습니다.

2007년 9월 22일, 개인블로그 연재칼럼

이 글을 시작했던 이유

'백년정당의 꿈'이라는 글인데 분노와 자존심 이야기나 하고 도대체 하려는 이야기가 뭐냐고 묻는 분이 있더군요.

예! 저는 백년정당의 꿈을 말하고 싶습니다.

그 이야기의 출발은 정치의 출발이 어디인가를 묻고 찾는 일이었습니다. 2002년 12월, 그 승리의 환호를 등 뒤로 하고 저는 2003년 1년 내내 조사를 받으러 다녔습니다. 검찰에 세 번을 불려 나갔습니다. 국회 청문회에 두 번을 불려 나갔습니다. 집 앞에 기자들이 몰려와서 온 동네가 난리가 나기도 했습니다. 평범한 제 가족의 일상과 행복은 날아가 버렸습니다.

그리고 끝내는 대선 1년 만에 감옥에 갔습니다. 형기 1년을 다 채우고 나와보니 대선승리 후 2년의 시간이 흘러갔더군요. 그렇게 2년을 보내고 난 2005년, 과거의 모든 사람들은 바뀐 환경에서 최선을 다하려 고군분투하고 있었습니다. 우리는 집권세력이 되고 집권여당의 지위가 되었기 때문입니다.

다들 저에게 대통령의 측근이라 말하고, 젊은 동업자라 말하지만 솔직히 저는 그것을 느껴보거나 확인해 볼 기회는 단 한 차례도 없었습니다. 마치 노무현 대통령의 아들, 딸 이름을 아는 분이 하나도 없는 현실처럼 ….

대통령의 측근이고 젊은 동업자라 불렸지만 그것은 자랑스러운 명예 그 이상의 것은 아니었습니다. 대통령의 두 아들, 딸들이 자신의 아버지는 대한민국의 대통령이라는 자긍심을 갖는 것 외에 그분들이 현실의 권력질서에 단 한 번도 이름을 내밀거나 여론에 나와 보지도 않았듯이 말입니다.

저 역시 퇴역군인의 가슴에 빛나는 자랑스러운 훈장처럼 대통령께서 걸어주신 '젊은 동업자'란 칭호로 만족했습니다. 저는 솔직히 그 말씀 하나만으로 모든 것을 다 받았다고 생각합니다.

대통령은 늘 그런 분이셨습니다. 아무리 친한 사이라 해도 인간적 친소관계로 공적 관계를 처리하는 분이 아니셨습니다. 야구로 치면 1루수 판단은 1루수 심판에게 맡겨야 한다는 것입니다. 아무리 친한 사람이 관중석에 앉아서 1루 상황을 보았다 해도, 아니면 실력을 믿는 사람이 3루수 심판이었다 해도 결국 1루의 판단은 1루수 심판이어야 한다는 게 대통령의 원칙이었습니다.

그런 대통령이십니다. 그러기에 장외에 나가있는 제가 할 수 있는 일은 아무것도 없었습니다. 원천적으로 측근정치, 비선정치가 없는 것입니다. 모든 것은 공정하고 투명한 법과 제도 그리고 그에 근거한 조직에 의해서 운영되어야 한다는 게 민주주의 공화국 운영의 원칙이셨습니다. 충성심 높은 사람의 장외의견이 개입하면 결국 국가조직과 법제는 농락당할 것이기 때문입니다.

지난해 10월, 북한쪽에서 저를 만나고 싶어한다는 한 북한전문 기자의 전언 때문에 제가 잠시 북경으로 그 진위를 확인하러 심부름을 갔을 때도 마찬가지였습니다. 대통령께서는 "자네가 가서 무슨 약속을 할 수 있는 처지도 아니니 가서 상황이 무엇인지나 파악하고 오게 …". 특사니 뭐니 특별한 권한이라도 부여해주시면 좋으련만 대통령께서는 그냥 상황이나 파악하는 정도로 저의 북경행 의미를 제한하셨습니다.

사실 당연한 일이지요. 저는 대북협상이나 남북관계를 전문으로 해온 사람이 아니기에 단순 심부름에 불과할 수밖에 없습니다. 왜 보자고 하는지 그 이야기를 듣는 수준일 수밖에 없는 것이었지요. 이 말씀을 드리는 이유는 백년정당의 꿈을 이야기하는 제가 어떤 위치이고 어떤 경험을 한 사람인지 우선 말씀드리고 싶어서입니다.

저를 정권의 황태자나 권력측근처럼 생각하는 분들이 있습니다. 솔직히, 과거 대통령측근이니 권력의 황태자니 했던 분들과 저를 비교한다면 제 위치는 초라하고 보잘 것 없다고 말씀드릴 수 있습니다.

물론 저는 지난 5년의 시간을 통해 많은 것들을 배웠습니다. 대한민국의 과거와 현재와 그리고 미래가 걸려 있는 모든 문제들을 나의 일처럼 무겁게 받아들이고 고민하게 되었기 때문입니다. 문제의식을 갖고 임하는 수업과 그렇지 못한 수업에서 학업성취 결과가 크게 차이 나듯이 지난 5년의 시간은 저에게 공부와 정진의 기회를 주었습니다. 이런 자세는 대통령 측근이라거나 젊은 동업자라는 호칭 덕분에 갖게 되었습니다. 그런 점에서 저는 참여정부와 열린우리당의 정치적 위치에 큰 혜택을 입었습니다.

그런 제가 지금 백년정당의 꿈을 말하려는 것입니다. 우리당을 사수하거나 우리당을 재건하자고 말씀하시는 분도 있습니다. 그러나 사수라거나 재건이라는 것으로 우리의 꿈이 이루어질 수는 없을 것 같습니다. 역사가 행하는 그 모진 담금질에 우리는 끊임없이 다시 만나고 의기투합하면서 날마다 새로워져야 하기 때문입니다.

저는 그래서 이런 질문들을 던지며 함께 고민을 정리하려 합니다.

정치란 무엇인가. 정당은 무엇인가.

정치와 정당이 옳다는 믿음 때문에 시작되는 것이라면 우리가 느끼고 결론내린 그 옳다는 믿음은 과연 옳은 것인가.

사람은 무엇에 감동하고 무엇 때문에 연대하고 협력하는가.

사람은 무엇 때문에 갈등하고 경쟁하고 대립하는가.

결국 사람은 무엇인가.

뭐 이런 근본적 질문들을 함께 고민해 보자는 취지에서 이 글을 시작하게 되었습니다. 4년 만에 감옥과 칩거에서 풀려난 저의 보잘것없는 소견일 것입니다.

요즘 유행하는 〈신의 물방울〉이란 일본만화를 보니 2000년 와인 맛이 어떻고 1998년 와인 맛이 어떻고 하면서 와인을 품평하더군요. 저는 1964년에 태어나 1980년대 학생운동을 했고, 1990년대 노무현 대통령을 모시며 정당정치를 배우다가, 2003년부터 4년 동안 좌초를 겪었던 사람입니다. 그 사람이 느껴온 이 시대의 민주주의, 정의, 진실, 사랑이 무엇인지 그냥 함께 즐겨보시면 어떨지요. 포도가 자라난 해의 작황과 토지 그리고 만든 이의 노력이 어우러지면서 수없이 펼쳐내는 〈신의 물방울〉이란 그 일본만화처럼 …. 뭐 제가 드릴 말씀이 그 만화처럼 유장하거나 거창할 수는 없겠지만은요….

너무 세게 제 주장을 말하지 않으려 노력하겠습니다. 지난 5년의 시간, 더 나아가 대통령님을 모시고 배워온 15년 넘는 시간 속에서 제가 배우고 느꼈던 것들을 그냥 솔직히 표현하려 노력하겠습니다. 물론 저는 혁명, 정당, 정치 그리고 민주주의라는 영역에서 살아온 사람입니다. 그러기에 백년정당의 꿈이라는 제목으로 글을 시작하게 되었습니다.

2007년 9월 26일, 개인블로그 연재칼럼

경선결과에 승복합니다. 그러나 …

2001년의 일입니다.

노무현 대통령이 해수부 장관직을 그만 두실 무렵, 저와 이광재 씨는 노무현 대통령과 상의 없이, 후에 노무현 캠프를 '금강캠프'라 이름 붙이게 한 금강빌딩에 사무실을 냈습니다. 대통령후보 경선을 준비하자는 취지였습니다.

장관직을 그만 두신 후, 금강빌딩으로 노무현 대통령을 모셨습니다. 금강빌딩이 작은 빌딩이기는 했습니다만, 한 층을 다 빌려서 이리저리 방을 쪼개어 놓고 달랑 몇 명이서 준비하고 있었습니다. 그 사무실을 둘러보신 후, 후보님 방이라 명명된 회의실에 앉은 노무현 대통령은 저와 이광재 씨를 뚫어지라 쳐다보시면서 이렇게 질문하셨습니다.

"이 사무실 왜 냈는가?"

"대선 준비해야 하지 않습니까?"

"…"

한참을 말없이 바라보시더니 이렇게 다시 질문하셨습니다.

“이인제 씨한테 지면 어떻게 할 건가? 이인제 씨 피켓을 들고 전국을 다니며 선거운동 해줄 자신이 있는가?”

“그거야 그때 가서 판단하면 되지 않겠습니까?”

“…”

한참이나 다시 말없는 침묵이 이어졌습니다.

사실 3당 야합을 구국의 결단이라며 좇아간 이인제 씨였습니다. 그리고 1997년, 이회창 씨하고의 경선에서 지고 나서 이회창 씨 지지율이 떨어지니 당을 박차고 나와 경선불복을 했습니다. 그런 이인제 씨가 1997년 김대중 대통령이 승리하고 난 후, 국민의 정부에 참여해서 차기 대통령 후보로 대세를 굳힌 지 오래였습니다. 국민의 정부 내내 이인제 씨는 당의 실세였고 차기후보로서 대세를 이루었습니다. 모든 언론사의 여론조사에서 그의 지지율은 20%대를 이루었지만 노무현 대통령은 한 자리수의 지지율에 머물렀습니다. 세력이라고 해야 국회의원 한 명도 거느리지 못했습니다. 그래서 밖에 있던 비정치권의 민주인사들은 탈당 후 독자출마를 노무현 대통령에게 권할 정도였습니다.

지역주의 정치구도를 고착시킨 1990년 3당 야합, 민주정당사의 근본을 유린하는 경선불복의 역사…. 그런 이인제 씨와 맞붙는 일은 민주주의를 외치는 자라면 당연한 책무라고 생각했습니다. 그래서 우리는 너무도 쉽게 우리가 이기면 된다고 생각했습니다. 동교동이 뒤를 받치고 있는 이인제 씨를 상대로 우리는 어떻게 이길 것이냐란 질문을 안 해본 것은 아니지만 일단 그것은 그때 가서 생각하자는 수준이었던 제 고민이 참으로 초라하고 부끄러워졌습니다.

일단 붙어보고 떨어지면 떨어지는 대로 또 다른 도전의 길을 찾으면 된다는 나의 생각이 정치판에 물든 무원칙한 정치꾼의 태도라는 것을 절감했습니다. 노무현 대통령의 말씀은 결과에 승복할 수 없다면 처음부터 임하지 말아야 한다는 것이었습니다. 이런 마음의 채비도 없이 덜컥 사무실부터 내고 본 저희들의 치기를 대통령은 지적하신 것이었습니다.

노무현 대통령은 이 질문에 대해 답하려 참으로 오랫동안 고민하셨습니다. 때마침 '제 3의 힘' 청년단체 간부들로부터 탈당 후 무소속 출마를 권유받기도 했습니다.

경선에 임했으면 승복해야 하는 것이 민주주의자의 원칙입니다. 그러나 이인제 씨에게 져서 그를 도와 선거운동을 하는 일은 정치철학과 소신에 참으로 맞지 않는 일이고 … . 어떻게 할 것인가를 두고 2001년 여름 내내 고민하셨습니다.

이기면 그만이다. 지면 그때 가서 적당히 핑계를 대고 기회를 보면 되지 … 하고 생각하는 게 여의도 정치판의 일반적 상식(?)이었습니다. 이인제 씨가 워낙 문제투성이 정치이력과 동교동의 측면 지원이라는 불공정한 당내 역학구도를 갖고 있어서 설령 지더라도 불공정 경선을 이유로 적당히 판을 깰 수도 있었기 때문입니다. 그러나 이런 모든 태도가 무원칙한 정치꾼들의 구태라고 대통령은 지적하고 계신 것이었습니다.

그때 참 많이 배웠습니다.

정동영 후보가 이겼습니다. 이유야 어떠하든 우리는 졌습니다. 이 경선의 결과에 대해 우리는 승복할 의무가 있습니다. 정동영 후보가 열린우리당 간판을 부수고 참여정부에 대한 야당과 언론의 근거 없는 공격에 줏대 없이 흔들렸지만, 그리고 경선에서 구태를 보였지만, 그래도 우리에게는 승복의 의무가 있습니다.

그러나, 그러나 참여정부와 우리당에 대한 공격에 줏대 없이 마음이 흔들렸던 그가, 그런 과오에 대해 깊은 반성과 새로운 각오를 밝히지 않는 한, 우리의 마음까지 모두 가서 그를 돕기란 참으로 힘든 일입니다.

승복할 것입니다.

그러나 마음까지 다 가긴 참으로 어렵습니다. 지난여름에 저질렀던 그 과오에 대해 깊이 있는 반성과 새로운 각오만이 우리의 미래를 열 수 있기 때문입니다. 그 미래가 있어야 우리의 마음이 갈 수 있지 않겠습니까.

2007년 10월 18일, 참평칼럼

우리는 무엇을 근거로 희망을 놓지 않는가

참여정부 실패론을 인정하고 백년정당 열린우리당의 간판을 끌어내린 사람들로는 한나라당을 이길 수 없다는 생각으로 다들 경선에 열심이었습니다. 이길 수 있는 유일한 길은 우리의 역사와 정통성 위에 서서 국민들 앞에 당당할 수 있을 때라야 이길 수 있다고 우리는 믿었습니다. 그래서 다들 지난 한 달여 동안 마음을 졸였습니다.

우리당이 깨진 후, 원하지 않는 무슨무슨 신당이라는 곳까지 달려가 물에 빠지는 아이 건지는 마음으로 모두가 달려들었습니다. 그러나 우리당을 지키지 못했듯이 경선에서도 져버리고 말았습니다. 참으로 난감하고 힘든 시간입니다. 무슨 말로 우리 서로가 서로를 위로하고 격려할 수 있을지 고민했습니다.

무언가 함께 일을 도모하자는 게 정치입니다. 정의라는 이름의 기치를 내세워 같은 편을 만들고 정당 또는 정부의 운영권 = 권력을 놓고 한판 투쟁을 벌입니다. 내편이 되어주는 사람은 고맙고 내편이 아닌 사람은 미워집니다. 투쟁이다 보니 몸싸움이 일어나고 그 격한 몸싸움

2007년 12월 16일 태안 기름오염 현장에서 팬클럽 회원들과 자원봉사활동에 참여했다.

속에 슬며시 감정이 묻어납니다. 더구나 상대방이 신사답지 못하게 시비를 걸어올 때면 더더욱 격한 감정이 일어납니다.

어떤 선거이든 이긴 날 저녁은 환호의 밤이고, 져버린 날이면 서로가 서로의 얼굴을 보기조차 민망하고 괴로워집니다. 그런 지긋지긋한 선거를 참 많이도 해온 것 같습니다.

2년마다 전당대회가 있었습니다. 2년마다 총선이 있었고 지자제 선거가 있었습니다. 그 중간중간에 대선이 있고 각종 보궐선거가 있습니다. 그런 선거 때마다 우리를 가장 괴롭히는 것은 이기고 지는 싸움의 결과보다도 그것에 이르는 전 과정에서 벌어지는 갈등 때문입니다. 피할 수 없는 경쟁이, 피할 수 없는 대립과 갈등이 발생합니다. 민주주의는 이 견해의 차이, 이해관계의 차이로부터 발생하는 대립과 갈등의 극복철학이자 통합의 기술이라고 합니다. 과연 그런가 하고 의심도 많이 해보았습니다만 사실 민주주의만 한 다른 대안은 없어 보입니다.

지난 2004년 감옥생활 중에 신영복 선생님의 《감옥으로부터의 사색》을 다시 읽게 되었습니다. 똑같은 제목으로 출간되었던 다른 책과는 달리 신영복 선생님의 19년에 이르는 감옥생활이 편지를 보낸 날짜별로 죽 정리되어 발간된 책입니다. 1969년 1월부터 1988년 5월 30일 마지막 편지글까지 무려 19년 넘는 세월 동안 편지를 보내셨습니다. 제 알량한 짧은 감옥생활에 정말로 큰 가르침을 주셨습니다. 제가 정당생활을 하면서 저 스스로를 포함한 사람에 대해 실망하고, 당 지도부에 실망하고, 제가 동의할 수 없는 현실이 저의 굴종을 강요할 때마다 되뇌는 구절이 있습니다. 함께 읽어보고 싶어 그대로 싣습니다.

■ 書道(서도)의 關係論(관계론) ■

… 일껏 붓을 가누어 조신해 그은 획이 그만 비뚤어버린 때 저는 우선 그 부근의 다른 획의 위치나 모양을 바꾸어서 그 실패를 구하려 합니다. 이것은 물론 지우거나 개칠(改漆)하지 못하기 때문이기도 하지만 실상 획의 성패란 획 그 자체에 있지 않고 획과 획의 '관계'속에 있다고 이해하기 때문입니다. 하나의 획이 다른 획을 만나지 않고 어찌 제 혼자서 '자'(字)가 될 수 있겠습니까. 획도 흡사 사람과 같아서 독존(獨存)하지 못하는 '반쪽'인 듯합니다. 마찬가지로 한 '자'가 잘못된 때는 그 다음 자 또는 그 다음 다음 자로써 그 결함을 보상하려고 합니다. 또 한 '행'(行)의 잘못은 다른 행의 배려로써, 한 '연'(聯)의 실수는 다른 연의 구성으로써 감싸려 합니다. 그리하여 어쩌면 잘못과 실수의 누적으로 이루어진, 실패와 보상과 결함과 사과와 노

력들이 점철된, 그러기에 더 애착이 가는, 한 폭의 글을 얻게 됩니다.

이렇게 얻은 한 폭의 글은 획, 자, 행, 연 들이 대소(大小), 강약(强弱), 태세(太細), 지속(遲速), 농담(濃淡) 등의 여러 가지 형태로 서로가 서로를 의지하고 양보하며 실수와 결함을 감싸주며 간신히 이룩한 성취입니다. … 이에 비하여 규격화된 자, 자, 자의 단순한 양적 집합이 우리에게 주는 느낌은 줄 것도 받을 것도 없는 남남끼리의 그저 냉랭한 군서(群棲)일 뿐 거기 어디 악수하고 싶은 얼굴 하나 있겠습니까. … 획과 획 간에, 자와 자 간에 붓을 세우듯이, 저는 묵을 갈 적마다 인(人)과 인(人) 간의 그 뜨거운 '연계' 위에 서고자 합니다.

1977. 4. 15

— 《감옥으로부터의 사색》 중에서

우리는 역사를 만들기 위해 정치를 시작했습니다. 그 역사는 부족한 사람들이 모이고 모여서 만드는 시간의 베짜기처럼 느껴집니다. 최근 노무현 대통령은 "역사는 진보한다"고 말씀하셨습니다.

예! 개별, 개별, 한 사람, 한 사람을 놓고 보면 세 살 버릇 여든까지 가는 일이어서 그런 사람들이 모여서 사는 이 세상이, 이 역사가 무슨 진보를 한다는 것이냐고 좌절하던 시간이 있었습니다.

1990년 초였습니다. 이런 회의와 좌절로 1990년대의 혼란을 바라보고 있을 때 쯤, 노무현 대통령은 제게 이런 말씀을 하셨습니다. "개체(個體)로의 인간은 크게 변할 수 없지만 유적(類的) 존재로서의 인류는 늘 진보한다. 그래서 역사는 진보한다고 믿는다." …

정치를 한다는 일 — 그것은 정당을 통해 역사의 흐름을 바꾸기 위해 권력을 놓고 싸움을 벌여 나가는 일이라고 생각합니다. 20세기식이라면 적대적 모순론에 기초해서 어느 한 쪽이 죽어 넘어져야 끝나는 싸움이라고 생각할 것입니다. 그러나 그런 싸움은 존재하지 않습니다. 내가 아무리 미워하는 상대도 그 존재 자체를 말살시킬 수는 없습니다. 더 나아가 그들이 회개하고 반성하면 좋으련만 사실 수많은 이해관계가 얽혀버린 인생사에서 눈물어린 참회와 반성을 요구하는 일도 부질없고 무망한 일이 되기 일쑤입니다.

정치와 권력투쟁을 통해 역사를 바꾼다는 일은 이렇듯 괴롭고 힘든 일인가 봅니다. 저는 저의 얕은 궁량 때문에 속앓이를 하는 시간이면 신영복 선생의 "書道論"(서도론) 이란 글을 떠올립니다. 사람을 이해하고 그 사람들이 모여서 만들어가는 우리의 사회적 행위에 대해, 그리고 역사에 대해, 그리고 그 역사의 진보에 대해 희망을 놓치지 않으려 늘 노력합니다.

이 글이 모든 분들께 작은 위로와 '힘내자 힘!'의 구호가 되었으면 합니다.

2007년 10월 19일, 참평칼럼

도대체 이길 생각이 있습니까

민주화 정부 10년, 참여정부 5년을 국정파탄, 경제파탄이라고 주장하는 세력에 대해 도대체 어떤 전략으로 싸워서 이기겠다는 것입니까.

"국정 파탄 — 아닙니다. 경제 파탄 — 아닙니다.
우리는 대한민국을 반듯한 선진 민주국가로 발전시켰습니다.
이런 우리에게 정권을 다시 주시는 게 당연하지 않습니까.
저희들에게 정권을 다시 주십시오.
무능하고 부패하고 부도덕한 저들에게 정권이 넘어가면 안됩니다."

이렇게 주장해야 하는 것 아닙니까.

"대통령도 만들어주셨고 원내 제 1당도 만들어 주신 국민여러분! 감사합니다. 그 기대에 부응해 우리는 파벌정치, 부패정치, 정경유착, 권언유착의 낡은 대한민국을 새로운 선진 민주국가로 발전시켰습니다.

그들은 잃어버린 10년이라고 말하지만 그들의 주장처럼 그들이 집권했던 1987년에서 1997년의 10년과 1997년부터 2007년까지의 10년을 비교해 주십시오. 그들이 집권한 10년은 국민소득이 4천 달러에서 7천 달러대로 증가했습니다. 우리가 집권한 10년은 국민소득 7천 달러에서 올해 2만 달러에 돌입하고 있습니다.

그들은 군 현대화 사업을 한다면서 수천억 원, 주택 200만 호 건설하겠다고 하면서 수천억 원을 받아먹은 자들입니다. 전화 한 통화로 한보에 수천억 원의 부정대출을 하는 부패하고 부도덕한 정부였습니다.

그러나 민주화 정부는 대통령의 아들이든 정부의 고위 관료이든 몇천만 원의 돈으로도 집권기간에 비리가 밝혀지고 처벌받고 있지 않습니까. 우리 민주화 정부가 무엇이 실패했고 무엇이 무능했다는 것입니까.

국민 여러분! 속지 마십시오. 진정으로 서민과 중산층, 국민 대다수의 행복과 번영에 진정한 친구는 누구인지! 제발 속지 마십시오. 부패원조, 특권과 반칙세력 — 조중동과 한나라당의 주장에 속지 마십시오.

전통적 지지기반인 호남과 진보 개혁세력 여러분!

이라크 파병했다고, 부시정부와 호흡을 맞추었다고, FTA 추진했다고, 대북송금 특검을 수용했다고 … 이 민주화 정부가 당신들을 배반했다고 생각하십니까. 그건 아니지 않습니까.

우리는 대한민국 역사에서 독재와 특권의 시대를 종식시키고 시장과 민주주의의 결합 그리고 세계화시대의 국제질서에 능동적으로 대처하고 있습니다. 평화를 지켰고 민족의 번영과 통일의 미래를 열고 있습니다. 사회적 약자에 대한 공동체적 의무가 확대되었고, 복지가 성장과 대립・상충되는 것이 아니라 함께 발전해 나아가는 새로운 진보 개혁세력의 길을 열어나가고 있습니다. 진보개혁 세력의 새로운 탄생으로 우리 대한민국의 역사를 주도합시다."

이렇게 말해야 하는 것 아닙니까.

우리당의 붕괴 — 잃어버린 10년, 무능한 민주정부라는 공격 앞에 무력하게 자중지란의 모습을 보인 지난 1년의 혼란과 갈지자걸음에 대해 지금이라도 우리는 반성해야 하는 것 아닙니까. 그래서 민주정부를 탄생시키고 지지했던 수많은 지지자들에게 지금이라도 긍지와 자부심을 드리려 노력해야 하는 것 아닙니까. 도대체 이 역사를 지켜왔던 수많은 지지자들에게 그 역사에 대한 자부심과 긍지를 세워드리지 못한 채 어떻게 표를 모으고 정권을 한 번 더 달라고 말할 수 있단 말입니까.

당을 단합시키기 위해, 지지자들을 결집시키기 위해 참여정부와 우리당의 참혹한 붕괴에 대해 사과하고 새로운 출발을 선언해야 한다는 고언을 드린 바 있습니다. 이런 저의 공개적, 비공개적 고언에 대해 후보와 선대본부는 어떤 답을 갖고 계십니까. 대통령과 후보 간의 개인적 사과의 문제라거나 자존심 문제쯤으로 생각하고 계신 것은 아닙니까.

"계승한다!"고 말했다고 하십니다. 대통령과 참여정부를 실패했다고 말하지 않았다고 하십니다. 우리당을 깨지 않았고 대통합신당의 흐름에 동참한 것뿐이었다고 말씀하십니다. 이런 태도로 우리 지지자들을 결집시킬 수 있습니까.

눈물과 열정을 모아 민주정부를 세운 우리 지지자들을 결집시킬 진정한 계기를 만들었습니까. 우리 스스로의 역사에 자부심과 긍지를 갖지 못한다면 국민은 무슨 이유로 우리에게 다시 정권을 줘야 합니까.

우리는 무슨 면목으로 우리를 다시 지지해달라고 말할 수 있습니까.

참으로 원통하고 안타깝고 비통합니다.

정동영 후보님! 우리당의 지도부 및 국회의원님!

뭔가 비상한 각오로 이 현실을 직시하고 새로운 결단을 해야 하는 것 아닙니까. 손님 실수만으로 이길 수는 없습니다. 스스로 튼튼한 포석을 다지고 최선을 다해 수를 찾아나갈 때 하늘이 돕는 것이라고 생각합니다. 우리당의 무기력감, 전략도 없고 방향타도 없는 이벤트 중심의 선거캠페인으로 이길 수 있다고 생각하지는 않습니다.

정말로 묻습니다. 이길 생각이 있습니까. 있다면 그 전략은 무엇입니까.

잃어버린 10년이란 한나라당과 언론의 주술에 걸려 당이 깨지고 대통령이 탈당해야만 했던 그 혼란에 대해 뭔가 정리하고 지지자들에게 재결집을 호소해야 하는 것 아닙니까.

저들이 분열해도 그 이익이 우리에게 오지 않습니다. 우리가 우리의 역사에 대해 스스로 패배했고 실패했다고 생각하는 한 저들의 분열과 진흙탕 싸움에 우리가 얻을 반사이익은 있을 수 없습니다. 오로지 2007년 대선은 부도덕하고 부패한 한나라당의 이명박, 이회창 씨 간의 집안싸움으로 전락하고 말 것입니다.

우리의 지지자들을 결집할 진정한 반성과 새로운 다짐이 필요합니다.

2007년 대선을 이끌고 계시는 후보님과 선대위 지도부에게 절박한 마음으로 호소합니다. 반성과 사과 그리고 우리당이 출발했던 처음의 그 마음으로 다시 시작해야 합니다.

2007년 11월 9일, 참평칼럼

민주개혁세력의 종언

독재와 특권이 판치던 시대였습니다. 우리는 그 독재와 특권의 질서에 맞서 싸웠습니다. 민주화 정부 10년, 우리는 그 독재와 특권질서의 해체에 성공했습니다. 우리는 대한민국을 비로소 민주주의국가 반열에 올려놓았습니다.

공화당과 박정희 정권이 보릿고개를 넘겼다고 자랑한다면 우리는 제대로 된 민주주의 선진국가를 완성했습니다. 민주화 정부 10년을 통해 우리 사회는 특권과 반칙이 통하지 않는 정상적인 국가를 만들었습니다.

자유롭고 공정한 시장질서를 좀먹던 정경유착의 시대도 끝이 났습니다. 국가안보라는 이유로 국민의 기본권과 행복 추구권이 제한받던 시대도 끝냈습니다. 대한민국 국민이라면 누구라도 자유롭게 말할 권리를 얻게 되었고 자신의 이익을 위해 저항할 수 있는 저항권을 갖게 되었습니다.

법을 집행하는 권력기구들은 정권의 눈치를 보지 않고 오로지 국민의 여론에 따라 법이 정한 권한을 행사하는 시대가 되었습니다. 동족상잔과 분단국가라는 현실에서 대다수 국민의 상식이 되었던 대북 적개심과 대결의식이 이제는 화해와 협력의 정신으로 바뀌게 되었습니다. 재벌이든 권력기구든 정치권력이든 모두가 공정성과 투명성을 기초로 법에 따라, 민심에 따라 그 권한을 제한받게 되었습니다.

'사공이 많으면 배가 산으로 간다'는 말로 민주주의를 혼란이라고 여겼던 대중의 상식이 바뀌게 되었습니다. 민주주의적 원리가 국가 전체를 관통하면서도 여전히 우리는 경제적으로 성장했고 미래의 성장동력을 축적했습니다. 철도노조가 파업을 선언해도 그것이 사회혼란이 아니라 있을 수 있는 철도 종사자들의 집단행동으로 여기는 성숙한 민주사회가 되었습니다. 분단과 반공의 시대에 도저히 허용될 수 없을 것 같던 사상의 자유도 활짝 꽃피우게 되었습니다. 자유로운 민주주의 국가가 완성됨으로써 우리는 세계를 향한 문화대국으로서 한류라는 신조어를 만들 수도 있게 되었습니다.

참여정부 5년은 재야와 야당이라는 이름으로 강물처럼 흘러온 우리 민주화 세력의 역사적 임무를 마감하는 순간입니다. 독재와 특권의 시대를 청산함으로써 우리의 역사적 임무가 완성된 것입니다.

5년근 인삼을 캐낸 밭에선 더 이상 아무런 작물도 갈아먹을 수 없습니다. 객토를 하고 땅의 지기(地氣)를 다시 북돋지 않는 한, 그냥 그 밭에서 또 다른 작물을 심어 수확을 기대하는 농부는 없습니다. 우리가 겪는 현재의 혼란과 위기는 이런 인삼밭의 이치와 다르지 않습니다.

재야와 야당이라는 이름으로 우리는 국민에게 사랑을 받았고 그 덕분에 10년의 집권기간을 얻게 되었습니다. 그러나 우리가 뿌리내리고 있었던 재야와 야당이라는 이름의 역사적 에너지는 독재와 특권질서를 해체시킨 지난 10년의 성과로 고갈되어 버렸습니다.

우리는 지금 새로운 진보 개혁세력이라는 더 넓은 역사의 들판으로 근거지를 옮기지 않으면 안 됩니다. 보수진영이 뉴라이트라는 이름으로 벌이는 보수 개혁운동은 이런 역사의 흐름을 인식한 대응입니다. 그러나 최근 〈한겨레〉에 소개되었듯이 새로운 보수를 향한 그들의 개혁운동은 솔직히 실망스럽습니다. 무늬만 새것일 뿐 실제 내용은 반공과 냉전과 친미와 국가주도형 리더십이라는 구태의연한 것들뿐입니다.

저는 이런 뉴라이트 운동과 한나라당의 구태의연함 때문에 2007 대선에서 우리에게도 승산이 있다고 보았습니다. 독재와 특권의 해체를 통한 민주주의국가 수립에서 이제는 더 좋은 민주주의로, 평화와 복지라는 새로운 진보 개혁세력의 과제를 국민 앞에 효과적으로 제시한다면 우리에게도 승산이 있다고 보았습니다. 그러나 오늘의 우리 현실은 이런 희망과 승리의 비전을 찾기에 참으로 어려운 처지에 빠져 버렸습니다. 우리의 일부는 재야란 이름의 전통적 지지기반에서 새로운 진보 개혁세력으로 발을 옮기지 못했습니다. FTA에 반대하는 전통 개혁세력에게 발목을 잡혀버렸습니다. 우리의 또 다른 일부는 호남이라는 전통적 지지기반에서 새로운 진보 개혁세력의 미래로 발을 옮기 못했습니다. 대북송금특검 등을 이유로 호남의 민심이 이반되었다는 말로 과거로 돌아가 버렸습니다.

진보 개혁세력은 새롭게 태어나야 합니다.

전통적인 반미투쟁, 반기업 투쟁, 반시장주의 투쟁의 구호만으로 더 이상 살아갈 수 없습니다. 한나라당이 아무리 부패정당이고, 이명박 후보를 아무리 부도덕한 지도자라고 선전해도 우리에게 표가 오지 않습니다. 재벌에 대한 투쟁, 독재권력의 부정과 부패에 대한 투쟁, 미국이라는 강대국에 대한 반대투쟁만으로 지지받던 그런 시대는 이제 끝났습니다.

진보 개혁세력이 전통적 지지기반과 이념으로부터 자기혁신을 해야만 살아남을 수 있다는 좋은 사례가 바로 영국 노동당입니다. 토니 블레어는 전통적 지지기반 — 노동조합에 의해 포위되었던 영국의 노동당을 중산층과 서민의 새로운 진보노선으로 당을 개혁했고, 그래서 노동당 장기집권의 역사를 만들었습니다.

노무현 대통령은 전통적 지지기반이었던 호남과 재야 개혁세력으로부터 새로운 진보 개혁세력의 이념과 정책으로 우리의 정치기반을 전환시키려 했습니다. 우리당 의원들은 이런 노무현 대통령의 정책에 대해 이해하지 못하고 그동안 갖고 있던 본전만이라도 지켜보자는 태도를 일관되게 고수했습니다. 그러나 본전은 그렇게 해서 지켜지지 않습니다. 독재와 특권질서를 해체한 그 순간, 전통적 지지기반이었던 재야와 호남의 단결된 지지는 더 이상 기대할 수 없습니다.

이명박 씨나 한나라당이 주장하는 역사인식, 국가운영 비전을 갖고 21세기 대한민국의 미래가 그려질 수 없습니다. 1970년대식 국가주도형 경제개발 전략이라거나, 대통령 1인의 개인기에 의존한 국가운영 철학, 그리고 좀 나아갔다고 해야 대처리즘을 흉내낸 감세정책과 작은 정부론 정도로 21세기 대한민국의 현실을 풀어 낼 수 없습니다.

도덕성 담론, 반부패 담론, 반특권 담론만으로 살아왔던 우리의 전통적 지지기반 이념은 이제 더 이상 유효한 것이 아닙니다. 새로운 진보 개혁세력의 '더 좋은 민주주의, 더 좋은 민주국가론'을 갖고 국민에게 표를 요구해야 합니다. 그리고 그 출발은 민주정부 10년의 역사에 대한 자랑과 자부심을 선전함으로써 가능합니다.

참여정부, 국민의 정부와 차별화된 새로운 비전이 반드시 필요합니다. 그것은 지지했던 분들에게 우리가 이제까지 한 일은 다 잘못된 것이었고 실패했다고 말함으로써 실현되는 것이 아닙니다. 계승하고 혁신하는 일입니다. 지금은 계승도 안 되고 혁신도 안 돼버린 상황입니다. 현재와 미래는 과거를 이기고 서야 합니다. 노무현 대통령과 참여정부를 딛고 새로운 미래를 열어야 합니다. 그러면 차별화란 단어조차 필요 없이 다른 지도력, 다른 시대로 평가받을 것입니다.

저는 '새로운 진보 개혁세력의 길'이라는 주제로 글을 올리고 있습니다. 독재와 특권질서에 저항해 온 우리의 역사가 이제 또 다른 진보의 역사로 넘어가야 한다고 생각했기 때문입니다. 전통적 지지기반의 회복은 민주정부 10년에 대한 자부심과 긍지를 심어줌으로써 가능한 일입니다. 그러나 거기에 머물면 안 됩니다. 전통적 지지기반이 주머니 쌈짓돈처럼 우리를 언제나 기다려주는 것은 아니기 때문입니다.

진보개혁세력, 민주화세력, 평화민주세력 … 뭐라고 표현하든 과거의 우리가 새롭게 태어나 국민 앞에 미래의 비전을 제시해야 합니다.

양극화 문제가 모든 선진제국의 정치적 이슈입니다. 세계화시대에 살아남기 위한 국가발전 전략 역시 모든 선진제국의 고민거리입니다. 바로 여기에 독재와 특권시대를 청소한 민주세력의 자부심과 긍지로 더 좋은 민주주의, 더 좋은 진보개혁의 가치를 국민 앞에 세워야 합니다.

이미 민주정부 10년이 그 답을 내놓고 있습니다. 민주주의 시장경제론에 입각한 국민의 정부가 있었습니다. 분배와 성장의 이분법적 대립이 아닌 동반성장론의 참여정부가 있습니다. 평화와 복지의 2030 미래비전이 참여정부에 있습니다. 일극(一極) 중심의 대한민국에서 지역균형발전론의 참여정부가 있습니다. 그리고 이제 시장과 별개로 존재하는 민주주의에서 시장친화적인 민주주의여야 합니다. 자주와 사대주의가 대립되던 시대로부터 개혁과 개방의 세계적 질서에 걸맞은 자주노선이어야 합니다.

저는 제 작은 힘이나마 새로운 진보 개혁세력의 기치로 민주화 세력 30년의 역사에 객토작업을 하려 합니다. 그러면 우리는 승리할 것입니다. 무늬만 뉴라이트인 저들과의 싸움에서 우리의 이념과 가치가 훨씬 더 세계사의 흐름에 부합하는 것이고 대한민국의 미래에 유익한 것이라 믿기 때문입니다.

우리는 노무현 대통령 때문에 이 길에 들어선 것이 아닙니다. 우리가 옳다고 믿었던 시대정신이 있었기에 그 기치를 든 노무현 대통령을 지지했던 것입니다. 결국 우리가 옳다고 믿었던 가치와 신념에 따른 행동이었습니다.

우리가 주류가 될 때도 있을 것이고, 아니면 비주류가 될 때도 있을 것입니다. 그러나 이 역사투쟁은 우리가 주류이건 비주류이건 온전히 다 우리의 몫입니다. 새로운 진보 개혁세력의 단결과 출발을 위해 저는 싸울 것입니다.

2007년 12월 22일 작성

“분노와 원한, 대립의 정치를 끝내겠습니다”

《담금질》 출판기념회 인사말

앞줄에 앉아 있으면서 뒤돌아보지 않으려고 했습니다. 보통 정치인 행사를 이렇게 오래 하면 뒷줄이 휑하거든요. 겁이 나서 뒷줄을 못 볼 것 같았는데 이렇게 올라와서 보니 그대로 다 계시군요. (웃음)

고향의 선배님들 먼 길 올라와주셔서 고맙습니다. 정말 감사드립니다. 오늘 많은 분들의 말씀이 자꾸 사람을 눈물 나게 만들어서 참 곤란했습니다.

우리 모두는 사랑하는 부모님 밑에서 귀한 자식으로 태어났습니다. 저희 어머니 아버지는 무슨 일만 있으면 “참 이 애비가 미안하다. 이 에미가 미안하다” 그렇게 이야기합니다. 그러면 저는 “지를 태어나게 해주셨는데 왜 그런 말씀을 하십니까? 저를 키워주셨고 저를 낳아주셨는데 왜 그런 말씀을 하십니까? 그런 말씀하지 마십시오” 그렇게 말씀을 드립니다.

예. 이런 가정이 좋은 가정이겠죠? 이러한 가정의 덕목을 키우기 위해서 우리는 그동안 많은 교육을 받았고요… 예. 저도 똑같은 마음입니다. 대통령님께서 동영상을 보내주셨고 우리 의장님들 또 고향에 있는 어르신들 여기 계신 선배님들 그렇게 말씀하십니다만, 저는 제 도리를 다했습니다. 제 도리를 입장 바꿔 생각해보면 다 하실 분들이지 않습니까? 저 너무 쪽팔리게 하지 마십시오. 똑같습니다. (박수) 지금은 그런 말씀을 드리고 싶고요.

이 자리에 어머님 아버님 오셨는데, 어머님 아버님! 지금 어디 계세요? 대신 이 말씀만 드릴게요. 어머님, 아버님! 어머님, 아버님 자식이 이렇게 컸습니다. 자랑스럽게 잘 키워주셔서 고맙습니다. 이제 울지 마세요, 어머님. 이 자리에 많은 분들 오신 것 보셨죠? 감사합니다. (박수)

이제 노무현 대통령의 퇴임과 함께 저희들은 새로운 출발을 해야 합니다. 저희들은 이 땅에 야당과 재야라는 이름으로, 이 역사로 함께 살아온 세력들입니다. 야당 재야 민주화세력이라는 이름으로 이 땅에 족적을 남겼던 우리입니다. 이 족적은 역사를 거슬러 올라가면 늘 똑같다는 생각이 들었습니다.

한때 이데올로기 시대에는 이념을 가지고 사람을 재단했습니다만 지나 보니 사람살이는 간단하더라구요. 양심 찾고 의리 찾고 돈이 안 돼도 함께 걸어가야 할 사람의 도리를 강조하는 사람이 있는 반면에 효율과 빠른 길을 강조하는 사람이 있기 마련이더라고요. 제가 이렇게 굳이 둘로 나누는 것은 그 반대편에 있는 사람을 부도덕하다고 이야기하려는 것은 아닙니다.

세상이 음과 양의 이치처럼, 조물주가 남성과 여성으로 이 세상을 만들어 놓은 것처럼 낮과 밤이 있는 것처럼, 이제 우리가 지난 시기 대립과 투쟁으로 일관되었던 여와 야의 시대를 끝내고 이제 다양성의 시대로서 새로운 정치의 여와 야가 다시 태어나야 되는 순간이 다가왔다고 생각합니다.

이제까지 정치는 상대를 규정할 때, 도저히 저 사람과 한하늘을 이고서는 같이 살 수 없다는 무한한 분노와 원한을 가지고서 정치를 했습니다만 그 정치의 시대는 이제 저희들에 이르러서 끝을 내려고 합니다. 사람들이 쉽게 나의 편을 뭉치고 나의 지지자를 결집시키기 위해서 원한과 미움과 대립을 선동합니다만 미움과 원한과 대립을 선동해서 정치하는 시대가 아니라 내가 가지고 있는 나라에 대한 충성심과, 내가 이 사회 공동체의 한

2008년 1월 노무현 대통령께 《담금질》을 드리며.

구성원으로서 기여하고 싶은 자기 소망으로 하는 정치, 그런 정치가 되었으면 합니다. (박수)

저는 이것이야말로 지난 20세기 이념의 시대, 분단의 시대, 대립의 시대, 미움과 원한의 시대를 뒤로하고 새로운 대한민국으로 나아가는 가장 중요한 첫 번째 문이라고 생각합니다. 원한과 대립과 투쟁과 미움으로서의 정치가 아니라 내가 가지고 있는 사랑과 꿈과 비전과 소신과 신념으로 하는 정치, 이것이 새로운 정치의 첫 번째 중요한 키라고 생각합니다.

지난 시대는 어땠습니까? 우리는 전쟁을 겪었습니다. 저희 장인어른도 일사후퇴 때 피난오신 분이십니다. 이북에 고향을 두고 왔넌 그 많은 분들의 눈물과 한을 무엇으로 달랠 수 있겠습니까? 과거 민주화운동 때는 그 한과 분노에 대해서 다 이해하지 못했습니다만 이제 저는 그 한과 분노와 미움을 안을 자신이 생겼습니다.

지난 시기 노동자와 사용자가 대립했고, 제국주의 시대 강한 나라와 약한 나라가 먹고 먹히는 싸움을 했습니다. 그러니 민족해방투쟁정신이 나왔고, 노동자와 자본가가 극한 대립을 하니 노동자 해방투쟁의 논리가 나왔습니다. 여기에는 타협도 없었고 용서가 없었습니다. 반드시 내가 이겨야만 하는 흑과 백의 논리만이 지난 20세기 우리시대 정치의 중요한 화두였습니다. 또 정치인들은 자기 지지자를 쉽게 결집시키기 위해서 끝내는 손대지 말아야 하는 고향과 지역이라는 이름으로 정당과 정치를 해버렸습니다.

이 모든 것은 사람들에게 분노와 대립과 미움을 남깁니다. 그러나 미움과 대립을 가지고서는 21세기 새로운 대한민국, 선진민주주의 국가로 우리 대한민국이 갈 수 없다고 생각합니다. (박수)

저는 단순하게 연령상으로만 젊은 새로운 출발, 새로운 세대가 되고 싶지 않습니다. 새로운 내용과 새로운 비전과 꿈과 사랑으로 새로운 정치의 첫 출발을 알리고 싶습니다.

바로 이 자리에 계신 의원님, 또 이 자리에 함께 오신 선배님들, 그 꿈을 담아서 새로운 정치, 새로운 출발을 하려고 합니다. 그래서 반듯한 선진민주주의 국가, 더 좋은 민주주의를 향한 대한민국의 새로운 이정표가 되고 싶습니다.

노무현 대통령을 대통령으로 만들어 5년의 출세를 보장받기 위해서 출발한 길이 아니었습니다. 제 개인의 입신과 출세를 위해서 출발한 길도 아니었습니다.

그것은 부모님으로부터 받아온 반듯한 사람의 양심과 도리를 가지고 세상을 살다보니, 갑자기 휴전선 지키던 군대를 가지고 전두환 씨가 정권을 먹으니 그건 못 보겠다 해서 싸움이 붙었던 것이었고요. 전태일 열사라고 하는 1970년대의 노동자가 노동법 준수하라고 분신자살하는데 어떻게 사람이 눈을 뜨고 같이 그 편에 안 섭니까? 그런 양심과 도리를 가지고 싸우

《담금질》 출판기념회에서 아내와 나란히 앉아.

다 보니 저도 그 미움을 가지고 상대방을 무작정 미워했습니다. 그러나 그 미움의 시간이 김대중 대통령 5년, 노무현 대통령 5년을 통해서 우리는 이제 그 미움으로만 세상을 보는 것에서, 한국 사회의 반듯한 주류세력이 돼야 할 자세로 바뀌어야 하는 것이 우리의 임무라고 생각합니다. (박수)

저는 '담금질'이라고 표현했습니다. 고등학교 1학년 때 그 어린놈이 뭘 안다고 김대중 대통령 내란음모사건과, 5 · 18 항쟁이 일어났을 때 대전에서 그거 가만히 놔두면 안 되겠다 싶어서 충남대 복학생 형들과 같이 지하 유인물 만든다고 다니다가 그 형들이 잡혀가는 바람에 저도 잡혀갔습니다. 그때 어머니 눈물깨나 흘리셨습니다. 아버님, 그때 '대선절공소'란 이름의 중앙정보부 대전지사 앞에서 저 나올 때 얼마나 우셨습니까? '이 새끼 이제 버리는구나. 자식 한 명 공부 잘 한다고 시골에서 키워서 대전 보내놨더니 저놈 버렸구나.'

담금질은 거기서부터 출발합니다만 이것은 제 개인 문제가 아니라 우리 시대 모두의 것입니다. 저랑 학생운동을 같이 했던 많은 동료와 선배들, 지금 이 자리에 같이 있지 못하는 먼저 돌아가신 많은 선배들이 있습니다. 그 민주화 운동으로부터 우리가 이제 집권 10년차의 정치세력으로서 어떻게 변화해야 할 것인가 제 고민을 담았습니다. 그 고민 속에서 저는 새로운 정치를 하겠습니다. 이 역사를 자랑스럽게 계승해서 그 아버지 대(代)와는 다른, 분명한, 더 발전된, 더 진일보한 새로운 정치의 틀을 저는 보여드리고 싶습니다.

이제 그 출발을 위해서 올해 예비후보로 지난주에 등록을 해서 (아! 이야기해도 되죠? 예비후보 등록했다는 이야기는 문제가 없겠죠?) 우리 계룡 · 금산 · 논산 선배님들께 함께 가자고 말씀을 올리고 있습니다.

예. 그 역사의 후예로서 민주화 운동의 자랑스런 역사의 후예로서 새로운 정치와 새로운 민주주의를 향한 이정표가 되겠다는 말씀을 끝으로 제 인사를 마무리 할까 합니다.

끝으로 이렇게 자리를 끝까지 지켜주셔서 감사합니다. 그리고 제가 정말 생각 못했는데 고향의 어르신들, 이사장님, 여사님, 정말 감사합니다. 먼 길 오시느라 고생하셨습니다. 제가 일일이 선배님 이름을 다 부르고 싶은데 시간관계상 그렇게 하지는 못하겠죠. 돌아가실 때 편히 돌아가시고요. 제가 내일 또 바로 첫차로 내려가겠습니다. 그래서 대한민국 새로운 정치의 출발을 하겠습니다.

분노와 원한과 미움의, 민주 대 반민주의 대립의 역사를 끝내고 이제 새로운 민주주의, 어디에 내놓아도 어느 외신에 실어도 대한민국 정치면 기사가 전 세계에 모범이 될 수 있는 그런 정치판을 제가 반드시 만들겠습니다. (박수)

자, 마무리 하겠습니다. 새해 복 많이 받으시고 건강하십시오. 그리고 여러 선배님들의 후배로서 그리고 노무현 가문의 후예로서 (박수) 반드시 의리 지키는 것은 기본이죠. 반드시 실력 있게 귀신 곡하게 확실하게 이 사회의 새로운 민주주의 출발을 알리겠습니다. 감사합니다. (박수)

2008년 1월 8일

안희정

저자 약력

안 희 정 (安熙正)

학 력

1977 구자곡초등학교 45회 졸업

1980 연무중학교 18회 졸업

1980 남대전고등학교 중퇴 (2003년 명예졸업)

1995 고려대학교 철학과 졸업

약 력

현 충청남도 제 37대 도지사

2010 충청남도 제 36대 도지사

2009 민주당 행복도시 원안추진특별위원회 위원장(前)

2008 더좋은 민주주의 연구소 소장(前)

2008 민주당 최고위원(前)

2007 참여정부평가포럼 상임집행위원장(前),
대전충남 참여정부평가포럼 상임대표(前)

2005 고려대학교 아세아문제연구소 연구원

2003 열린우리당 논산·금산·계룡 지구당 창당 준비위원장

2003 새천년민주당 국가전략연구소 부소장

2002 제 16대 노무현 대통령당선자 비서실 정무팀장

2002 새천년민주당 노무현 대통령후보 비서실 정무팀장

2001 노무현 대통령후보 경선사무실 사무국장

1997 노무현 변호사 사무실 비서

1996 이수인 국회의원 비서관

1994 지방자치실무연구소 사무국장

1990 이철 국회의원 비서관

1989 통일민주당 김덕룡 국회의원 비서

저서

《담금질》(2008)

《247명의 대통령》(2010)

《산다는 것은 끊임없는 시작입니다》(2013)

홈페이지

공식: http://www.chungnam.net/governor/anheejung.do

구홈페이지: http://www.ahnhj.kr